滇云文化实践录

白庚胜 著

云南大学出版社
YUNNAN UNIVERSITY PRESS

图书在版编目(CIP)数据

滇云文化实践录 / 白庚胜著.—昆明：云南大学出版社，2014
ISBN 978-7-5482-2108-1

Ⅰ.①滇… Ⅱ.①白… Ⅲ.①地方文化—文化事业—研究—云南省 Ⅳ.①G127.74

中国版本图书馆CIP数据核字（2014）第225091号

责任编辑：陈 曦
装帧设计：郑明娟

出版发行：云南大学出版社
印　　装：昆明卓林包装印刷有限公司
开　　本：787mm×1092mm　1/16
印　　张：18.75
字　　数：344千
版　　次：2014年10月第1版
印　　次：2014年10月第1次印刷
书　　号：ISBN 978-7-5482-2108-1
定　　价：58.00元

社　　址：昆明市翠湖北路2号云南大学英华园内
邮　　编：650091
电　　话：（0871）65031071　65033244
网　　址：http://www.ynup.com
E-mail：market@ynup.com

前　言

　　我的一生在年过半百之后有700多个日夜回到故乡云南度过。原因是2009年8月至2011年8月我受中央组织部派遣，以挂职干部的身份回到滇云大地接受行政管理工作的历练，具体职务是云南省人民政府副秘书长，主要负责协助分管副省长联系文化、新闻出版、广播电视、教育、卫生、体育、社科院、社科联、文联、计生等部门的工作。而在2009年1月，我最初接到任职信息是担任省长助理。后来，我得知当年2月中组部下发17号文件，决定在全国范围内取消省长助理设置，故而我的职务也就随之改变为省政府副秘书长。

　　我对一生中能有这样一个难得的机会十分珍惜，因为我从1977年离开云南赴京求学至此已经整整32年过去，诚可谓昔我往矣，杨柳依依，今我归兮，别梦依稀，说不完的报效之志！由于一直在省外及国外学习及从事学术研究、学术管理工作，我对中国社会现实，尤其是行政管理十分陌生。借此机缘，我终于可以深入到生活深处及政府工作内部去做另样的体验，以增长才干与能力，我心充满感动。本专集中所记录者正是我的有关活动、心得、收获。

　　在云南的每一天，我都在极愉悦的心境下度过：我得到秦光荣省长、李纪恒副书记、丹增前副书记、张田欣部长、和段琪副省长、高峰副省长、梁公卿副主任、陈勋儒副主席、晏友琼副主任等领导无微不至的关心；我结识了丁绍祥、吴明德、李维俊、黄立新、叶燎原、郑明、童志云、杨洪波、花泽飞、李茜等一大批志同道合的朋友；我更与联系部门及各州（市）县有关部门的干部群众结下深厚的友谊。除了为云南博大精深、丰富多彩的文化积淀所震撼，我深为省委、省政府作出的"桥头堡"战略所激动，并自觉投入到轰轰烈烈的文化教育卫生体制改革、文化事业建设、文化产业发展中。除认真履职之外，我主要进行了全省范围内的文化调研、文化安全考察、推动十大文化标志工程建造、主持首届全国乡村艺术节、筹办哈尼梯田申遗协调等工作。最主要的收获是，足迹遍及云南所有县、区级文化设施及考古点、博物馆，通读了绝大部分州、市志及区县志及地名志，作了数十场有关文化产业、文化安全、文化遗产保护方面的学术报告，还就创新云南产业文化、建立滇云文化体系提出了种种设想与广大同仁共享。

虽因受到国内外、省内外各种条件所限，我所策划的"滇云文化丛书"编写出版工程及"桥头堡"建设邻近国家文化考察项目至今未能实施，但我将自己对故乡的深爱留在了红土高原。可以说，赴滇挂职是我认识云南的新体验，也是我对祖国与人民的政治责任、历史使命的再强化，更是我将学术反哺于社会的新尝试，我的收获太多太多。所以，我十分感谢中国文联党组的委派、云南省委省政府的接纳，它让我有幸享受了这一份特殊的幸福！

本书所选录的只是自己这700多个日日夜夜的行踪轨迹，而不是全部思想、学术、实践成果。有关这方面的文章，我已编成《滇云文化探微》文集，不久将同样由云南大学出版社予以出版。也就是说，这部《滇云文化实践录》只是《滇云文化探微》的副本。故而，其中内容驳杂，既有讲话发言、总结汇报、建言建议，又有行程、简报、安排等。它与《滇云文化探微》之间有一定的互补、互证价值，它们加在一起即可作为我在滇两年的全部工作生活实录。理论建树并不重要，拳拳赤子之心若能被故乡的亲人所知见，我就十分满意。

两年的挂职锻炼生活很快过去，但对于我，云南的价值意义永远存在，我对云南承担的责任亦永无终了。我将永远为云南的繁荣发展、文明进步尽绵薄之力——尽管我的能力那么有限，知识那么贫乏，生命那么短暂。

最后，我要深深感谢云南大学出版社及柴伟女士给予我这次"收拾旧河山"的良机。我更要祝福云南及云南文化！愿您为中华文化的伟大复兴再创辉煌！

目 录

前 言

一 演讲、讲话

2 | 强势推动云南文化强省建设
　　——2009 年 9 月 22 日在电视纪录片《百年讲武》座谈会上的即兴讲话

7 | 加强云南边疆文化安全
　　——2009 年 9 月 26 日在迪庆藏族自治州文化与安全部门"文化安全座谈会"上的即兴讲话

15 | 建设文化"桥头堡" 舞动友谊七彩虹
　　——2010 年 7 月 10 日在"全国文化厅局外事工作座谈会"开幕式上的致词

18 | 玉出云南 饮誉天下
　　——2010 年 7 月 28 日在云南珠宝研究院主办的珠宝玉石论坛上的即兴演讲

25 | 三农艺术的盛典
　　——2010 年 10 月 20 日在第二届"中国·福保乡村文化艺术节暨首届'中国农民艺术节·全国乡村歌手大赛'"新闻发布会上的讲话

30 | 国家文化主权与原生态文化安全
　　——2010 年在云南省文联召开的原生态文化国际学术研讨会上的即兴讲话

34 | 文化建设　根本所系
　　——2010年10月28日在欢迎"东盟—中日韩10+3文化人力资源开发合作研讨班"访滇宴会上的祝酒词

36 | 边屯文化　润泽丽郡
　　——2010年11月4日在边屯文化研讨会上的即兴讲话

44 | 文史更丹青
　　——2011年2月16日在全国部分省、自治区、直辖市文史馆系统书画艺术创作与发展座谈会上的致辞

46 | 提高认识　着实努力　开创我省地方志工作新局面
　　——2011年4月18日在"2011年全省州、市地方志办公室主任会议"上的讲话

51 | 加强档案馆所建设　活化档案文化遗产
　　——2011年5月11日在"国家中西部地区县级综合档案馆建设"座谈会上的致辞

53 | 德艺双精　高山仰止
　　——2011年10月14日在"普文治书画展"开幕式上的讲话

二　调研、汇报

56 | 关于迪庆文化安全状况的调研报告

61 | 赴昆明市文联调研报告

63 | 赴省文化馆调研报告

64 | 赴省图书馆调研报告

65	全国电影工作电视电话会议情况汇报
67	赴省文物总店调研报告
68	赴省文物局调研报告
70	赴省文史馆调研学习报告
71	赴云南民族电影制片厂调研报告
73	赴省话剧院调研报告
74	赴云南新闻图片社、云南民族文化音像出版有限责任公司调研报告
76	赴云南电视台调研报告
77	赴省广播电台调研报告
78	关于在云南举办"国际少数民族题材电影节"进行咨询洽谈的报告
80	省社科院、社科联推进中国面向西南开放"桥头堡"建设相关工作专题会议报告
81	赴怒江傈僳族自治州调研文化安全及农村文化建设情况报告
83	开展我国实施向西南开放战略中的文化交流前期调研策划情况的报告
85	省文化体制改革与文化产业发展领导小组会议情况报告
87	赴红河哈尼梯田调研报告
89	云南文苑项目建设协调会情况报告
90	赴亚广传媒中心工地调研报告
91	赴云南省博物馆新馆工地调研报告

| 92 | 赴云南文苑工地调研报告

| 93 | 赴云南文化艺术中心调研报告

| 94 | 省文化厅向省政府汇报协调情况报告

| 95 | 赴云南民族艺术研究院调研情况汇报

| 96 | 赴四大文化标志工程调研情况汇报

| 100 | 怒江、大理、保山、德宏四州（市）亟须帮助协调解决文物保护若干问题的调研情况汇报

| 104 | 关于怒江、保山、德宏、大理文化工作情况的调研报告

| 108 | 怒江、保山、德宏三州（市）农家书屋建设有关问题调研情况报告

| 110 | 关于"整治互联网和手机淫秽色情信息现场会筹备会"的情况报告

| 112 | 盈江"3·10"地震灾后文化教育卫生恢复重建工作调研报告

| 114 | 曲靖市农村文化建设情况调查报告

| 122 | 接待国家文物局单局长情况汇报

| 123 | 关于我省教育改革有关情况汇报

| 124 | 云南省教育改革发展近期工作情况汇报

| 127 | 临沧、昭通两市文广部门亟须帮助解决若干困难的调研报告

| 130 | 省政府领导批示事项落实情况汇报

三 建言、建议

146 | 东巴文化数字化保护与传承建言

152 | 与美国电视制片人合拍云南《传统中医》电视片的建言

155 | 实施"滇云文化编纂出版工程"建言

176 | 非物质文化遗产教育传承系列图书出版建议

四 总结、汇报

182 | 倾情履职　认真锻炼
　　　——挂职锻炼情况汇报

188 | 2010年述职述廉报告

196 | 在挂职中学习提高　在锻炼中成长进步
　　　——赴滇挂职锻炼总结

附　录

208 | 会议纪要（1）

210 | 会议纪要（2）

212 | 普洱文艺发展情况调研方案

215 | 2010年1月—2011年8月的工作安排表

286 | 后　记

一 | 演讲、讲话

强势推动云南文化强省建设

——2009年9月22日在电视纪录片
《百年讲武》座谈会上的即兴讲话

各位领导、各位专家：

我离开云南33年了，在北京、在国外的时间比较长。因此，云南对我来说已成为一个未知的世界。这段时间，我看了大量的书，其中有介绍云南陆军讲武堂的、有介绍西南联大的、有介绍聂耳和郑和的；也去了一些博物馆和考古点，并认识了一些云南的学者、专家、艺术家。我试图做一个最虚心的学生，不断认识云南文化的实际，把云南文化读懂，做好省委、省政府的助手。

今天听了大家的发言，我很感动，也很感慨。感谢陈勋儒副主席，感谢农工民主党云南省工委、省委宣传部、省文联和云南高原影视文化传播公司等单位制作了这么精湛的、能够代表云南水平、体现国魂的扛鼎之作。过去，我们看惯了那种"拼盘式"的云南文化，看惯了那些质朴的、民俗的云南文化，而那种能够反映云南在整个中华民族历史、东亚历史和世界反法西斯战争中的重要地位；能体现云南气势的文艺精品太少了。这部作品是我省党政各部门、各位专家、摄制单位力量和智慧的凝聚。刚才大家谈了《百年讲武》的许多成功之处，也谈了它的一些瑕疵。总的讲，《百年讲武》是一部纪实性和学术性很强的、能够说透云南近代史上一个重要关节点的作品，是一部把云南与整个中华民族和世界反法西斯战争联系在一起的大制作。正因为它有瑕疵，有一些观点还值得探讨，才证明它是一个出色的艺术创造，因为艺术品永远没有完美。有瑕疵正表明这部作品生动、真实。

正如大家所说，如果在几年前，我们不可能拍这部作品，因为社会发展是一个过程，人们的认识也有一个过程，不能指望从1950年开始我们就能客观评价讲武堂的历史地位。但随着时代的发展，我们要从整个世界历史的发展、冷战基本格局改变的历史、我们党从革命党变成执政党和整个国家发展的历史高度来看待讲武堂。而正像我们不能轻易否定讲武堂的前辈的历史价值一样，我们也不能轻易否定云南解放后的历史认识过程。否则，我们就会从一种倾向转向另外一种倾向，始终不能给历史作正确的定位。今后，我们再要制作反映滇越铁路、重九起义、护国运动、滇西抗战、西南联大等云南历史事件的作品时，一定要坚持历史唯物主义，发展地、辩证地对待历史。我相信，那时大家的胸襟会更开阔、思考会更理性、定调会更准确，把大家的智慧熔铸到这些作品中。

通过《百年讲武》和今天的座谈会，我想就云南的文化强省建设谈几点看法：

一是继续夯实云南文化腾飞的基础。我们知道，云南于1996年就在全国最早提出建设"民族文化大省"，近年又把建设"民族文化强省"作为基本发展目标之一，以在"两强一堡"建设中寻找结合点、切入点，加快文化体制改革、推进公共文化服务体系建设与文化产业建设、五大场馆建设，软件和硬件都得到了很大改善，实施了一个个工程，推出了一个个新秀大家，创作了《云南映象》《云南响声》《丽水金沙》等在全国有影响的作品。今后，还需要在省委、省政府的正确领导下，进一步解放思想、开拓创新，实现政治界、实业界、思想界、知识界、科技界和艺术界的整体合作，真正做实做大做强云南民族文化，而不只是强在口号、强在激情、强在决心上。文化强省的标志应该是有强大的政策支持、强大的法规保障、强大的资金投入、强大的基础设施，以及强的人才、强的作品、强的工程、强的影响力，产生更多《百年讲武》这样的作品。

二是进一步确立云南文化主体观念。过去，我们一度很少思考云南文化从哪里走来？云南文化是什么？云南文化往哪里走去？以及云南文化的特点何在？云南文化的精神是什么？云南文化在大西南文化中有什么作用？云南文化在中华文化中占什么地位？云南文化和东南亚、南亚文化有什么关系？等问题。20世纪50年代，周恩来总理视察云南大学时提出建立云南民族史地专业的建议，正式确立云南文化主体的开始，并由方国瑜等在学术上作了初步构建。今天，大家谈到怎样正确对待云南文化的问题；谈到云南文化的精神实质和结构；谈到云南文化所处的历史方位；谈到云南文化的发展方向；谈到如何在时间和空间、在和别人的关系中确定自己的文化地位；谈到如何通过西南联大、滇越铁路、讲武堂展示我们的新生和辉煌、铭记我们的耻辱；等等，表明大家正在深化对云南文化主体问题的思考。我坚信,确立主体性才能有主动性、自觉性,以及自尊心、自信力、自豪感。

三是明晰云南文化本体。刚才有好多老师谈到建设民族文化强省不能片面强调"民族"两字,要充分认识"民族文化强省"的"民族"不是狭义的民族,而是广义的民族。在云南文化中,少数民族文化很有特色,但云南文化也包括大量的汉文化。云南从秦汉以来,尤其是元明清到抗日战争、解放战争、"文革"、改革开放的今天,连续2 000多年的汉族移民带来了多层级的中原文化。这些移民文化与各少数民族文化、各地域文化或交融或并存,共同创造了多姿多彩的包括26个民族的文化在内的云南文化。对于这样一种多元一体的云南文化的结构关系问题还需我们去思考、研究。目前,有很多老师经过审慎思考,已经站在历史的高度在探讨这个云南文化本体问题,但还要继续深入,并最终建立起作为中华文化学分支的"云南学",对云南各个民族、各个地区、各个片区、各个阶段、各种形式的文化进行整合,共同支撑起民族文化强省大厦。

四是深化云南文化的历史认识。刚才,金子强老师谈到云南思想解放的三段论,有很强的历史感。提出云南文化发展阶段论,对深入研究云南文化发展的各个历史阶段、有目的地挖掘与弘扬云南历史文化、推进民族文化强省建设意义重大。比如,近代是中华民族最苦难的时代,也是云南人民和全国人民一起在争取国家独立和民族解放的进程中创造辉煌的时代。在这个历史关节点上,云南发生了护国运动、讲武堂和西南联大建校、滇越铁路修建、远征军出征等重大历史事件。我们要有清醒的历史观,正确的历史认识,继续承担应有的历史责任,繁荣云南的文化,以推动云南历史的发展。

五是坚持云南文化的进取精神。这段时间,我走了很多地方,看了很多有关云南文化的图书,总在思考云南文化的精神实质。20世纪初,在反抗帝国主义压迫、民族救亡图存的过程中,云南表现出了空前的历史进取精神,仅西南联大就汇聚了179位留学归国的教授,一所讲武堂就培养了303名将军,并发生了护国运动等撬动中国近代史进程的重大事件。今天,我们要把重九起义、讲武堂、西南联大、抗战等所体现出的云南文化积极进取的精神发扬光大。深化这种精神,要从我们自己的优势出发,在我们所站立的这片土地上寻找突破口与原动力,而不是想入非非地去跟谁对接或膜拜谁。我们要按照党中央的决策,在省委、省政府的正确领导下,真正按照白恩培书记、秦光荣省长的要求,在过去的实践基础上不断解放思想,在自己身上找找原因,改变制约我们发展的想法、做法,促进云南民族文化的发展、进步,像农工民主党那样想办法做大制作,在不同的点、面上做出实绩,并把这些点、面组合在一起覆盖全云南。可怕的是,我们面对新机遇、新挑战束手无策、消极被动,不能确立主体,认识不清本体,把末当作本、把本当作末,把握不住云南民族文化的实际。我们一定要各党派、文化界、文艺界、文化产业界坚持科学发展观,齐心协力、众志成城,落实好省委、省政府的战略部署,在包括公共文化服务体系建设、文化事业建设、文化产业建设在内的云南民族文化强省建设方面大有作为。

至于大家建议拍摄《滇越铁路》等百年系列电视片,我有以下几点建议:

一要有正确的国际观。大家刚才提到的几部片子,分别涉及美国、法国、英国、朝鲜、韩国、越南、日本、缅甸等国家,因此必须坚持正确的历史观,确保我国的文化主权和文化安全,正确展示20世纪上半叶云南乃至中国在反法西斯战争中的地位与作用。

二要有正确的国共关系观。讲武堂走出了我军的总司令、元帅等优秀人物,也出了不少国民党的高级将领。国共都是20世纪产生的政党,都曾投入到反法西斯战争中,都为争取民族独立、解放做过重大贡献。但是,必须明确的是,中国共产党始终是中华民族的中流砥柱。由于中国共产党制定了正确的抗战方针、政策及正确处理了西安事变,最坚定地坚持了敌后抗战,才促成了全民族的团结抗战。所以,一定要承认、尊重历史事实,树立正确的国共关系观。

三要正确处理少数民族和汉族的关系。云南26个民族是一个整体,忽略了汉文化或少数民族文化都成不了文化强省。民族文化强省建设必须是汉文化和少数民族文化的大凝聚、大繁荣。无论是辛亥革命、护国运动、护法运动、抗日战争、抗美援朝,云南各民族优秀儿女都有出色的表现,云南发生的所有重大历史事件,都是各民族共同完成的伟大史诗。我们要有整体的云南文化观。只有这样才符合历史,才能凝聚人心,才能做到通过历史来警示后人、勉励后人。

四是正确处理好国家整体文化和云南局部文化的关系。云南地处西南边疆,在确立云南文化主体性的过程中必须始终把它放在全中国、全民族这个大背景、大主题、大框架中,确保国家统一、民族团结、边疆稳定、社会和谐。

对云南文化发展，我还有几点看法和大家交流：

一要系列化。大家提出要搞百年系列，我觉得非常好。我们既可以搞百年系列，也可以搞非百年的很多系列，不同题材的系列和一个题材的系列都可以搞。过去，很多事情我们都浅尝辄止、事倍功半，现在应该深入挖掘，做系列化开发，一种资源既可以搞画册、丛书，也可以搞旅游、艺术节、博物馆、申报遗产、办论坛、组织研讨会、设立相关专业机构。这些工作要齐头并进，多个领域同时放射，不能满足于仅仅在一个点上发力，要追求事半功倍，举一反三。二要多层次化，对一种文化可作学术层次的、大众消费层次的、演艺层次的、传媒层次的、旅游层次等的多层次开发，不能满足于一个平面，千篇一律。三要多样式化，有关文化产品的文字、声音、影像、数字、物质、非物质样式都可以拓展。四要多功能化，要致力于振兴云南文化精神，实现社会效益与经济效益最大化，全方位发挥文化的教化功能、学术功能、审美功能、认识功能、产业功能，等等。五要处理好文化产业和产业文化的关系，目前搞文化产业已远远落在别人后边，要急起直追，做大做强。否则，面对文化体制改革进入更高层次及全国文化产业组建"航空母舰"时代的到来，我们的"小木船"根本不堪一击。因此，要有忧患意识，要真正懂得当前中国文化体制改革、文化产业发展的方向，并根据云南实际制定中长期规划，对铜产业、花卉产业、传统医药产业、茶产业、玉石产业、药材产业等，不但要挖掘其所蕴含的文化内涵，而且要发展这些文化的产业，用文化去武装它们，提升它们，实现文化与产业的互动与繁荣。

最后，让我再次感谢农工民主党云南省工委及陈勋儒主委、《百年讲武》剧组给我提供这一次良好的学习机会。我会继续向大家学习，做好工作，做好服务，不负省委、省政府的厚望，不负云南人民的重托。

加强云南边疆文化安全

——2009年9月26日在迪庆藏族自治州文化与安全部门"文化安全座谈会"上的即兴讲话

尊敬的刘家训副州长、迪庆州文化与安全部门的各位领导：

我于一个月前受中组部委派，前来云南省人民政府挂职锻炼。这是第一次下州、市、县、区，主要任务是调研文化安全。这是因为党的十六大四中全会、六中全会已经把它列为与政治安全、经济安全、信息安全相并列的四大安全之一。我自己从2000年起一直关注这个问题，并发表过一些这方面的文章、内参，还曾先后在全国政协、军科院、安全部、公安部、中国文联等部门作过有关报告。这次来云南想就此做系列调研，主要是向云南的同志们学习，而且从向迪庆的同志们学习做起。云南尤其是迪庆在这方面有丰富的实践与成功的经验，为国家承担了许多安全维稳的重大责任。去年"3·14"期间，迪庆保持了高度稳定，证明在州委、州政府的坚强领导下，迪庆政治清明、经济发展、社会和谐、民族团结、文化安全。

什么是文化安全？它是一个保障文化存在发展的概念，分国家层级与一般层级、各领域、各门类的安全。总的来讲，它以文化为主体，以安全为本体，追求它的存在性、完整性、安好性、稳定性、发展性。现在，我国的文化安全形势怎样？我的判断是基本安全。这是因为我们的社会制度是稳定安全的。没有社会制度的稳定安全，就没有文化的安全。同时，没有文化的稳定安全，也就没有社会制度的安全及政治、经济、社会秩序的正常运转。60年来，我们建立的社会主义制度以及社会主义文化在不断生长、发育、壮大。特别是改革开放以来，中华民族的伟大崛起伴随着文化的发展和文化的崛起而实现。但是，今天的中国正面对着全球化的冲击，在进一步融入世界、不断走向世界，同时我们整个国家、包括文化都裸露在世界面前。在此过程中，世界上各种思想、文化都在全方位地、直接或间接地和我们的思想、文化发生交流、交融、交锋，影响国家文化安全的新因素随之不断增加。而且,随着新的文化产业业态的出现、新的文化技术的问世,传统的文化安全需要有新的文化安全观念、政策、技术作补充提升,使我们国家的文化更加安全。为了长治久安;为了进一步发展中国特色社会主义事业,我们必须居安思危,有忧患意识,与时俱进地追求我们国家的文化安全。在云南,它尤显重要、尤其迫切。

按照一般原理,文化安全建筑在国家的政治、经济、制度安全基础之上。因为文化是对经济和社会的一种反映,它的存在和发展都受到社会物质生产以及其他社会活动的制约。当然,文化反过来也会对政治、经济发展起到或积极的、或消极的、或正面的、或负面的作用。我们要进一步维护文化安全,首先,就必须坚守中华文化的主体性,并坚持社会主义文化制度,发展社会主义政治、经济,强化文化安全的基础。如果社会秩序、制度受到破坏、否定、削弱,我们的文化就没有安全可言。其次,在当代中国,建设社会主义文化、维护文化安全,只能在马克思列宁主义、毛泽东思想、邓小平理论、"三个代表"重要思想,以及社会主义文化政策的指导下进行。必须用历史唯物主义的观点历史地、客观地认识文化、发展文化,引领时尚,和谐社会。芜杂的文化观、模糊的文化观、为文化而文化的文化观,只能干扰和影响文化安全。再次,要树立科学发展观,坚持没有发展就没有安全的理念。这既指没有社会的发展就没有文化的发展,更指文化自身也必须从形式、内容、作用、功能等方面有创新发展,否则不但没有文化安全可言,而且它还将萎缩、衰亡。即使我们正在进行的文化遗产保护,也不能为了保护而保护,而是要让它与抢救、传承、创新、开发相结合,既作活态的保护又作静态的保护;既保护其历史价值又发挥其认识功能、审美功能、实用功能,并适应城市化、工业化、信息化、国际化,创造各种新的文化形式,以满足社会对文化的新需求。只有树立科学的文化发展观,在整个国家事业的发展中发展文化,在整个社会的创新中不断创新文化,才能实现中华文化、尤其是我国社会主义文化的存在、发展、繁荣、和谐、安全。任何闭关自守、抱残守缺、消极被动的保护都不可能带来真正意义上的文化安全。唯有"发展才是硬道理",唯有发展才有真安全。

目前,我们需要关注的文化安全有哪几个领域?我想主要有以下几个领域:

第一,文化价值观安全。文化价值观被区分为一般文化价值观和核心文化价值观，一般文化价值观维系一个民族的基本文化存在，而核心文化价值观体现统治阶级的意志、利益，决定现实国家文化制度、主流文化意识、文化存在的性质与发展方向。所以，在文化安全工作中，最核心的是要维护文化核心价值观的安全。即坚持马克思列宁主义、毛泽东思想、邓小平理论、"三个代表"重要思想作指导；用中国特色社会主义共同理想凝聚全民族的力量；弘扬以爱国主义为核心的民族精神及以改革创新为核心的时代精神；以社会主义荣辱观引领风尚。这一社会主义核心价值观，直接决定社会主义文化的一般价值观。

在当今世界，不仅我们重视核心价值观及核心价值体系，西方社会也把核心价值观看成维护自身文化安全，以及进行文化侵略、进行文化沙文主义的重要的内容。他们懂得核心价值观才是"不战而屈人之兵"的关键因素。他们一直分层次、有针对性地破坏我国的社会主义核心价值观及其体系。如利用"民运分子"贩卖他们的所谓的核心价值观，进行思想文化渗透；利用反动宗教极端势力，妄图改变我国的政治、文化版图；对中国输出有低俗、色情、凶杀内容的文化产品，以改变年轻人的价值观；试图用流行文化等改变我们的主流文化及年轻人的价值观；试图将中国文化纳入他们的文化秩序，并按照他们的文化游戏规则改造之，从而瓦解我们的意志、颠覆我们的社会制度，确保他们的政治霸权、经济垄断、文化主导地位。所以，我们应当予以高度重视。

第二，文化体系安全。文化不是散漫地存在，它既依附于社会组织，又自成体系地发展，是文化本体的制度体现。一般来讲，每个国家在建立国家制度时都有对文化的制度设计与体制安排。60年以来，我们国家为了发展社会主义事业，建立了中国特色的文化体制，它们关乎文化生产、文化管理、文化教育、文化消费、文化传播与交流、文化法制等各方面的政策、体制、机制问题，并与政治、经济、法律制度相关联，是社会主义国家制度的有机组成部分。我们知道，一旦文化体系受到破坏，社会制度将随之解体，文化的运转以及对它的监控就不可能进行，并使核心价值观的影响力、辐射力、引领力减弱、淡化、虚无化。所以，在今后的文化工作中，我们一定要保证文化体系的安全、畅通、完备。在进行文化产业建设、文化体制改革过程中，既要大胆又要审慎；既有继承又有发展，以更好地适应国际文化交流，保证文化安全，在全球化、多元化的文化背景下更好地实现文化生产关系和文化生产力的相互协调。

第三，文化资源安全。文化是巨大的政治资源、社会资源，也是文化资源、学术资源、产业资源、教育资源。过去，我们对于文化的认识比较片面、比较单一，只从意识形态来谈文化，导致全民族、全社会对文化关注不够、认识片面、利用有限。现在，我们越来越清晰地认识到，中华民族 5 000 年文明是支撑我们今天发展和明天繁荣的潜在力量。这一资源，尽可供我们作物质与精神等多方面的享用，创造巨大的社会效益与经济效益，造福于当今的社会主义物质文明建设与精神文明建设，以及文化事业、文化产业的繁荣。

但不可大意的是，文化资源流失，容易造成不可弥补的政治、经济、文化、艺术、产业利益受损，并使民族自尊心、自信力、自豪感严重受创。这两年，大家都说韩国人什么资源也没有却创造了巨大的文化产业，原因是他们从中国 5 000 年传统文化中发掘了大量的资源。《大长今》就是韩国人对儒教文化资源艺术加工后的返销品，几乎一度风行天下。日本的浮世绘也不过是中国木版年画的翻版，但浮世绘现已变成西方人心目中的日本美术的代名词。其实，它的根源在中国，怪只怪我们自己对此资源未能加以充分利用，又被外人所劫取；原本是我们为世界文化所做的贡献，我们却无力再创造、再利用。反而富了别人，穷了自己。不知道迪庆有没有这样的现象？

第四，文化基因安全。中华民族与其他民族的区别，主要是由它的文化基因所决定的。它所生存的地理环境、它所经历过的历史、它的生命体验与物质精神创造等积淀，成为它最基本的民族文化内涵及基因。文化基因决定一个民族的文化性状、文化品格、文化特点，甚至文化精神。如果我们只追求文化表象，而丧失了它的基因，我们就将有其形而失其神，直至形神俱销。追求天人合一、阴阳和谐、热爱和平、性格深沉含蓄，善于对世界作宏观思考、整体把握、辩证思维等，都是中华文化非常重要的特点，而这些特点不过是中华文化基因的外在显现而已。如果我们不保护它、不认识它，一味地把它视为负担，就会损害它的健康稳定传承，危害中华文化机体及生命力。对于文化基因，我们应该像重视生物基因一样重视之，以确保我们的民族性与文化生机。前人的文化创造传承远比我们今天艰难得多，任何一点存在到今天的文化都经历了无数战火、地震、瘟疫等的考验，表现出其顽强的生命力。因此，对能够留下来让我们实现民族认同；让我们按照文化传统组织思想、语言和行动的这些基因都需要珍惜、保护，确保它的安全。须知文化基因变异就会导致文化变异,文化基因重组也会产生文化重组,文化基因衰亡则文化衰亡。今天,我们在党和国家的领导下,正在进行文化遗产的保护和抢救,这也可以视作是一项保护文化基因的工程。我们现在或许只认识到在抢救文本,但总有一天我们会发现,我们是在给子孙后代保存无限的文化可能,演进中华文化的伟大史诗。

总之,全部文化都保存下来不仅不可能也没有必要,但对于那些最基本的文化要素,我们必须尊重它、保护它、确保它的安全。这需要具有认识文化基因的能力。

第五,文化技艺安全。中华文化中有很多文化创造、文化传播、文化交流、文化传承之特殊技艺,不少是绝技绝活。绝技绝活可分为只有少数人掌握的口头、表演、手工制作等技艺。对于它们,我们应确保安全,要加强世界性的交流、共享,但首先要加强专利保护、技术保密,建立相关安全评估机制;开发相关技术;采取相关安全保护手段;建设相关安全防火墙,严防自然消亡、人为泄密与被变卖、被盗取。这里举一个例子:1970年,有一批日本人到景德镇访问,目的是取得制作景泰蓝的配方。由于我方采取严格技术保密,一个日方记者就用衣袖蹭一下半干的彩景泰蓝坯胎回国用高科技分析它、仿制它。其结果,日本造景泰蓝在国际市场上逐渐打败中国景泰蓝,造成极大经济损失。又如变脸一直是川戏的绝活,但后来被人用高速录像机录下解密,造成它已无密可保,吸引力下降。长期以来,由于缺少文化安全的意识,我们的很多特殊技艺丧失严重,如日本的花道、剑道、茶道都不过是中国花艺、剑术、茶艺等的改造加工而已。趁着我们封闭、战争、动乱、醒悟晚,韩国和日本打着东方文化的招牌在国际上赚足了中国文化的钱、享够了中华文化的利。其实,中华民族民间有很多秘传特殊工艺和艺术的传统,通过传内不传外、传男不传女等手段用来保护自己的知识产权、实现利益最大化的。可以预想,随着对外交流越来越频繁、对外开放规模越来越大,几千年来积累起来的特殊工艺、技术、技能安全问题将越来越突出,需要我们采取切实的政策、法律、技术措施维护它的安全,使之首先造福于中华民族。

第六,文化人才安全。文化是由人创造、供人享用的。人是文化的主体。文化是由一般民众和具有特殊才能的文化精英共同创造的。在我看来,云南的文化人才包括文化理论工作者、文化教育工作者、文化创意人、文化演艺者、作家、文化传媒人、文化经纪人、文化营销商、文化鉴赏家、文化传承人等。在国与国之间的文化竞争不断加剧的今天，竞争的本质是文化人才之间的竞争。为了在竞争中处于有利地位，有些国家早就开始从中国引进文化人才乃至传统工艺人才。中国民间文艺家协会曾经和联合国联合评定600位国际民间艺术家和30位国际民间工艺大师。后来，美国人就制定了一个政策：获国际民间艺术家者到美国免签，获国际民间工艺大师者申请在美国永久定居一律优先。这几年，河南、陕西、东北等地很多重要的剪纸、泥人、面人、玉雕等工艺大师都因此而流失了。培养这些人才非常不易，是几年、几十年，甚至几代、几十代人才培养起来的。他走了也就意味着这根艺脉在本土断了根，意味着他们所拥有的工艺技术在中国失传。这方面的例子在体育界也十分突出。

我们对文化人才的保护，要具体化为提高他们的地位、尊重他们的劳动、温暖他们的心灵、改善他们的待遇、激活他们的创造热情。光保护还不够，还要不断培养、造就一代又一代大家、大师，把我们的工艺技术；把我们的创造力、竞争力、审美力、凝聚力大加激活。只有源源不断地培养各类文化艺术人才队伍，我们国家和民族的文化创造才会永葆源泉。过去，我们长期见物不见人、重文本不重人本。现在，我们已经到了必须建立文本和人本安全并重的时期，既重视作品技艺，还要注重创造、传承作品技艺的艺术家本身。否则，人亡艺绝、人亡歌息将不可避免。

第七，文化品牌安全。文化品牌一如商业品牌，是文化中最有集聚性、最具知名度、最富魅力的王牌、名牌。它们在传统文化中经过漫长创造、加工、传承，并历经历史的长期检验和锤炼，成为足以代表一个民族、一个时代、一个时期、一个方面、一个种类的文化，尤其是某一传统产业文化的代表与精品，具有较强的象征性、指标性。正如商界的竞争主要靠品牌作竞争、企业的立身主要靠品牌作支撑一样，我们在文化建设中不仅要打造新的品牌，而且要确保它们与既有品牌的安全。品牌有信誉度、含金量高、知名度大，能够在文化事业繁荣与文化产业发展中积聚力量、引领方向、形成影响力、创造真正的社会效益与经济效益。这些年，我们很痛心地获知许多中国文化品牌、产业品牌不断被欧美国家所抢占注册，改头换面成为他们的文化品牌者并返销中国或挤占中国市场份额，不仅造成了对我国知识产权的严重侵犯，而且伤害了国家文化尊严，冲击中国文化产业利益。对此，我们必须提高警惕。

第八，文化市场安全。我们提出要大力发展文化产业，增强文化软实力、竞争力，自然产生一个文化与市场的联系问题。要知道，文化的生产和消费是通过市场连接实现的。没有文化市场，文化的消费功能就难以实现。现在，我国的国内文化市场异常活跃，国际文化市场亦得到充分拓展，不但从国外引进作品、艺术家、版权、著作权，也源源不断地把自己的作品、艺术家、版权、著作权推向国际文化市场，从而使文化市场安全变得日益重要。一旦文化市场混乱，文化流通将受到很大的干扰，文化生产和消费就要断裂，文化的社会和经济双重效益的有机统一将难以为继，文化产业的目的就不能实现。对于这一全新的文化安全领域，我们也应给予足够的重视，尤其要重视国内外两大市场互动对国内文化市场安全带来的影响，强化著作权及版权保护、文化市场综合统一执法管理工作。

总起来讲，只有综合地对文化价值观、文化体系、文化基因、文化资源、文化技艺、文化人才、文化品牌、文化市场安全作统筹协调，才能确保国家的文化整体安全。

文化影响人的精神和灵魂，渗透于社会生活的各个方面，对国家和社会的影响是长远而深刻的。文化安全是深层次的国家安全，是一个民族得以传承、一个国家得以维系的保障，是国家治权、社会制度得以建立和维护的重要基础。强化政治、经济、军事、文化安全意识，建立完善的文化安全措施，同时发展社会主义文化"软实力"，乃是维护我国文化安全的重要支柱。所以，继胡锦涛总书记于2003年首次明确提出"确保国家的文化安全"要求之后，党的十六届四中全会、六中全会进一步把文化安全与政治安全、经济安全和信息安全并列成了国家四大安全任务。这是十分正确的。

云南地处祖国边疆，有4 060公里的边境线，有26个世居民族，其中有多个民族跨境而居，不仅是地理意义上的边疆，也是文化意义上的边疆。云南各民族都拥有历史悠久、内涵深厚、风俗各异的传统文化，是中华民族多元文化的重要组成部分。云南文化与中原文化不可分，并且不断对中华文化的建设产生积极作用。同时，云南是中华文化走向世界，辐射南亚、东南亚的战略要地，也是外来势力分化和瓦解中华文化，通过文化制造民族矛盾和争端的必争之地。19世纪末，西方宗教文化就曾渗透入云南，对滇西、滇南、滇中等地区的民族文化产生过重大影响，导致部分边疆民族聚集地出现放弃原有宗教信仰和文化改信西洋宗教的状况。目前，居住在滇南、滇西边疆的部分跨境民族由于种种原因深受境外文化的影响，一些不良报刊书籍、广播电视、影视音乐等日常文化产品非法入境，不仅使本土民族文化受到冲击，而且埋下了民族分裂和矛盾的隐患。面对迅速发展的经济、日益开放的文化市场、多元化的民族文化、多渠道的文化传播，我们的文化安全任务日益繁重，值得认真思考、未雨绸缪、积极防范，力求克敌制胜。

新中国成立以来，云南省委、省政府非常重视云南边疆文化安全工作，相继投入了大量人力、物力和财力以保障文化的发展和建设。但是，由于云南高原地理环境复杂、民族聚集地分散和跨境居住、边境线漫长等特殊因素，以及民族种类众多、宗教信仰多元、经济发展滞后、文化生活贫乏等客观条件使云南边疆文化安全问题亦日趋复杂。研究云南边疆文化安全，就是要全面调查了解云南边疆文化发展的现状；掌握外来势力和文化渗透的途径和影响程度；探索一条适合云南边疆文化安全建设和文化自身发展的有效方法，破解有关困难与问题，为国家的文化安全战略实施提供理论依据，以建立有效的监控体系与机制，构筑强大的边疆文化安全防护屏障。

在此方面，我能力有限、水平不高、资历不深，还望同志们大力支持、关心、帮助，让我们为共同建设云南民族文化强省及把迪庆藏族自治州建设成我国最好的藏区之一而奋斗。

建设文化"桥头堡"　　舞动友谊七彩虹

——2010年7月10日在"全国文化厅局
外事工作座谈会"开幕式上的致词

尊敬的赵少华副部长，各位领导、各位来宾：

今天，"全国文化厅局外事工作座谈会"在我省历史文化名城、古代西南丝绸之路和茶马古道重镇——腾冲隆重召开。受高峰副省长委托，我谨代表云南省人民政府对会议的召开表示热烈的祝贺！向出席会议的各位领导和各位来宾表示热烈的欢迎！向国家文化部、国务院港澳办、国务院台办长期以来对我省对外文化工作的关心支持，以及各兄弟省、自治区、直辖市对我省的指导帮助表示衷心的感谢！

云南地处祖国西南部，全省国土面积39.4万平方公里、山区面积占总面积的94%，与越南、老挝、缅甸三国接壤，边境线长4 060公里，辖16个州市、129个县（市、区），总人口约4 571万。其中，人口在5 000人以上的世居少数民族有25个，其人口超过全省总数的1/3。云南气候多样、山川秀丽、资源丰富，被誉为"植物王国""动物王国""有色金属王国""活态民族博物馆""生物资源基因库"，有世界文化遗产一处、世界自然遗产二处、世界记忆遗产一项、世界农业遗产一项、国家级风景名胜区十二处、国家级历史文化名城五个。2009年全省GDP达6 168亿元，比上年增长12.1%；财政总收入达1 490亿元，地方财政一般预算收入达到698.3亿元，分别比上年增长9.6%和下3.7%；农民人均纯收入达到3 369元。全省呈现出经济发展、社会进步、民族团结、边疆稳定的良好局面。

云南省委、省政府历来高度重视文化工作及对外文化交流，目前正在紧紧抓住国家实施西部大开发、建设"中国——东盟自由贸易区"和"泛珠三角合作"的历史机遇，不断加强文化基础设施建设，进一步繁荣文化事业，推进公共文化服务体系建设，发展文化产业，深化文化体制改革，全力提升文化"软实力"，以实现"民族文化大省"向"民族文化强省"的转变。近年来，云南的文化艺术不断繁荣，已有 30 多个剧目荣获国内大奖，一大批优秀人才脱颖而出，一系列重大活动饮誉全国，两馆一站建设、文化信息资源共享工程建设覆盖全省，边疆文化长廊建设卓有成效，已拥有全国重点文物保护单位 76 个，非物质文化遗产保护名录达 8 590 项。2009 年，全省文化产业增加值达 364 亿元，占全省 GDP 的 5.9%。文化事业和文化产业的蓬勃发展，对全省经济社会发展产生了明显的推动作用，有力促进了边疆民族地区的经济社会发展。

为加强对外文化工作，树立国家形象，改革开放至今，我省已派出对外文化交流团队和个人 1 032 起、1.45 万人次，与 70 多个国家和港澳台地区开展文化交流活动，并接待国外和港澳台地区各类文化交流团组和人士 682 起、10 000 多人次。在对外文化交流活动中，我省创演的七个剧节目在国际文艺赛事中获奖。其中，杂技《男女绸吊》获"法兰西共和国总统奖"；最近，我省与柬埔寨艺术家共同创作排演的大型歌舞乐《吴哥的微笑》在柬埔寨暹粒市定点商演，推动了云南文化产业走向国际市场。根据云南省委八届八次全会确立的建设绿色经济强省、民族文化强省和中国面向西南开放"桥头堡"的战略目标，我省文化产业增加值在全省生产总值中的比重将于 2010 年达 6% 左右，2015 年达 8% 左右，2020 年达 10% 以上，成为继烟草、旅游、电力、矿产、生物资源开发之后又一新兴支柱产业。今后，我们将在党中央、国务院的正确领导下，在文化部等国家有关部委的支持、帮助下，努力把我省打造成中国面向东南亚和南亚的文化展示窗口、文化交流通道、文化共享平台、文化睦邻纽带以及文化合作示范区。

无论是过去、现在还是将来，云南包括对外交流在内的文化工作，离不开文化部等国家有关部委的关心和指导，也离不开全国各兄弟省、区、市的大力帮助和协作。此次"全国文化厅局外事工作座谈会"在我省召开，既是对我们的鼓励和鞭策，也为我们提供了一次十分难得的学习机会。我们衷心希望各位领导和各位来宾对我省的文化工作，特别是在对外文化工作战略规划、机制建设、区域协调、项目实施等方面给予指导和帮助。我们将以此为契机，进一步贯彻落实党和国家的文化政策，深化文化体制改革、繁荣文化事业、发展文化产业，有力配合参与文化外交、文化统战，积极维护国家文化安全，努力推动我省对外文化交流工作再上新台阶。

各位领导、各位来宾，神奇而美丽的红土高原，拥有宜人的气候、诗画般的自然风光和多姿多彩的民族风情、底蕴深厚的历史文化，她将永远敞开心扉等待你们"凤凰来仪"，全省各族人民真诚欢迎你们多到滇云各地走一走、看一看，领略"彩云之南"的无限魅力。

最后，预祝会议圆满成功！祝各位领导和各位来宾在滇期间身体健康，生活愉快！

谢谢大家。

玉出云南　饮誉天下

——2010 年 7 月 28 日在云南珠宝研究院主办的
珠宝玉石论坛上的即兴演讲

云南玉石珠宝界的各位朋友、邓昆院长：

"玉出云南　饮誉天下"这个讲题非常好！我们知道"玉出云南"，主要出黄龙玉，并且是翡翠的销售集散中心。云南另有文山、哀牢山、高黎贡山三大玉石矿床。目前，"饮誉天下"之"饮誉"还只是"隐玉"，但总有一天，云南的玉资源、玉市场、玉产业注定要享誉世界、显玉世界。

在许慎的《说文解字》中，王字旁的字几乎都与玉有关。玉又是王，王又是玉。在古代，玉是石中之王，王者都会佩带玉石。如框中有玉是国字，因为国中要有王，而王又是以玉来作为其政权的象征。世界上三大产玉国家为新西兰、墨西哥和中国，但玉雕、玉器、玉文化最丰富的还是中国，况且新西兰的毛利人可能是从亚洲大陆迁移过去的。据说，墨西哥人的祖先玛雅人属印第安人，也是 20 000 年前才经白令海峡进入美洲大陆。现在已经有很多考古证据表明，新西兰、墨西哥这两个国家与中国有很深的渊源。但新西兰与墨西哥的玉雕工艺却远没有中国这么精彩，玉文化没有中国这么深厚、博大精深！在中国，时值 8 000 年前的辽宁阜新地区查海遗址及内蒙古赤峰市兴隆洼遗址中就已经有一大批玉制生产工具和玉装饰品出土。公元前 5 000 年左右的长江流域下游浙江余姚河姆渡文化到公元前 3 500 年的红山文化（即现在的辽宁省凌源县和建平县出土的红山文化）当中都大量使用有玉。其中，以玉龙、玉猪最为出名。公元前 3 200 年左右的良渚文化中，开始出现灰白玉琮、玉璧等祭祀礼器。后来，江汉流域的南阳独山出现了独山玉，四川三星堆及金沙遗址中出现了大量的玉璧、玉琮。无论从形质还是从功能来说，它们都和安阳殷墟出土的玉器有很多共同点。大约在商周时代，蓝田玉盛产于西北地区。后来，我们和波斯（今伊朗）、阿富汗等地区的文化交流越来越频繁，特别是和中亚、西亚打通了丝绸之路、玉石之路。所以，在秦、汉时期，我们使用的玉主要是昆山玉，也就是昆仑玉。昆仑山的西北侧为葱岭，是出产昆仑玉的地方。古代的于阗，也就是今天的新疆和田，也有和田玉在中国玉世界里占据主导地位。有人说，四川三星堆和金沙遗址的玉料主要是昆山玉、和田玉。

可见，我国中原地区不产玉，或者说是不主产玉。我国古代的玉石主要是从东北、东南、西北、西南地区输往中原，另一部分从境外各个国家、各个民族向中原进贡，形成了中国玉文化的多元性，以及从原料到造型、到审美等方面的多样性。在金属时代之前属于石器时代。玉是自然物质里面最精致、最美观的一种天然无机物或有机物，"象三玉之连，其贯也"。即，玉之象形字初意是三块美玉用一根丝绳贯穿起来作丰型，以喻古人用玉象征万物。"三玉之连"代表天地人三通。

在《辞海》中，玉被定义为色泽丽润、质地细腻而且坚韧、工艺性能优良的天然矿物质隐晶质致密块状集合体。在中国，玉经历了原玉、神玉、王玉、民玉几大发展阶段，并有多种多样的用途：第一个是象征神权，将玉雕琢成鸟兽等各种图案，作为神物或图腾崇拜龙、凤等。第二个是捍卫生命、避邪、唤醒生命、保护灵魂之用。第三个作用是作礼器"以苍璧礼天""以黄琮礼地"，那是因为"天圆地方""天玄地黄"。古人将玉的颜色和形制配以阴阳五行之说，从而产生了祭祀天地四方的礼器：以苍玉祭东方、以赤玉祭南方、以白玉祭西方、以玄玉祭北方、以黄玉祭中央。第四个作用是陪葬。丧葬之礼在中国起源很早，早在属旧石器时代的山顶洞文化中就发现有许多散布在尸骸附近的石珠、兽牙等，后人一直沿用玉器代替石器陪葬。第五个作用是生产工具，主要见于新石器时代和青铜时代。因为玉石具有坚韧的性质，从而有玉斧、玉锛、玉镞、玉斤、玉凿、玉刀等工具，它与后世之青铜工具在形制上没有多大差异。在云南晋宁、李家山、万家坝等地方，也有大量的玉制的生产工具出现。第六个作用是作武器，有玉戈、玉刀、玉戚、玉钺等，如浙江余姚就出土有玉钺。第七个作用是用作生活用品，即玉制器皿。它最早见于商代、战国、秦汉时，有玉角杯、玉卮、玉奁、玉灯、玉羽觞等。唐宋以后，玉杯、玉碗、玉瓶大量出现，玉餐具、玉文具、玉酒具等品种激增。到清代，玉器皿的品种及数量均达到鼎盛。第八个作用是玩赏，玉石温润、圆滑、美观、细致，可以把玩欣赏。第九个作用是做饰件，既可装饰身体，也可装饰家具器物等，如玉镯、玉坠、玉钩、玉簪、玉环等。第十个作用是道德象征，将玉石升华为一种社会性的道德品质，以玉比德。许慎就称玉有"五德"，孔子也有玉有十一德之说："君子比德于玉焉，温润而泽，仁也；缜密以栗，知也；廉而不刿，义也；垂之如坠，礼也；叩之其声清越以长，其终诎然，乐也；瑕不掩瑜，瑜不掩瑕，忠也；孚尹旁达，信也；气如白虹，天也；精神见于山川，地也；圭璋特达，德也；天下莫不贵者，道也"。（《礼记·聘义》）

我们知道，中国富有 8 000 年玉石文化，玉石审美是我们民族精神及价值观的体现，是造就玉石之社会效应、经济效应的最重要原因。玉不能吃，也不能穿，人们却为什么还要花巨资买玉？小小的黄龙玉，过去是几十元、几百元一车，现在据说价格翻了 10 000 倍，变成了一种财富的象征。它的能量巨大到什么程度？我看只能用爱因斯坦的质能变换公式，即能量等于质量乘光速之平方来推算它。许多人说文化没有用，看来不是文化没有用，而是我们自己不懂文化才误以为文化无用。事实上，是我们没有认识文化的能力，没有把物质转化为精神的能力，是没有提升玉石文化价值的能力，才使我们在玉文化等面前无能为力。其实，我们完全可以让玉文化转换成货币，让它去和谐社会、培育君子之风、培养艺术与道德。可以说，谁的认识和转换能力有多大，谁的收益就能做多大。所以，我希望大家都来关注玉文化，深刻挖掘玉文化内蕴的美、道德、伦理内涵，以提升玉石价值，自己也在其中受益。当然，这要靠多读书、多学习、多创新、多转换、多问几个为什么来实现。

关于宝石的种类，大约分为四类：（1）质地坚韧的，如碧玉、白玉、蓝玉、墨玉等；（2）色彩斑斓的，如玛瑙、绿松石、孔雀石等；（3）晶莹剔透的，如水晶；（4）光彩夺目的，如钻石、猫眼等。而在历史上，汉朝的王子灵将玉石按色彩分为黑、白、红、黄四类。它们各自的特点是黑如漆膏、白如割脂、红如鸡冠、黄如蒸黍。到宋朝，张世南在此基础上又添加了绿、蓝，并在绿、蓝底下又细分了九类。我想，在现实生活中，可能还存在从不同角度作多种分类的可能。至于玉石之重要在我国文化中多有反映。例如，贵州有玉屏，因山川秀美而得名；中国台湾有玉山，也因山之形色如玉而冠名；甘肃有玉门县、玉门关，是进出昆仑山运送和田玉的关口；云南有玉溪市、玉龙县，前者与水如玉漱有关，后者则得名于形似玉龙之雪山位于其境内。除地名审美外，人们还常用玉来比喻和形容一切美好的人或事物：《诗经》以玉喻君子，称"言念君子，其温如玉"；一个人坚贞不屈，被喻为"宁为玉碎，不为瓦全"；强调读书重要性，称"书中自有黄金屋，书中自有颜如玉"。另外，我们还有"玉洁冰清""抛砖引玉""金玉良缘""锦衣玉食""金口玉言""玉振金声""玉骨冰肌""金枝玉叶"等等成语；有彩凤栖玉、完璧归赵、一璧十五城等口传故事、传说；人体的任何部位都可以用玉来代替，如称玉足、玉容、玉体等；最美好的语言是"金玉良言"，最悦耳的声音是"金玉之声"。总之，中国人给了玉多样的、多重的、多方位的、立体的美，使它价值连城。它是精神、是意念、是理想，更是中华民族对美的追求和升华的一种物化形式。中国玉文化在唐宋以后进入民玉阶段。而在成为民玉之前，它不是所有人都可以拥有的，只有巫觋皇家贵族才可以享用。因此，玉又是一种等级、身份、权力的象征，是社会等级制的物化，到现在才演变成了一种财富的象征。

云南现有10 000多家玉石珠宝企业，仅昆明就有3 000多家，去年的产值已达180亿元。我们的目标是让云南玉遍布全球，即"隐玉"变成"显玉"。现在的问题是要找到约束我们玉产业发展的因素。我认为，我们在做好玉本身的勘探、制作、加工、商贸的同时，还要继续破解云南玉产业发展的难题，在省委、省政府的正确领导下，把云南的玉产业做强做大；把中国的玉文化做深做精；把云南变成"全球玉都"；把全国乃至全球的玉资源变成我们的资源；把全国乃至全球的玉市场变成我们的玉市场，获取巨大、丰厚的经济与文化效益。也就是说，真正按照中央的指示，利用好国内和国外的、省内和省外的资源，盘活国内和国外、省内和省外的两个市场。"不谋全局者，不足以谋一隅；不谋万世者，不足以谋一时"。云南只是天下的一部分，只是中国的一个省，要合作地、联合地、创新地开发云南玉产业和玉文化，最大限度地造福人类、和谐社会、和谐世界，让我们与各种文化与大自然更好地沟通。玉之"精神贯于山川"，是所有矿物质中具物质和精神双重意义的存在，是文化与艺术多重价值并存的物质。我们要进一步喜爱玉艺术、认识玉的价值、深化玉的内涵，让全球的玉资源、玉市场都在我们这里聚变。为实现这一目标，我谈几点体会：

第一，云南已经有石材协会，还专门成立了石产业发展办公室，统一领导大理石、木纹石、翡翠、黄龙玉在内的建材石、观赏石、宝石产业。希望进一步建立、健全体制，作战略设计，有战术安排、有点有面、有结构、有产业链，更好地协调云南省的石企业、石产业关系，并加以层次化、具体化，将玉石珠宝，尤其是翡翠产业置于其核心位置。

第二，注重人才培养。人类社会的一切都为人而存在，人类社会的一切也都由人来创造。要把人才战略放在玉石产业发展战略地位。我们不但要自己培养人才，还要积极引进人才。其生产的、加工的、鉴定的、管理的、教学的、研究的、传媒的、设计的人才都要培养与吸引，不能只有一个销售群体。现在，云南省珠宝玉石质量监督检验研究院已有一批质监人才，他们创建出了云南省地方标准，将翡翠分为五档十二级，有了自己的知识专业权，占领了这一领域的制高点，从而拥有了话语权。这很可贵！不知邓昆院长现在有没有办玉石珠宝学校的打算？如果有，这个学校可以在机器制造、玉石加工、玉石营销、玉石研究、玉石审美等方面设立多个系、多个专业、多个等级——从大专、本科到研究生一应俱全。只有这样，云南的玉石产业才能获得强劲的人才支持、智力支撑，并为中国乃至世界宝石产业做出巨大的贡献。

第三，加强玉石文化与玉石产业发展研究。云南现在已经有珠宝玉石质量监督检验研究院并取得许多成就，但这只是个开端。今后，不只是研究技术、研究鉴定，还应涉及地质、地层、挖掘、勘探、加工、设备等相关研究，以及玉石珠宝历史、文化、艺术研究和玉石珠宝市场、销售、产品研究，掌握核心技术，占领文化艺术与技术制高点，实现教育、生产、研究互相依托。

第四，建立大型玉石批发销售体系，甚至建立起大型跨国玉石集团公司或者大型跨国联盟等，让大量的玉石城覆盖全省的市级市场、各市的县级市场，甚至弄到广东、福建，以及缅甸、老挝、越南，充分发挥规模效益，不再限于省内市场，在全中国、全世界"横空出世"、所向披靡。

第五，建立云南乃至国际玉石、拍卖市场。这既可起到广告作用，又能由此决定中国乃至世界珠宝玉石价值、价格走向，而不是被别人所左右。

第六，举办国际玉石文化艺术节。走一条以文化推动、提升、张扬玉石产业的道路，通过展示我国各民族、各朝代和各地博大的玉文化艺术，即有关玉的诗、词、歌、赋、绘画、故事、传说、民俗，请广大学者与艺术家来说玉、写玉、画玉、唱玉、讲玉史、跳玉舞，突破自然的、国家的、社会的、民族的、种族的各种壁垒，实现玉文化的共享，并以之提升玉的附加值，做好玉石的文化及产品推广、推销。应明确，没有文化艺术的武装，就没有玉石的历史、现实与未来。

第七，完善组织体系。我们应该有巨大的玉石组织体系，即协会、研究会、鉴赏会等，并下设众多的专业委员会，动用并依托国家级研究所、研究会、贸易公司、协会等，打造中国玉产业及玉文化的"航空母舰"，形成规模效益，从产品运营进入到资本运营阶段。

第八，出版玉文化、玉产业系列丛书，拍摄玉文化、玉产业影视作品，创办有关报刊、网站，以普及玉文化、玉产业知识，造成强劲的传媒支持，并传播、积累有关知识、技术、成果、经验。

第九，创办国际玉石文化论坛。把全世界这一领域的管理、技术、营销、文化、艺术大师请到云南论剑，以交流经验、寻求合作、开发新技术的方式，构筑玉石文化及其产业制高点，弘扬中华文化精神；扩大中华玉产业的影响力；深化对中国玉文化内涵的理解，从而促进西方世界对玉文化的认知，提高玉产品在全球市场的占有率。

第十，建立玉博物馆。承担将玉的历史、玉文化、玉的艺术、玉的加工技术等全面展示的使命，并毕集全球美玉珍品，大大丰富人们的玉知识，增强人们对玉的欣赏、鉴别能力，真正将玉提升到物质财富兼具精神财富的高度。

最后，我希望在座的各位同志、各位朋友一同为我们中华民族玉产业及其文化的发展、为玉在云南绿色文化强省当中大有作为，也为玉在和谐社会中温润光泽我们的社会、美化我们的生活而努力。祝"玉出云南　饮誉天下"，走向世界。谢谢大家！

在云南宝石研究院作学术报告

三农艺术的盛典

——2010年10月20日在第二届"中国·福保乡村文化艺术节暨首届'中国农民艺术节·全国乡村歌手大赛'"新闻发布会上的讲话

尊敬的各位领导、各位来宾、记者朋友们：

早上好！

正值党的十七届五中全会刚刚闭幕之际，云南省人民政府在伟大祖国首都北京举行第二届"中国·福保乡村文化艺术节暨首届'中国农民艺术节·全国乡村歌手大赛'"新闻发布会。非常高兴向各位新老朋友介绍即将于昆明福保举办"一节一赛"的有关情况。首先，我谨代表云南省人民政府，向参加新闻发布会的各位领导、各位来宾、新闻界的朋友们表示热烈的欢迎，感谢大家对乡村文化艺术节和全国乡村歌手大赛的关注和关心，感谢各位给予云南省"两强一堡"建设的大力支持和帮助！

2007年11月19日至22日，由农民日报社、云南省文化厅共同主办的首届"中国·福保乡村文化艺术节"在昆明市福保文化城成功举办。它以展示中国社会主义新农村的风采、展示中国乡村文化艺术的精品、展示中国民族民间非物质文化遗产的精华、展示中国村办企业的成果为宗旨，通过全部由农民兄弟唱主角的"乡村民间艺术大集""乡村美食长街盛宴""乡村民族民间歌舞展演""风采成果博览会""村官文化论坛"，生动呈现中国农村和农民的新风貌、新形象，充分体现了这次文化艺术节的中国农民节日、乡村文化盛会、和谐新村景观、文化遗产舞台、文化云南名片五大特点。

艺术节期间，每天参与活动的代表和群众数以万计，19个省（自治区、直辖市）的32项非物质文化遗产集中展示、800位民间烹饪艺人奉献美食、300多家村办企业一展风采、16位基层村官第一次登上讲坛，为和谐文化村建言献策。首届艺术节开创了中国63万个行政村、亿万农民自办文化艺术节的先河。它的成功举办，充分展示了全国各民族物质和精神文化生活的新风采，展示了我国非物质文化遗产保护与传承的新成果，展示了社会主义新农村建设的新成就。它以开创性、示范性、导向性和建设性，在中国乡村文化艺术史上留下了重要的一页。

在文化部和中国文联的关心支持下，第二届"中国·福保乡村文化艺术节"，以及首届"中国农民艺术节·全国乡村歌手大赛"，将于 2010 年 11 月 17 日至 22 日在福保文化城举办。这"一节一赛"由文化部、中国文联、云南省人民政府主办，由云南省文化厅、云南省文联、昆明市人民政府承办，由昆明市官渡区人民政府、中国村社发展促进会，以及云南省昆明市福保村党委、村委会协办。它将围绕"展示乡村发展新成果、讴歌民族团结新面貌"的主题，通过与首届既有承袭又有创新的八大主题活动，再一次展示中国农村的新风貌、中国农民的新生活、中国农业的新发展。

这八大主题活动可以概括为"一宴一坛六展"，具体为：中国乡村美食长街宴——它采取云南哈尼族村寨特有的长街宴风俗，把全国各地特色乡土美食汇集一堂，共同组成一席场面壮观的"美食＋文化"的盛宴；中国村官文化论坛——本届论坛的主题是中国新农村文化建设，我们将邀请中国农村发展研究专家、全国知名村官（包括大学生村官）、农民企业家主讲，以宣传、介绍、交流和分享农村文化建设的先进经验；在乡村文化艺术节上，中国乡村非物质文化遗产传统工艺展、中国民族民间刺绣精品展、"大家乐"乡村广场音乐舞蹈展演，会让你感到走进了中国非物质文化遗产的"大观园"，100 余位全国最具代表性的国家级、省级非物质文化遗产名录代表性传承人带来的优秀民间工艺品和独具民族特色的乡村广场音乐舞蹈，将被参观者"尽收眼底"；传承人现场制作，展示展销，民间舞蹈家边走边歌边舞的游演方式，一定会让你不虚此行；泛亚乡村艺术展演——将会搭建一个乡村国际音乐平台。届时，受邀的 10 余个亚洲国家乡村音乐舞蹈团队，将为大家展示和交流亚洲各民族乡土音乐。各种肤色、各种国籍的人们一同载歌载舞，欢度节日；中国农民画展：来自全国各地，取材于农民现实生活，充满乡土气息，描绘农民生产、生活状态的农民画，展现的是农村乡风文明、生活富裕、和谐快乐的图景；中国新农村建设成果展：它由来自全国各地的小康村以及由这些小康村创办的上百家知名企业参展，集中展示中国农村的风采及村办企业的成果。此外，在艺术节开幕式和闭幕式上，我们还为大家准备了具有浓郁云南民族特色和较高艺术水准的"文化大餐"——两台大型文艺演出——《乡村美·福保情》和《七彩田野》。

我国是世界农业大国，农民艺术民族特色鲜明、历史源远流长、文化底蕴丰厚、乡土气息浓郁，是民族文化之瑰宝、民族艺术之根基。"中国农民艺术节"是顺应亿万农民心声和文化精神生活需要、顺应农业和农村社会经济持续发展需要、顺应我国文化大发展大繁荣和全面建设小康社会的战略要求而举办的农民文化艺术的盛会。作为首届"中国农民艺术节"的重要组成部分，文化部、中国文联、云南省人民政府将于2010年11月17日至22日共同主办首届"中国农民艺术节·全国乡村歌手大赛"。

首届"中国农民艺术节·全国乡村歌手大赛"是一项特色鲜明、内涵丰富、意义重大、影响深远的文化艺术活动，旨在贯彻中央关于新农村建设的战略部署，推进农村精神文明建设；满足亿万农民热烈期盼参与精神文化创造、不断丰富精神文化生活、努力提高科学文化素质的迫切需要；不断满足我国农村社会经济可持续发展和全面建设小康社会的战略要求；搭建一个文艺平台，集中展示中国农民艺术的精彩，展示当代农村的新面貌和广大农民的精神生活；让社会各界了解中国农民艺术，推进中国农民艺术的交流与发展，让中国农民艺术走出乡村、走向全国、走向世界。

同时，"中国农民艺术节·全国乡村歌手大赛"还将展示云南在民族文化强省建设和我国面向西南"桥头堡"建设方面取得的最新成就，突出本次乡村歌手大赛"展示新农村、歌唱新生活，弘扬中华优秀传统文化，推动社会主义文化建设大繁荣、大发展"的主题。

根据首届"中国农民艺术节·全国乡村歌手大奖赛"组委会的部署，此次乡村歌手大赛的半决赛和决赛亦将于今年11月17日至22日在享有"中国十大名村""中国十佳小康村"的云南省昆明市官渡区福保村"福保文化城"举行。

根据中国文联通知和大赛组委会的安排，今年7月至10月为乡村歌手大赛的初赛阶段，由全国各省（自治区、直辖市）文联、新疆生产建设兵团文联自行组织选拔赛，并各选拔出四名优秀乡村歌手参加在云南省昆明市举办的半决赛和决赛（云南赛区选拔比赛将于11月3日至5日在昆明举办）。

本次大赛从本月陆续开始，到 11 月中旬结束，为期两个月，分为报名、初赛、半决赛、决赛四个阶段。参赛者向各省（自治区、直辖市）文联报名。大赛将开设官方网页，网址是云南文艺网 http：//www.ynwy.org 或新浪七彩云南 http：//qcyn.sina.com.cn，比赛实况将通过网络视频和云南电视台进行直播。本次大赛参与方便，参赛者不限年龄、地区、学历、民族，为了体现乡村演唱特色的多样性和丰富性，不限制方言参赛。

大赛特别设立评委团，由国内音乐界、文化界等方面的专业人士组成评委阵容。

目前，该大赛已引起全国各地和社会的广泛注意。全国有较大影响的农民歌唱家和音乐爱好者、专业歌手，纷纷表示参赛意愿。新华社、中央电视台、《中国艺术报》《中国文艺报》、新浪网等著名媒体专门派出记者到场采访。仅今天的发布会，就有来自中央、北京、云南媒体的近百名记者出席。

近年来，一大批农民艺术家和歌手通过全国各类比赛走向社会，例如，云南的李怀秀等一批歌手迅速走红，央视青歌赛及中国文联百花迎春晚会上农民歌手纷纷亮相，表明源于农村的农民歌唱艺术正在成为深入民心的时尚新趋势。举办本次比赛，将有利于发掘、培养农村和民间的表演、创作人才，寻找并打造农民音乐新星。

据组委会统计，截至目前，全国 30 个省、自治区、直辖市文联已决定派出自己的选手参加。这将是一次南北荟萃的乡村歌手精彩亮相，将掀起一次全国乡村演唱艺术交流的新高潮。

"一节一赛"均立足农村、面向农民、关注农业，多方位、多角度展示中国农村的新风貌、中国农民的新生活、中国农业的新发展，呈现给参观者一个全景式的中国乡村艺术大观。

之所以选择在福保村举办此项活动，是因为福保村为"中国十大名村""中国十佳小康村"之一，经济发展、生活富裕、乡风文明，它已成为云南乃至全国新农村建设的一个样板。福保村创办的福保文化城有限公司，为我省最成功的村办文化企业，它浓缩了云南乡村文化地域特色。拥有"吉尼斯之最"荣誉、占地五万平方米的室内温泉"水上世界"和中国室内最大水上表演剧场，是云南农村文化产业的一面旗帜。我们将从这里出发，通过举办"中国·福保乡村文化艺术节",不断扩大乡村文化的影响力,将"福保"打造成为中国乡村文化精华的聚集地、在全国具有重要示范和影响的"中国文化第一村"。

我们相信,在文化部、中国文联的指导下,在云南省委、省政府的重视下,在新闻媒体和社会各界的大力支持下,在组委会和全体参展参演单位的共同努力下,第二届"中国·福保乡村文化艺术节"和首届"中国农民艺术节·全国乡村歌手大赛"会给社会各界留下生动、精彩、难忘的印象。

各位领导、各位来宾、记者朋友们,彩云之南、文化大观,云岭之上、歌舞海洋,高原明珠、文化云南。11月的云南,依旧风和日丽,景色宜人。滇池之畔的福保,彼时鸥鸣阵阵,美丽如画。我们真诚欢迎您做客云南,驻足昆明,走进福保,品56个民族佳肴、观民族民间歌舞、看新农村建设成果、学民间手工制作技艺,感受非物质文化遗产的无穷魅力。

最后,祝大家工作顺意、身体健康、合家幸福!

谢谢!

国家文化主权与原生态文化安全

——2010 年在云南省文联召开的原生态文化
国际学术研讨会上的即兴讲话

同志们，朋友们：

首先，让我对云南省文联召开原生态文化国际学术研讨会表示热烈的祝贺，对自己能再次聆听到老领导、学术大家丹增书记，仲呈祥副主席的演讲感到荣幸！

去年 7 月份，胡锦涛同志到云南考察期间，提出要把云南建成面向西南的重要"桥头堡"。于是，"桥头堡"建设被云南省委、省政府作为一个重大战略实施，力争使云南从边疆进入到改革开放的前沿。在此背景下，我们怎样维护自己，怎样发展自己和东南亚、南亚以及全世界各民族的关系，共同创造和谐、和平、互补的 21 世纪人类文明就成为一个非常重要的问题。我曾在北京关注文化安全方面的问题，到云南后也一直在做四个课题的研究：一个是边疆文化的安全，一个是民族文化的安全，一个是宗教文化的安全，一个是文化遗产的安全。昨天在路南，我讲的是文化遗产的安全。今天，我就讲一讲国家文化主权与更现实的原生态文化安全问题。

研究国家文化主权与原生态文化安全问题，既因为我们处在经济社会转型期，又受到经济、科技全球化的冲击，还由于我们云南和三个国家直接连接、和六个国家相邻。我们如果没有这种安全的意识、没有主权的意识，就有可能留下很多负面影响，悔之晚也。由于文化是那样的重要，原生态文化的安全就像丹增书记和仲呈祥主席说的那样，有长远性、根本性，关乎中华民族的文化认同，关乎对我们社会主义价值观的认同，我们必须对此继续作深度思考和具体实践。

什么叫主权？主权属于政治学范畴，是主体在其所统治领域内所拥有的最高权力。过去，我们在传统意义上讲主权，大都限于国家政治主权、经济主权、领土主权、领空主权等。今天，在中华民族实现社会主义文化大发展大繁荣的过程当中，文化的主权变得相当重要。它是国家主权整体中相当重要的一个组成部分。国家文化主权是一个国家在世界上所拥有的无可争辩的文化话语权，它包括创造权、所有权、阐释权、享受权和继承权。文化主权这个概念提出以后，我们国家的公安部、安全部、文化部都做了一系列的国家安全文化建设。现在，我们不仅要做这方面的工作，而且要把它提高到很重要的层面来认识。我知道，公安部在去年就曾专门发文，提出要把文化安全作为今后安全工作的一个重要内容。这段时间我们在报纸上、网络上，就看到了有关这方面的大量阐述。

文化主权的内涵应该包括这样几个：

第一，创造权。文化是被人所创造，是为人而存在的、为人所利用的。在人类社会的组织形式以国家为最大实体的时代，文化的创造主体也以国家为最大单元，每个国家民族都拥有为自己的生存发展创造发明各种文化形式、样态、价值、可能的权利。

第二，所有权。一个民族、一个国家天然拥有对其所创造文化的全部占有权，包括实质的、虚拟的、品种的、价值观的所有与利用权力。现在，面对国家之间的文化的激烈竞争，知识产权、所有权等都应当越来越引起我们的高度重视。在综合国力竞争中，一个国家对自己文化的所有权已涉及政治安全、经济利益等各个方面。

第三，阐释权。改革开放前，我们对东欧社会主义国家是开放的，但对广大的资本主义国家是封闭的。这一封闭，我们就丧失了在全世界范围内对自己文化的阐释权，一度造成在国外阐释中华文化者大多为日、韩学者。他们在国际上似乎成了东亚文化的代表者。事实上，他们的文化阐释和我们文化主体的阐释有距离，既有语言的障碍、历史的障碍，更有民族的偏见。比如，日本在国际上成功地打造出"浮世绘"这样一个特殊、经典的日本美术品牌。事实上，这种美术的本源是我们的木版年画，源于宋代。后来，它流传到全国各个木版年画的产地，再从苏州桃花坞漂洋过海进入长崎、大阪、东京，到20世纪初才形成浮士绘。但是，日本在阐述这种美术的时候，就完全抹杀和忽视了它源自中国的背景，否认中国木版年画传统，导致西方普遍误认为是日本人创造了这种不讲比例的、没有透视的、重视朦胧美与意象、意境的浮世绘美术。又如，今年农历8月15日，韩国人在德国搞了一个"韩国中秋节"，有七个中国台湾团体向德国政府提出抗议，说韩国没有中秋节，中秋节属于我们中华民族。另外，由于韩国和欧洲国家有着长期的经济贸易文化往来，所以国际上阐释针灸的起源，文字的起源、造纸的起源，等等时就站在韩国的一边，完全不顾及事实，使之变成了韩国的，造成谁掌握了阐释权谁就占有了文化所有权。改革开放已经30多年，我们国家正逐渐加大对文化阐释权的重视。

第四，享受权。创造文化不是为了摆样子，文化有无形的、有有形的；有抽象的、也有具象的；有形而上的、有形而下的。这一切的文化都是为了使用，以发挥其物质的、精神的作用，产生其认识的、审美的、消费的、教育的、社会的功能，并继而为全世界做贡献、为全人类所享用。但是，即使这样，这也是在确保本国、本民族优先享受条件下的共享。

第五，继承权。文化主权有一个天然的继承权利。在任何一个国家政党可以轮替，朝代可以更替，但文化主权是传承的、稳定的、不变的，因为文化是累积的。如果没有这么一种权利，中华民族几千年文明的生命力就会丧失，原生态文化就会毁灭。我们有这种权利、这种责任、这种天然的使命，去继承我们的文化遗产，继承我们的民族精神，去保留、保护好我们民族的文化形式、精神。

以上是文化主权所包含的五个方面的内容。

那么，文化主权都有一些什么样的特征？我认为有五个特征：

第一个特征是主体性。在现代社会，主权在民，国家文化主权之主体亦为国民。每个文化主体都有独立自主地根据自己的实际与需要继承、创新、发展本国与本民族文化的权利。国家文化主体决定国家文化的命运。

第二个特征是尊严性。每个国家都有自己的文化，各种国家文化主权都有它的尊严，都应受到尊重，它们都神圣不可侵犯。每一个主体都具有独立自主地决定自己文化命运、制定有关文化体制与政策、发展繁荣自己文化的权利。我们坚信，各个国家、各个民族都在人类文化史上做出了自己的贡献。能够生存到今天的民族和国家，都具有强大的文化生命力，都应获得应有的尊重。

第三个特征是唯一性。一个国家的文化主权是排他的、唯一的，各民族、各阶层、各行业、各部门、各地域的文化权利都应服从于国家文化主权，并为国家整体利益服务。同时，国家文化主权也是国家各层级文化权益的有效保障。

第四个特征是发展性。文化主权的基本内涵是确定的，但在不同的历史文化时代人类面临不同的文化环境、文化任务，因此各有新的文化主权内涵。文化主权有一个不断丰富的、开放的过程。我们正处在竞争的、交流的国际环境当中，正处在互联网的、全球经济一体化的时代，必须与时俱进地丰富文化主权内涵。

第五个特征是整体性，我们的文化主权不只限于文化产品，还包括了文化法律、政策、本体、人才、资源、市场、专利，等等。它们是一个整体，非常完整。绝不允许肢解这种整体性，令主权行使片面化、局部化、零星化、片断化。

以上讲的是文化主权的一些基本特点和基本内涵。国家文化主权是国家主权的一个部分。没有国家主权的建立，就没有文化主权可谈；没有国家的独立和民族的解放，也就没有文化的独立和文化的解放。我们国家在19—20世纪上半叶曾遭受重大的民族灾难，深陷半殖民地半封建社会的苦海，造成了文化主权的残缺不全，致使近百万件文物流失世界各地。我到过日本的很多博物馆，可以说每一座都装满了战争期间偷来的、贱买来的、抢来的文物。日本不是为了保护中华民族及中华文化才入侵中国的，他们是为了灭绝中华民族才入侵并剥夺我们的文化主权、掠夺我们文化的资源。

大家都知道，由于我国尚没有实现完全统一，造成了某别故宫博物院的文物在海峡两岸分别存在的情况。可见，在国家没有独立和统一的条件下，文化主权很难谈起。国家独立、民族解放，确保国家的政治强大、经济繁荣，这是确保文化主权及原生态文化安全的根本所在。在四位一体社会主义现代化建设的今天，我们必须把文化主权、文化意识、文化安全纳入我们的视野当中。特别是云南，我们有26个民族，其中有15个民族跨国而居。在多民族文化交流当中，我们时刻都要有国家文化主权及原生态文化安全的意识。否则，连基本的国家文化主权及原生态文化安全都得不到保障，何言文化自尊、自信、自爱？一些历史教训提醒我们，如果我们忽视了政治认同、国家认同、文化认同，就会出现我们所预想不到的情况。所以，我特别希望云南在面向西南的"桥头堡"建设当中，既有经济"桥头堡"、信息"桥头堡"的建设，也有文化"桥头堡"的建设，为我们西南边疆的稳定、为我们中华民族大家庭的团结，以及为我们云南更加和谐、更加繁荣做出新贡献。

谢谢大家！

文化建设　根本所系

——2010年10月28日在欢迎"东盟—中日韩10+3文化人力资源开发合作研讨班"访滇宴会上的祝酒词

尊敬的"东盟—中日韩10+3文化人力资源开发合作研讨班"的各位代表，女士们、先生们：

今天，来自东盟秘书处和文莱、柬埔寨、老挝、马来西亚、菲律宾、新加坡、泰国、越南的文化外事官员、文化艺术专家，欢聚中国历史文化名城昆明，继续进行"东盟—中日韩10+3文化人力资源开发合作研讨班"的参观、考察和调研。我谨代表云南省人民政府，以及云南各族人民，向各国代表表示诚挚的欢迎！向研讨班在云南举办表示热烈的祝贺！

云南是中国西南边疆的一个山地省份，面积39.4万平方公里，与缅甸、老挝、越南接壤，与泰国邻近，边界线长4060公里。全省共有26个世居民族，其中15个民族为云南特有的世居少数民族。全省人口约4571万，其中少数民族人口占1/3。云南有着丰富的自然资源和深厚的历史文化底蕴，是两亿多年前"禄丰恐龙"、170万年前"元谋猿人"的故乡，并拥有世界自然遗产"三江并流"、石林、世界文化遗产丽江古城、世界记忆遗产纳西族东巴古籍，是多种遗产共生的宝库及绚丽多彩的民族文化家园。

东盟10国与中、日、韩各国，都拥有悠久的历史和灿烂的文化。各国的艺术教育门类齐全、卓有成效；非物质文化遗产丰富多彩、源远流长。近年来，各国政府积极推进现代化建设，加速了经济发展、社会进步、文化繁荣。各国的历史背景和当代状况与云南较为相似，有着相似的发展基础，更面临着相同的发展机遇。云南既是我国少数民族文化艺术教育的示范基地，又是我国非物质文化遗产资源的核心区域和保护传承的重点省份。"东盟—中日韩10+3文化人力资源开发合作研讨班"来云南举办，为我们学习借鉴东盟发展艺术教育和传承非物质文化遗产成功经验提供了良好机遇，也开辟了我们进一步开展东亚地区文化交流合作的新渠道。我们乐于与各国代表共享云南艺术教育和非物质文化遗产传承的成果与经验，也十分欢迎各位代表给我们宝贵的意见和建议。

总之，艺术教育和非物质文化遗产是人类文明的共同财富。"东盟—中日韩10+3文化人力资源开发合作研讨班"为我们之间的文化交流合作提供的崭新平台和互动机制，必将促进东盟与中、日、韩地区的和平、进步事业，并造福于亚洲各国人民，乃至全人类。

最后，请让我们共同举杯，预祝"东盟—中日韩10+3文化人力资源开发合作研讨班"圆满成功！祝愿各位代表在云南期间调研顺利、考察愉快、身体健康、旅途平安！

谢谢大家！

边屯文化　润泽丽郡

——2010年11月4日在边屯文化研讨会上的即兴讲话

各位领导、各位专家、各位乡友：

在过去很长一段时间里，我都极想为丽江市江东三县做一些工作、做一些奉献，但由于缺少平台与桥梁、纽带，从而也就没能遂愿。于是，在北京学习、生活、工作的30多年间，我为家乡奔走呼号、倾情服务，也就只限于丽江市及原丽江县，即现今的古城区、玉龙县。我知道，我为丽江市所做的工作虽然已经包括了为永胜、华坪、宁蒗服务在内，但毕竟太间接、太务虚。现在好了，中央于去年派我回云南省政府挂职，又加上丽江市的社会、经济、文化建设进入一个新阶段，永胜、华坪、宁蒗的对外开放走上新台阶，我与江东三县之间终于建立起一些可对接的关系。比如说，今年7月就有丽江文化研究会下属的永胜边屯文化研究会在其成立前后有会长、副会长多次前来找我寻求支持。上个月，省长在赴永胜主持召开程海防污染会议期间，专门考察了永胜毛家湾毛泽东祖先居住地，指出要建设好边屯文化博物馆，并当场应允支持启动资金1 000万元人民币。他指示说：边屯文化是云南汉文化的一个重要组成部分，要将它保护、传承好，并作有效利用。之后不久，我的老同学、现任永胜县政府巡视员的×××同志，以及正在永胜县挂职锻炼任县委副书记的×××同志前来五华山找我，传达了秦省长的指示，并告知了永胜县委、县政府的贯彻落实情况。总之，我感到自己为江东三县，特别是永胜服务的机会终于来到。这里，我就不揣冒昧，谈谈自己对边屯文化的思考，以及对永胜县保护、传承、利用边屯文化遗产的建议。

一、永胜边屯文化源流

边屯文化，也可称之为屯边文化。"边屯"或"屯边"指的是"屯居边地",而有关它的一切文化形态、文化积淀都是"边屯文化"或称"屯边文化"之所指。边屯文化中的"屯"之本义为"聚集"。边屯就是一部分社会群体为了一定的目的、通过一定组织形式聚集、驻扎在边地、边疆地区。应该说,边屯的历史相当久远,自从人类社会有了社会组织尤其是较大社会共同体,就产生了社会共同体间的领域分野,并随之产生互相间的联系与冲突,从而产生了确保各自领域自然资源、社会利益、人民生命安全之需要,并随之产生了守边、屯边、戍边行为及其文化。但是,作为一种成熟的制度,它在我国最终完善于春秋战国时期,并于斯开始有军屯、民屯、商屯之分。随着中国版图的不断盈缩,边屯的范围也在不断调整之中。

云南于战国末期就有庄蹻入滇,计有数万楚国将士军屯滇中,并变服从俗,建立滇国。自秦汉以降、特别是两汉以来,中央王朝先后在云南建置郡县,使云南的边屯持续不断。至元、明时期,它达到高峰,"洪武调卫"更是使之登峰造极。今天,云南各地尚残存的大量卫、所、屯、铺、关、营地名及会馆,都是当初边屯的遗迹。明王朝在云南的边屯始于30万人的军屯,后又陆续有二百多万民屯、商屯不断跟进,最终改变了明初以前云南人口构成中"夷多汉少"的局面,实现了"汉多于夷"的新格局,确保了明王朝西南边陲的安定,并仍对时至今日的云南政治、经济、社会、军事、文化发挥着特殊的稳定作用。

永胜的边屯正是明初洪武调卫的产物,而且属于军屯。它的目的是"实边""镇守",经受新生的明王朝政权所受到的土著政治势力的挑战。于是,澜沧卫成了他们"七分耕种、三分操兵"的新据点、新家园。在永胜境内,汉族边屯移民大多来自吴、越、楚地区,尤其以江西、安徽、江苏、湖南、湖北、浙江等省者居多。其中,毛氏祖先之一的毛太华便来自江西吉水,其远祖为浙江江山毛氏,与蒋介石原配夫人毛福梅同宗。如果再往前追溯,可远及毛弘、毛苌,乃至毛遂,始祖为周文王第七子毛公伯,因封于现今山西故地毛公国而称其姓氏。

除了政治的、军事的意义外,这些屯边者进入云南还具有极重要的文化意义。具体为:(1)他们大多为男性单身赴边,故而采取"夷娘汉老公"的方式与当地"夷女"结婚繁衍后代,造成血缘大融合,其后代历经数代乃至十数代的多种族反复通婚而产生了"新云南人",奠定了"你中有我""我中有你"的民族认同与文化趋同基础;(2)他们带来了内地的先进文化、先进技术,通过兴修水利、改善交通、开垦荒地、兴办儒学、建造寺宇、开设集市等方式，促进了云南边疆的文明开化、技术进步、经济繁荣、人才辈出，不断应验着"五百年后云贵胜江南"的预言，使云南日益成为祖国西南的首善之区；（3）他们与土著居民相互学习、相互影响，继承了始自170万年前的滇云文化传统，并不断赋予其新的精神，与红土高原上氐羌系、百越系、百濮系、苗瑶系各民族一道共同孕育了包容、和谐、进取的滇云文化精神，共同构建起多元一体的滇云文化格局，共同铸成了谦卑、忠厚、亲和、灵慧的滇云民族性格。这三点在永胜边屯文化中都有大量的实例可以证明。例如，毛泽东的第17代先祖毛太华于明初从军、从十夫长擢升为百夫长，并在后来屯军澜沧卫，即现今的永胜。他在当地娶夷女王氏为妻，先后生下毛清一、毛清二、毛清三、毛清四。后来，毛太华因军功内迁受封湖南湘乡绯紫桥，后又移至湘潭七都九甲，并在其后迁居韶山。关于这个"夷女"王氏，既可能是纳西族，也可能是彝族、傈僳族、白族，但绝不可能是前几年所推断的拉祜族。因为在元代明初，永胜是丽江路军民总管府又称茶罕章军民总管府所辖之地，属木氏先祖阿氏统治范围，并有大量麽些夷分布。麽些夷即现今纳西族先民。那里不仅至今仍有三万多纳西族居住，茛莪、期纳等亦均系纳西语地名。此外，那时的永胜建有顺州，顺州之居民以纳西、傈僳先民为主，所谓"顺州"当是"犟州"，所谓"顺民"指"犟民"。至于她与彝族的关系，乃是在永胜毛家湾相邻处至今还生活着大量已经汉化的彝族后裔。他们在当地拥有很大势力，在山地与汉族大至交错。就在其附近，至今遗存有"他留坟"。所谓"他留"，又称"塔鲁""螳螂"，为历史上彝族先民支系之称谓，东汉时就曾于滇东、滇中一带建螳螂县，云南玉溪、昆明、楚雄、曲靖、东川等地至今遗留有不少与之相关之地名、河流名、山岳名，以及有关故事、传说、史迹。并且，丽江市玉龙县太安乡"螳螂坝"，至今还生活有一支彝族先民被纳西化的"螳螂人"。至于说王氏有可能是白族，乃是因为邻近澜沧卫的北胜州之土司为由汉族同化而成的僰人高氏，其境内居民还有部分僰人，亦即现今的白族先民。僰人自唐以来深受汉文化影响，故而屯军澜沧卫之汉族将士优先娶妻于僰人并非不可能。

总之，驻屯永胜的汉族来源多元，不仅有湖南、湖北、江西、四川、江苏、浙江根脉，而且以湖南籍居多。其文化分别以湖湘、荆楚、巴蜀、吴越等文化为源头,并在 600 多年来的历史岁月里既互相交流,也或多或少受到纳西、彝、白、傈僳等土著文化的影响,并最终融合成了独具特色的永胜边屯文化,分别表现在语言、服饰、家谱、建筑、村落、民俗、饮食、生产、文艺等多个方面。其内容宏富、精彩纷呈,值得认真挖掘、系统整理、深刻认识、充分利用、弘扬光大,切不可熟视无睹、见惯不怪、缺乏自识。既要"重祀,夏配天,不忘旧器",同时还要"周虽旧邦,命在维新"。

二、保护利用永胜边屯文化之意义

永胜边屯文化是丽江文化的重要组成部分,也是云南汉文化的重要一翼,并在我国边政学、民族学、民俗学、移民学、军事史学上占有一席之地,对它进行科学保护与有效利用,具有文化、社会、学术、产业等方面的意义。

在文化上,云南省目前正在省委、省政府的领导下建设民族文化强省。这个"民族"既包括 25 个少数民族,当然也包括汉族在内。也就是说:"民族文化"是一个完整的"云南文化"大概念。之所以称之为"民族文化"而不是泛称"云南文化",只是为了突出云南占 47% 的少数民族及其文化的特色,而不意味着占 53% 的汉文化不重要。其实,云南汉族虽然源于内地各省,但仍有大量亮点,如近代的滇越铁路、讲武学堂、西南联大、滇西抗战、重九起义等都是其例,袁嘉谷、熊庆来、李根源、唐继尧等英雄儿女如是,五尺道、大小爨碑、定南中、设郡县等贡献颇多,庄蹻、汉武帝、诸葛亮等丰功伟绩遗泽垂远;中古时期的辉煌表现为元明以来、尤其是明代伊始的建卫所、开儒学、兴农桑、设关隘、实边徼,以及王景常、汪藏海、兰茂、杨升庵、孙髯翁、杨一清等风流人物。无疑,它们是云南"民族文化板块"中的"汉文化单元",具有与各少数民族文化同等的价值。正如没有少数民族文化的云南文化是"残缺的云南文化"一样,不包括汉文化在内的云南文化也是"不完整的云南文化"。因此,对永胜边屯文化为代表的云南边屯文化的保护、弘扬,有利于强化云南文化的整体性、完整性。

就社会意义而言,永胜边屯文化是一种屯边守疆、维护统一的爱国主义文化与夷汉融合、民族团结的和谐文化。无论就当初的国防需要还是从现今的维护社会稳定、推动社会和谐与社会进步而言，它都是丰厚的遗产，具有可资继承的价值。可以肯定地说，云南自入中国版图以来始终成为牢固的金瓯，各民族一向友好相处，并内向中原，一直把忠君爱国、维护统一视为生命线，盖为边屯文化浸润之结果。加大对它的宣传利用，有助于增强以爱国主义为核心的民族精神、强化国家认同、尊重多元文化，有助于永胜人民增强文化自尊心与自豪感，激活文化创造力与自觉性，与纳西、彝、白、傈僳、普米等各民族一道建设文明、富裕、公平、正义的社会主义和谐丽江。另外，在丽江市全力打造纳西文化品牌、促进丽江旅游业发展之后，导致古城人满为患，急需开辟新旅游地及旅游项目，以减少对玉龙县、古城区的压力及冲击。对永胜边屯文化、他留文化及宁蒗彝族文化、摩梭文化的开发利用已迫在眉睫。我们坚信，边屯文化的保护性开发，必将使丽江的旅游结构更加合理、旅游产品更加丰富。

永胜边屯文化对于正在建设中的"丽江学"特别是"丽江文化学"也意义巨大。长期以来，丽江文化研究聚集于个别民族及个别区域文化。其中，对纳西族及其支系摩梭人之文化、对原丽江县及宁蒗彝族自治县永宁乡文化的关注一直是热点。这与原丽江县及纳西族拥有独特的文化资源与一支具有民族自识力的学者队伍有极大的关系。如今，30多年改革开放的能量聚集与经验积累，正在昭示着丽江市一区四县各族人民只有启动全域各民族文化力量，从更高的层次作更全面、更宏观、更综合的"丽江学"，尤其是"丽江文化学"建设，丽江的发展才有更大的凝聚力、更强的支撑力，从而有更大的体系、更好的品质、更广阔的前途、更光明的未来。也就是说，"丽江文化学"包括古城、文化学、玉龙文化学、永胜文化学、华坪文化学、宁蒗文化学，或丽江纳西学、丽江汉学、丽江彝学、丽江白学、丽江傈僳学、丽江普米学，或是丽江东巴文化学、永胜他留学、永胜边屯文化学、宁蒗摩梭文化学、宁蒗毕摩文化学、宁蒗韩归文化学……它们还可以包括丽江生产、生活、制度、语言、艺术、宗教、经济、文学、民俗等各种领域与学科的分支学科。

永胜边屯文化的产业意义首先取决于它是一笔丰富的产业资源，尤其是旅游产业资源。一般来讲，永胜一直是个农业县，堪称丽江市的米粮仓。但是，在进行产业结构调整与发展方式转变的今天，永胜正面临着一个从传统农业社会转型为工业社会、都市文明，乃至后现代文明的严峻挑战。在此过程中，将农业转变为现代产业固然是其不二的选择，发展水电、水果与螺旋藻养殖加工等也是一种永胜产业发展的方向，但作为积淀 600 多年的边屯文化，更是未来永胜文化产业建设的重要资源。永胜固然没有古城区、玉龙县、宁蒗县那样丰富的少数民族文化积淀，但其边屯文化只要开发利用得当，也能转化成文化事业与文化产业资源，为当地的社会发展带来巨大的社会效益与经济效益。

怎样才能让边屯文化遗产转化为产业资源？我以为，当前它应主要与旅游业相结合，使之成为永胜旅游产业的灵魂与支撑，并与其他产业适当链接，以形成产业聚集，而不能满足于简单的赏心悦目。一定要利用好全云南乃至全中国的边屯文化资源及市场，不能仅仅局限于永胜与丽江。目前，云南的文化产业建设往往呈规模小则形不成产业、规模大则无力实施的尴尬状况。我们已经有许多这样的例子：当我们辛辛苦苦地建成多种产业之后，它们便顺理成章地成了别人的一个部分。这主要源于我们缺少宏观规划、战略眼光。我们一些具有战略性的大创意又因缺少投资能力、经营能力、技术能力往往难以落实，造成"起了个大早、赶了个晚集"的被动与狼狈。在永胜边屯文化建设中，一定要克服这两个极端，做到尽量从长、从高、从远、从大规划入手，但又留有余地、从局部入手、分层次递进，既拿得起又放得下；既尽力而为又量力而行；既有远期目标又有现实举措。

三、永胜边屯文化的保护内涵

保护永胜边屯文化是一个巨大的系统工程，其任务十分繁重，需要大量的人才、技术、资金投入，并且历时长久，绝非一朝一夕可以完成，必须作长期作战、积小胜为大胜的准备。那种企图立竿见影、立即产生效益的想法是缺乏根据的，那种无所作为、消极懈怠、漠视遗产的现象更是可悲的。鉴于目前永胜县对边屯文化投资能力有限的现实，有关保护必须作长期安排、总体规划，同时从项目入手、切实推进。否则，做小了不足以形成效益，做大了无实力加以支撑。而这正是云南乃至全国在文化产业开发中经常遇到的困惑。

在我看来，永胜边屯文化保护应该包括以下这些内容：

第一，对永胜全境进行一次地毯式的文物普查。它们涉及村落分布、地名、祠堂、家谱、方言、民俗、工艺技术、民间文艺、生产方式、宗教信仰、学校教育、关塘哨所等各个方面的遗产。应对此作实物收集、照片拍摄、录音录像、图表绘制、数据统计，以摸清基本情况、盘点基本资源、确定保护方案，并建立档案、建设数据库与资料馆。

第二，建立永胜边屯文化博物馆。将经过整理、提炼的永胜边屯物质文化遗产、口头与非物质文化遗产分专题加以展示。其形式除传统实物、文字、图表、模型外，还要利用现代声、光、电及数字技术，做到文本展示与参与、体验、感受相结合；动态展示与静态展示相结合；将展示与学术活动相结合；将文化建设与经济社会发展相结合；做好保护、传承、利用、繁荣工作。

第三，建立永胜边屯文化生态园。这个生态园应以毛家湾为核心，将澜沧卫旧址、他留文化、清水古镇、观音寺、程海等有机地联为一体，并将三川火腿、绿 A 螺旋藻、红 A 螺旋藻与之整合在一起，打造永胜传统文化与绿色产业、旅游产业融会贯通的文化产业，创造巨大的社会效益与经济效益，把永胜的政治、经济、文化建设推向新高潮。

第四，举行边屯文化艺术节。以永胜边屯文化为中心，将全中国边屯文化资源集聚在一起，形象化张扬边屯文化精神，弘扬爱国主义精神与民族团结传统，并以此为基础作音乐、舞蹈、绘画、书法、摄影、影视创作、图书出版之深度开发。

第五，举办边屯文化学术论坛，将全中国乃至全世界的移民文化学术力量聚集在一起，大力阐述移民文化、边屯文化的历史意义、现实价值，从理论上回答移民文化的政治、经济、社会、文化原因，以及对云南乃至中国、全人类所具有的价值，进一步倡导对世界和谐、人类进步所具有的意义。

第六，进一步揭示夷汉文化交融在永胜边屯文化中的丰富内涵，阐释滇云文化、丽江文化、永胜文化的重要意义，促进丽江市汉、纳西、白、傈僳、彝族互相学习、互相帮助、社会和谐、民族团结、社会进步。

第七，加强与永胜边屯先祖地湖南、湖北、江西、安徽、江苏、浙江、四川、重庆等地经济文化合作，建一批兄弟姐妹城市，加强与她们的政治、经济、文化大合作，借船下海，借鸡下蛋，实现共同发展、繁荣。

第八，建设边屯文化主题公园，建造赛典赤、傅友德、蓝玉、沐英、林则徐、毛太华等塑像，举办"边屯军民入滇节"等文化活动，歌颂先祖之功德，倡导开拓进取之精神。

第九，开发边屯文化产业项目，将工艺、餐饮、花卉、传统文艺等文化加以开发，使之有载体、有灵魂、有效益，把民族文化强省与云南面向西南开放"桥头堡"建设做实、做深、做精。

第十，开发边屯文化产品，设计好旅游专线，做好边屯文化点、线、面结合的产业群建设，将抽象概念转化为具体项目，寓教于乐，寓文化于产业。

第十一，做好边屯文化与少数民族文化的共同繁荣，充分推动纳西文化、彝文化、傈僳文化、普米文化、白文化资源与边屯文化的良性互动，实现整体发展。

我坚信，在永胜县委、县政府的正确领导下，永胜各族人民必能沿着党中央、国务院指引的方向，在继承发扬云南汉文化遗产及精神、建设和谐边疆与加强民族团结、国家统一方面做出新贡献，并把永胜文化发展繁荣推向新高潮、新阶段，为祖先争光，为边屯文化争色。

文史更丹青

——2011年2月16日在全国部分省、自治区、直辖市文史馆系统书画艺术创作与发展座谈会上的致辞

尊敬的各位领导、各位书画艺术家,同志们、朋友们:

上午好!

值此部分省、自治区、直辖市文史馆系统书画艺术创作与发展座谈会在昆明召开之际,我谨代表云南省人民政府开表示热烈祝贺,对前来参加会议的国务院参事室、中央文史馆书画院,以及各省、自治区、直辖市文史馆的领导和书画艺术家表示热烈的欢迎!

云南气候宜人、资源丰富、风光秀美,民族风情多姿多彩,历史文化源远流长,被誉为世界上罕见的"民族文化宝库"和"民族艺术海洋"。近年来,云南省委、省政府把建设民族文化强省作为云南三大发展战略目标之一,不断壮大文化整体实力,继续促进民族文化大省向民族文化强省迈进,使云南的民族文化发展活力不断增强、影响力和竞争力与日俱增,为推动云南的社会和谐与科学发展提供了强有力的精神支撑。在此过程中,云南书画界致力于继承发展、开拓创新,成就斐然,也为繁荣中华文化做出了积极贡献。

文化是一个民族的灵魂,是增强民族凝聚力、提升民族创造力的重要源泉。继承和弘扬中华优秀传统文化,是凝聚中华民族力量的客观要求,是建设中国特色社会主义物质文明和精神文明的现实需要。中国书画是中华民族特有的传统艺术形式,是中华文化的瑰宝。传承、繁荣和发展中国书画艺术,努力创造富有时代气息、各具风格的书画艺术精品,对弘扬民族精神、振兴民族文化、提高国民素质、满足人民群众日益增长的精神文化需求,具有十分重要的意义。中央文史馆聚集了一大批优秀的书画艺术家以传承中华优秀传统文化。这些艺术家以智慧诠释人生,用艺术讴歌时代,成为新时期弘扬中华文化、发展书画艺术的一支中坚力量。创新发展是文化艺术的生命力。积极开展书画艺术创作与发展活动,有

利于广大书画艺术家和文史工作者加强交流、互相启迪、共同提高，使中华书画艺术这朵艺术奇葩开得更加鲜艳。

这次经国务院参事室、中央文史馆同意，由云南省文史研究馆主办部分省、自治区、直辖市文史馆系统书画艺术创作与发展座谈会，既体现了国务院参事室、中央文史馆对我省文史馆工作的关心和支持，又为我们学习借鉴兄弟省、自治区、直辖市的工作思路、工作经验提供了一次难得的机遇，必将对推动云南文史馆工作、促进云南书画艺术的创作与发展产生积极影响，也必将为云南民族文化强省建设注入新的活力。通过各位艺术家的创作，云南各项事业建设所取得的成就和日新月异的发展变化将得到更好的宣传和展示。在此，让我们真诚地感谢国务院参事室、中央文史馆和各省、自治区、直辖市长期以来的关心与支持。我们将珍惜机会，虚心学习，把云南书画艺术的创作与发展工作做得更好。在国务院参事室和中央文史馆的指导下，我们愿意进一步加强与各省、自治区、直辖市的交流，为弘扬中华文化、促进中国书画艺术事业发展做出应有的贡献。

衷心希望大家对云南的工作多提供宝贵意见，希望各位艺术家在考察采风活动中多有收获、多出佳作。

最后，预祝座谈会取得圆满成功！祝大家在云南期间工作顺利、身体健康！

谢谢大家！

提高认识　着实努力
开创我省地方志工作新局面

——2011年4月18日在"2011年全省州、市地方志办公室主任会议"上的讲话

同志们：

"2011年全省州、市地方志办公室主任会议"今天在我的家乡丽江召开了。这次会议，不仅为我省地方志系统的领导干部提供了交流经验的好机会，也为我省地方志系统专家学者、业务骨干的相互学习提供了好机会。

我下派云南省政府工作的时间不长、联系分管地方志工作时间也短，但我对地方志深有感情，是地方志事业的坚定的支持者和受益者，我至今阅读过的所有县志、州市志、省志都是各位呕心沥血的精神劳动成果。借此机会，我谨代表省政府和所有关心我省地方志事业发展的领导和人士，向全省地方志工作者表示衷心感谢和崇高敬意！

在此，我讲以下四点意见：

一、要进一步提高对地方志和地方志工作重要性的认识

与其他工作相比，地方志确实是一项不容易引起重视而容易被忽视的工作，但它是我们民族的文化传统和我们为党和人民服务的重要事业。刘延东同志指出："地方志作为全面系统记述经济社会历史与现状的资料性文献，是传承和彰显中华文明的重要载体，是中华民族优秀文化的瑰宝。"我们知道，中国是世界上历史最悠久最辉煌的国家之一，各族人民共同创造了光辉灿烂的文化。志书是中华民族世代奋斗、兴衰荣辱的史诗画卷，伴随着民族历史，代代相济、永不断章。持续不断地编修地方志，在我国已有上千年的历史。现存8 000多种旧志

书，记载了大量的历史资料，是前人留给我们的宝贵文化遗产和巨大的精神财富，这是世界上任何一个国家无法比拟的。云南虽是边疆省份，但长期以来都有持续修志的优良传统，早在东汉就有《哀牢传》开云南地方志之先河。自元代至民国年间，云南修出了各种志书430余种，这些志书富集和保存了云南非常珍贵的历史文献资料，是云南民族历史文化传承不可替代的重要载体，也是云南各族人民奋斗发展的历史写真。

文化是一个国家综合国力的表现，是国家软实力。志书横陈百业，包罗万象，是全面、系统、科学地记载一个地方自然、政治、经济、文化、社会的历史与现状的独特载体，具有"存史、资政、教化"的功能。地方志是物质文明、精神文明、政治文明和生态文明建设的重要组成部分，是社会主义先进文化建设系统工程的重要组成形式。它在记录历史、传承文明中有其他文化载体无法代替的重要作用。

编纂地方志，是承上启下、继往开来、传承文明、延续历史、服务当代、有益后世的千秋大业，不仅有近期的社会效益，而且将产生久远的影响。已经出版的各类优秀志书，为全面了解国情、地情，合理开发和配置资源，提高领导干部的科学决策和领导水平，提供了翔实可信的基础性资料；为提高公民素质，进行爱国、爱乡教育，提供了生动鲜活的教材；为扩大对外宣传、服务改革开放，发挥了重要的媒介作用。我们要从践行"三个代表"重要思想，树立和落实科学发展观的高度，进一步提高对地方志工作重要性的认识。

我很欣赏"快乐修志"的主张。地方志工作者要提高自身价值重要性认识。六世达赖仓央嘉措有首诗写道："第一最好不相见，如此便可不相恋；第二最好不相知，如此便可不相思。"这也可以说是地方志工作者的工作心态，很难得。人生万象，世有百业；学有显微之分，业无高下之别。地方志工作者常以"清苦、辛苦、艰苦"的三苦居士和"得志不修志，修志不得志"自嘲。这从一个侧面折射出地方志工作的实际和地方志工作者的心态，我非常理解。但是，历史地看，地方志工作者往往是一方名流鸿儒，如方树梅、秦光玉、由云龙等就是这样。今天的地方志工作者，尽管收入不高，但大多是饱学之士和一个地方的文化名人，肩负着北宋著名理学家张载所说的"为天地立心，为生民立命，为往圣继绝学，为万世开太平"的重任，有无比的责任感，并肩负着"为昨天树立丰碑，为今天建造功业，为明天积淀文化"的使命，有强烈的使命感。作为一个地方志工作者，是有福的。我们应不自轻，要自重；我们应不自卑，要自尊；我们应不"三苦"，要三乐。

二、要完善和践行地方志法规

2006年5月18日，温家宝总理签署了467号国务院令，颁布实施的《地方志工作条例》（以下简称《条例》），确立了地方志在我国经济社会发展中的法律地位，是新编地方志工作开展以来第一部地方志工作的全国性法规。这是中国有史以来破天荒的一件大事。2010年8月4日，秦光荣省长签署第160号政府令，颁布实施了《云南省地方志工作规定》（以下简称《规定》）。这是我省经济社会中的大事件。各地要切实按照《条例》和《规定》要求，全面、客观、系统地编纂地方志；科学、合理地开发利用地方志；积极、有力地管理好地方志。当然，《条例》和《规定》的很多条款大都是原则性规定，各地的情况千差万别，所以我们要进一步思考在新的历史条件下，如何科学地应对地方志工作面临的新情况、新任务、新问题，制定相应的适合本地实施细则、管理办法。这一点，省地方志办公室应通盘考虑、周密策划、科学安排。有条件的州、市，要在《条例》和《规定》的精神指导下，制定好本地的条例和实施办法。在这方面，昆明、楚雄等走在了全省的前列。

《地方志工作条例》《云南省地方志工作规定》以及各地配套的规章，是做好地方志工作、促进地方志事业发展的必要条件和坚强武器，但最重要的是执行和落实，执行力比什么都重要。希望同志们忠于职守，认真履行。

三、要大胆开拓创新

"团结稳定，开拓创新，整体推进，和谐发展"这十六个字，是云南省地方志办公室的工作思路。其中，"创新"摆在了非常重要的位置。近年来，他们是这样做，而且取得了很好的实效，受到领导和各方面的肯定和赞扬，非常好。

实践永无止境，创新永无止境。刘延东同志在会见全国地方志系统表彰先进会议的讲话中指出："当今世界正处在大发展大变革大调整时期，当代中国正站在一个新的历史起点上。在这样的历史背景下，地方志事业作为社会主义文化建设的重要组成部分，在凝聚民族精神、增强中华文化软实力等方面的地位更加突出，作用更加重要，任务也更加艰巨。希望各级地方志工作机构和广大地方志工作者进一步增强责任感、使命感，再接再厉，开拓创新，努力做好地方志工作。"去年，在南京召开的全国省级地方志机构负责人会议上，朱佳木同志提出要建设学习型、研究型、创新型、服务型方志办的构想。今年，在深圳召开的全国省级地方志机构负责人会议上，朱佳木同志的讲话和要求紧扣"创新"一词，充分阐述了创新的重要性，指出了地方志工作创新的主要方面和做法，主要为：制度创新、体制机制创新、工作内容创新、志书编纂创新、编纂方法的创新、资料收集创新、质量管理创新、学科理论创新、方志资源开发利用创新和修志队伍组织与培训创新。刘延东同志和朱佳木同志的讲话，都强调"创新"，充分反映了时代发展的要求。创新是开辟新路，会有各种各样的风险、非议和责难。这并不可怕，可怕的是不思进取，安于现状、墨守成规、止步不前、明哲保身。我觉得，在创新的道路上，只要是有益于人的发展、有益于事业发展、有益于党和人民的事业，都可以去尝试，也值得去拼搏。在今后的工作中，我们的"法、志、鉴、馆、网、库、刊、办、会"等各项工作，都应大胆探索，积极创新。

四、要切实加强地方志人才队伍建设

人才是事业发展的第一要素。人在实践中磨炼成长。我省地方志队伍总体建设和发展得很好，已经形成一批具有地方、民族、边疆特色和阵容相对稳定的地方志人才，培养造就了一支爱岗敬业、钻研业务、素质较高的修志队伍，成就了在全国有一定知名度的专家群。但是，随着时光的流逝和事业的发展，以及各种新情况、新问题的不断出现、新的人员不断涌入，地方志人队伍的素质特别是业务素质亟待提高。因此，全省各级地方志机构要十分重视人才培养和专业培训，对新进人员尤其要把好入口关、业务关、素质关，同时为他们的成长、成才和成为方志学家"开小灶、开快车"，加大培养力度，多压工作担子，加快他们的成长、成才进程。

  同志们，我们正处在改革创新的伟大时代，记住过去是为了更美的未来。让我们努力开创新局面、取得新成绩，为党的九十华诞献上真诚的敬礼。

加强档案馆所建设　　活化档案文化遗产

——2011年5月11日在"国家中西部地区县级
综合档案馆建设"座谈会上的致辞

尊敬的国家档案局杨冬权局长，各位领导、同志们：

"千岁梅花千尺潭，春风先到彩云南"。今天，来自全国档案界的代表们齐聚昆明，参加中西部地区县级档案馆建设座谈会，共商县级档案馆建馆大计。受云南省人民政府委托，我谨代表云南省人民政府对会议的召开表示热烈的祝贺！对国家档案局长期以来对云南档案事业的关心和支持表示衷心感谢！对从全国各地远道而来的档案界朋友们表示热烈欢迎！

云南地处祖国西南边陲，西接缅甸，南连老挝、越南。在这片古老神奇、富饶、美丽的红土高原上，居住着26个世居民族、4 500余万勤劳勇敢的人民。这里历史悠久、文化灿烂，距今170万年的"元谋人"化石，昭示了云南人漫长的生息繁衍历史。这里，青铜文化、爨文化、南诏文化、东巴文化、贝叶文化等交相辉映、灿若星汉，民俗丰厚、山川秀丽。古老与年轻、传承与兼容、沉积与创新奇妙地交织在一起，汇成了色彩斑斓的多民族风情画卷；"三江并流"的壮阔、高原雪山的圣洁、热带雨林的旖旎，神奇地展现在这块土地上。这里气候多样、资源富集，"植物王国""天然花园""动物王国""药物宝库""有色金属王国"等美誉，尽显自然之母对这片大地的厚爱。

改革开放以来，云南各族儿女在党中央的亲切关怀下，探索出了一条符合云南实际、凸显云南特色的发展道路，云岭大地发生了翻天覆地的变化。特别是过去五年，在科学发展观的指引下，在云南省委、省政府的正确领导下，云南圆满完成了"十一五"规划，经济总量从3 462亿元增加到7 220亿元，年均增长达11.7%，综合实力和质量都大幅提升，在全面建设小康社会道路上迈出了更加坚实的步伐。今天，放眼云岭大地，处处充满生机活力，经济发展、人民安康、边疆稳定、民族团结、社会进步、文化繁荣。当前，云南正在按照省委、省政府制定的《十二五规划纲要》，举全省之力，积极实施建设"绿色经济强省""民族文化强省"和中国向西南开放重要"桥头堡"战略。一个富强、民主、文明、开放、和谐的云南，必将在红土高原上崛起。

各位朋友，云南的档案事业正伴随着云南日新月异的变化取得长足发展。多年来，省政府不断加强对档案工作的领导，不断加大对档案工作的投入，全省档案工作者锐意进取，紧紧围绕党委和政府中心工作，充分发挥档案工作"存史、资政、惠民"的功能，使具有边疆民族特色的现代档案事业得到了提升和跨越式发展。目前，云南全省共有综合档案馆147个，共保存1 878万卷（件）档案，"十一五"期间共接待旅游者近50万人次、共提供档案110余万卷，将"死档案"变成了"活信息"；"南洋华侨机工抗战史料图片展"的成功举办，使我省的档案展览走出国门；与新加坡合作的云南边疆少数民族口述历史项目，极大地拓展和保护了民族档案资源；云南省档案馆数字化档案馆的打造工作亦已初见成效。

各位朋友，档案是云南省经济社会发展、民族团结进步的忠实记录，档案工作是实现"两强一堡"战略的组成部分。特别是在维护边疆安定、促进民族团结、建设"民族文化强省"的过程中，它具有独特的作用。在新的历史时期，云南档案工作迎来了重大发展机遇。我们将继续在国家档案局的关心指导下，在各兄弟省、自治区、直辖市的支持帮助下，在省委、省政府的正确领导下，以服务民生、兴建新型档案馆为引领，构建云南特色档案资源体系，夯实档案安全体系；以创新机制为引领，提升档案服务体系，努力实现档案工作的科学发展。"国家中西部地区县级国家综合档案馆建设"项目的实施，功在当今，利及千秋。可以说，这是一场促进我省档案事业又好又快发展的"及时雨"，必将从根本上解决长期困扰我省档案工作发展的瓶颈问题。对此，我省各级政府高度重视，在政策和资金上给予了积极支持。目前，全省各级地方政府的配套资金已达到中央补助资金数额的两倍。今后，我们将以这次会议在云南召开为契机，以更有力的举措、更扎实的工作，力争把列入规划的档案馆建成面积达标、设施完善、功能齐备的"五位一体"新型档案馆群落。

我们真诚希望国家档案局一如既往地关心支持云南档案事业的发展，也希望兄弟省、自治区、直辖市提供宝贵的经验，继续促进云南档案事业发展进步。最后，预祝此次会议圆满成功！祝各位朋友在云南期间身体健康、工作顺利！谢谢！

德艺双精　高山仰止

——2011年10月14日在"普文治书画展"
开幕式上的讲话

各位领导、各位艺术家、同志们：

"岁岁重阳，今又重阳。"刚刚欢度过重阳节，纪念辛亥革命100周年的余香尚在，我们又迎来了普文治先生书画在首都北京国家书画院美术馆展出。而且，这个时点很重要，它是在中共十七大六中全会召开前一天举行的。在这次全会上，中央将专门讨论进一步推动文化体制改革及社会主义文化大发展大繁荣问题，确定建设社会主义文化强国的重要目标。可以说，"普文治书画展"是云南各族人民，尤其是云南文艺界献给这次会议的一份厚礼。

我不是书画家，但作为一个云南人、作为曾经回云南省政府负责联系文化、艺术、理论、教育、卫生口的公仆，作为一个30余年在北京与国外从事文艺研究、服务、管理工作的学人，完全有理由欢迎这批精品晋京展览；完全有理由庆贺这个书画展在这个特殊时刻供首都艺术界一道分享；完全有理由感谢云南省文化厅、云南省文联、人民出版社促成这个文化盛举。

昨天下午，主办单位将一册墨香沁人的《普文治书画作品集》送到寒舍。我打开扉页就被普文治先生及其书画作品的品质所震撼、所感动、所征服。因为在很长一段时间里，我们看惯了太多的"原生态"歌舞，听够了太多的"原生态"音乐，却很少了解当代云南艺术界还有这样足以与祖国内地文艺界同仁比肩的精英大家、精品力作。这使我更加坚信，原生性加上丰富性、多样性、精品性才是滇云文化的全貌。

普文治先生是云南自周霖、袁晓岑、丁绍光之后又一位彪炳中国现当代艺术史的美术大师。他的一生大都在激荡的岁月中度过。他出生于天造地设的抚仙湖畔，他成长在耕读世家，四岁就能吟诵诗词百余首，七岁为乡邻写诗作联，后来进入杭州国立艺专攻读，先后得潘天寿、傅抱石等大师真传，并受徐悲鸿先生之影响，使自己的艺术造诣日见精湛。数十年来，他教过中小学，当过农民、公务员，入过监狱，受过批判，任过政协委员，人生虽然几多浮沉、几度荣辱，但始终不变的是爱国心，永不放弃的是对艺术的追求，一贯坚守的是真、善、美。观赏他的绘画、书法、印刻作品，精湛的艺术表象背后让我感动的是他的从容淡定、他的古高邈远、他的持续永守、他的亲爱精诚、他的开放进取。坎坷的人生阅历，铸就了他的灵魂、道德、风骨、艺品。

虽然吾生也晚，闻道也晚，"但恨不识韩荆州"。这次画展给我的强烈感受是，"普文治书画展"乃是普先生人格与艺品的完整展示。他那几乎难以企及的做人及艺术高度，乃是树立给后人、后学、后彦的一座丰碑。是的，在中国历史文化的长河中，不时会有一些紊流杂响，但浩浩荡荡、激浊扬清才是它的主流。这是因为我们有五千年的力量积聚，我们有普文治先生等众多大师的引领与感召。

今天，北京的天空湛蓝，群贤毕至使"普文治书画展"灿然生辉。我想，普先生一定曾梦想过在首都举办个人书画展，他绝不会仅仅满足于让自己的作品秘不示人，或仅仅走俏于法、日、澳等国。然而，当这个梦想变成现实的这一天，我们却抱憾于"遍插茱萸少一人"。因为在 24 年前，他就已经离我们远去。否则，90 岁的普老在建党 90 周年之际前来庆祝十七大六中全会的召开该是怎样一种感慨！当然，他的艺术是永恒的。

这里，我要和诸位共勉的是，让我们珍惜吧！今天，党已经为我们创造了有史以来最好的艺术发展条件，并又在部署建设社会主义文化强国的伟大战略。"大丈夫，所守者道，所待者时。时之来也，为云龙。为风鹏，勃然突然，陈力以出。"更何况当今我辈！各位领导、各位艺术家、各位同志，普老生于江川、江川位于玉溪。据我所知，那里在汉代就建立有俞元县，乃是中原文明最早传入滇云之地区之一。在那里，李家山遗址富积有璀璨的滇文化青铜艺术，关索戏诉说着三国时代的南中文脉，聂耳作曲之《义勇军进行曲》永远激荡着中华民族的心灵。那里是艺术的灵都，那里是梦想的温床，那里是名家名作的摇篮，欢迎大家一同前去共享。

二 | 调研、汇报

关于迪庆文化安全状况的调研报告

××副省长：

为了解迪庆藏族自治州文化安全状况，9月22日至27日，我在迪庆州政府和州文化局有关负责同志的陪同下，深入香格里拉县、维西县和德钦县就民族文化安全、宗教文化安全、文化遗产安全问题进行调研。现将有关情况报告如下。

一、调研工作开展情况

9月23日上午，我们与迪庆州和香格里拉县文化局、广电局、民委、宗教局、安全局负责同志进行座谈，下午调研迪庆州文博剧院、州博物馆、红军长征纪念馆、松赞林寺；9月24日上午，我们在前往维西途中调研纳西族玛里玛沙人家，下午在维西傈僳族自治县与县文体局、宗教局、寺庙管理局、民委、公安局负责同志进行座谈，并考察维西县基督教堂；9月25日在前往德钦县途中，我们调研小维西天主教堂、叶枝镇三江司令府和德钦县茨中天主教堂；9月26日上午，我们调研德钦县飞来寺、扎达茸摩崖石刻遗址，下午与县文体局、宗教局、民委、公安局、安全局负责同志进行座谈，通过实地考察和座谈了解情况，我们对迪庆州文化安全现状有了初步认识。同时，我也借多种机会作了多次文化安全讲座。

二、迪庆藏族自治州文化安全状况

迪庆藏族自治州位于滇、川、藏三省区结合处，是世界自然遗产"三江并流"核心区。全州国土面积约2.4万平方公里，总人口37.7万人，境内居住有藏、傈僳、纳西、汉、彝、白等多个民族，少数民族人口占总人口的83.56%，藏族占总人口的33.4%，各民族在长期的生产生活中相互交融、和谐共处，创造了绚丽多彩的民族文化。

（一）迪庆藏族自治州文化资源丰富多彩

一是民族文化资源丰富。迪庆州各民族都有自己的节庆活动和民族歌舞，其中最为著名的有藏族的尼西情舞、锅庄舞、热巴舞、弦子舞，以及傈僳族的阿尺木刮和纳西族的阿卡巴拉。藏族的纺织、木器、银器制作和纳西族的东巴造纸等传统手工艺巧夺天工。香格里拉县尼西汤堆的藏族土陶制造业可以追溯到石棺文化时期。维西县"塔城祭祀热巴"是一种具有故事性、历史性和艺术性的藏区宗教文化。傈僳族的"音节文字"记录了原始宗教祭天时吟唱的24部《祭天古歌》，讲述了傈僳族从远古至今的发展历史。

二是历史文化遗产丰厚。迪庆州有各级重点文物保护单位47个，其中国家级三个、省级八个、州级三个、县级33个。锅庄舞、阿尺木刮舞蹈、东巴造纸术、格萨尔说唱、黑陶技术等五项被列入国家级非物质文化遗产名录，有五名艺人被列为国家级非物质文化遗产名录。另有七项被列入省级非物质文化遗产保护名录，被列入省级名录的艺人有43人。

三是宗教文化影响广泛。各民族宗教信仰多样，藏传佛教、基督教、天主教、伊斯兰教、东巴教等广为流传，大多数藏族、纳西族和部分彝族群众信奉藏传佛教，多数傈僳族群众信仰天主教、基督教；有的家庭成员分别信仰不同的宗教教派，形成了多种宗教并存、和谐相处的奇异现象。

（二）迪庆藏族自治州维护文化安全的主要做法

迪庆州非常重视文化安全工作，文化安全形势总体良好。

一是收集整理民族民间文化。全州共收集整理民族民间规范舞七套、民族歌曲数十首，在全州范围内进行了培训和推广。香格里拉县先后出版了《民间故事》《民间歌谣》《民间谚语》等优秀作品，德钦县整理编辑了民族文化课题《德钦卷》和《圣地卡瓦格博秘籍》。

二是传承保护民族民间文化。迪庆州先后命名了奔子栏藏族特色文化之乡、三坝东巴特色文化之乡、建塘镇锅庄艺术之乡、升平镇弦子艺术之乡、塔城热巴艺术之乡和叶枝傈僳族文化特色之乡，充分发挥它们在民族民间文化传承保护中的示范作用。同时，积极支持各民族传统节庆活动，例如，香格里拉赛马节、德钦弦子节、尼西情舞节等在传承保护民族民间文化的同时也创造了经济效益。

三是多方筹集资金保护文化遗产。近三年来，迪庆州共争取到中央和省级专项资金 2 000 多万元，并自筹资金数百万元，实施文物保护单位的抢救维修工作。特别是今年，维西县争取到国家投资，对康普寿国寺进行了全面维修。另外，迪庆州还引入社会资本，建设了州文博剧院，组织实施唐卡艺术传承工作；在州博物馆内开设藏医药专馆，弘扬民族医药文化。

四是正确引导各民族的宗教信仰。有关部门在宗教场所开展了以"爱国爱教、制度健全、管理民主、遵章守法、团结和睦、文明和谐、平安稳定"为主要内容的爱国主义教育和法制宣传活动，不断增强宗教人士的爱国意识、公民意识和法制意识。通过严厉打击惩治"法轮功""门徒会"等邪教活动，教育转化了一批信徒，有效保护了宗教文化安全。

五是加强文化交流活动。组织编排的大型藏族情景歌舞《香格里拉》已赴欧洲和国内巡回演出近百场；多次组织奔子栏锅庄舞到国外演出；"香格里拉"演唱组合出国演出 90 余场；卡瓦博格艺术团应邀到全国各地巡演。对外文化交流的不断深入，不但提高了民族文化的知名度、推介了香格里拉品牌，还有力回击了达赖集团的"藏文化灭绝论"。

六是积极推动文化产业发展。迪庆州积极支持民族文化走产业化道路，取得社会效益和经济效益双丰收。"十五"期间，全州共创作歌舞节目 56 个，均有较好的演出市场，其中的大型藏族情景歌舞《香格里拉》成功推向国际市场。德钦县银制品厂和奔子栏木制工艺品厂生产的工艺美术品深受游客喜爱，其中金属工艺品《卡瓦格博》被国家博物馆收藏。

（三）文化安全面临的困难和问题

尽管迪庆州在文化安全方面做了大量卓有成效的工作，但仍然存在不少困难和问题：

一是文化反分裂、反渗透任务十分艰巨。迪庆州旅居国外的藏胞较多，在民族感情、风土人情和宗教信仰上与迪庆各族群众有着千丝万缕的联系，使迪庆成为藏区政治形势的"晴雨表"。达赖集团在境内外散布"藏文化灭绝论"，并把迪庆划入其分裂中国的"大藏区"，在一定程度上影响了民族文化安全，影响了藏区的社会稳定。另外，"法轮功""门徒会"等邪教组织有死灰复燃的可能，在局部地区的渗透仍然存在。

二是广大群众文化安全意识较薄弱。各族干部群众对民族文化安全的认识有待加深，保护民族文化安全的自觉性有待提高、办法有待丰富。目前，随着国际文化交流活动的日益频繁，文化产品的传播更加自由，境外正加大对我民族文化遗产的关注度，且手段不断翻新，面临民族文化资源外流的潜在威胁。

三是地方财政在保护文化安全方面投入不足。由于地方财力有限，对民族物质文化和非物质文化遗产收集整理、传承与保护等方面投入不足，从事文化遗产保护工作的人员不多，致全州文化基础设施较为薄弱，维西县至今仍未建县文化馆，所收藏的东巴经至今无力整理，影响了民族传统文化的保护、传承和宣传。

四是部分民族文化遗产濒临失传。受市场经济等多种因素的影响，文化传承人的待遇普遍不高，自愿传承民族民间文化的人少之又少。部分民族文化遗产出现了传承人老化、后继无人甚至灭绝的严峻形势。例如，目前掌握傈僳族"音节文字"的只剩一位70多岁的老人，使其成为高度濒危的传统文化内容。

三、几点建议

文化安全与国家政治安全、经济安全、军事安全一样有着同等重要的战略意义，是国家安全体系的一个重要组成部分。针对迪庆州文化安全现状，建议从以下四个方面加强工作。

（一）提高文化安全意识

迪庆州所处的地理区位和特殊的历史沿革，使之成为多民族聚居、多宗教并存的反分裂、反渗透的前沿阵地，其文化安全对全省乃至全国藏区文化安全具有重要辐射作用，对此务必要引起高度重视。省、州（市）、县、乡各级要通过广泛的宣传和培训，让政府官员、社会团体成员乃至每一位公民都能真正认识到文化安全的重要性，从灵魂深处产生一种对民族文化的尊重，牢固树立起一种民族文化安全的责任意识。

（二）加大文化安全投入

发展文化事业要摒弃"文化搭台、经济唱戏"的简单模式，不能搞"唯

GDP论",要把注意力转移到文化保护和文化发展的方向上来,对民族优秀文化提出相应的、长期的安全保护措施,特别是要不断加大文化安全的资金支持力度,使非物质文化遗产得以传承、文物古迹得到及时修复,吸引更多的人才投入文化安全事业。

(三)加快文化人才培养

要重视文化艺术大师、传承人的保护,改善他们的生活条件,使他们有广阔的创作空间。同时,也要通过制定完善的文化传承机制,源源不断地培养出新的文化杰出人才,使文化创造源泉不枯竭、文化传承人不断代,使民族文化重新焕发活力。

(四)促进文化产业发展

一方面,要加大对民族工艺品等传统文化产业资源的开发利用,做到既能传承民族民间文化,又能创造巨大的经济效益;另一方面,要促进旅游业与民俗文化演出活动的有机结合,创造民族文化艺术精品,打造地方文化品牌,使香格里拉之旅成为民族文化之旅。

2009 年 10 月 10 日

赴昆明市文联调研报告

××副省长：

我于 2 月 24 日上午前往昆明市文联调研。陪同调研的有省文联党组、省民协、省舞协及昆明市文联党组全体成员、各文艺家协会负责人、机关各部室负责人参加调研。

昆明市文联主要以 2009 年市文联的工作为重点进行汇报：一是积极培养、发现、推荐文艺人才，特别是中青年人才；二是将采风后的成果进行转化；三是理顺市文联机关内部、机关与协会之间、协会与协会之间的关系；四是发扬好"团结和谐、创新求实、德才载物、包容和谐"的昆明市文联精神；五是根据文艺家和机关人员实际执行好劳动考勤纪律；六是建设聂耳文艺活动中心；七是开展"六大"工程；八是完成"七大"任务；九是深化《滇池》杂志改革。

接受调研的昆明市文联干部职工所反映并希望解决的问题如下：

（1）当前昆明市文化体制改革使得市文艺研究所人员无法定岗，身份无法确认，并且失去了工作平台，不利于凝聚力量，强化理论建设。

（2）戏剧家文艺创作资金投入严重不足，如《童谣·我的 1949》无任何经费支持，只好到中国关心下一代工作委员会申请有限补助。

（3）缺少日常办公费用，如每个协会每年平均只有 4 000 元，无法开展正常业务。

（4）非物质文化保护和抢救经费需要加大支持力度，如国家级民间文化遗产抢救工程项目五卷本《中国民间故事丛书·昆明》下五卷回购乏力，需市场宣传、文化领导机关予以支持。

（5）昆明文学院不宜撤消，反而应该保证其有存在发展的空间，因为它对云南与昆明文化建设贡献较大，并在全国有一定影响。

（6）《滇池》自 1979 年创刊以来为发现、推出云南乃至全国的大批优秀作家作品做出了贡献，成为全国著名的文学期刊，希望继续存在，不要并入昆明报业集团。

(7)要重视满足基层文艺渴望、需求,减少大型节会,防止文艺腐败,要扶植基层文艺活动,加大对基层文艺活动的投入。

(8)要重视儿童文学的地位和作用。希望能由省里牵头与央视合作,打造《魔界》系列动画片品牌。

(9)希望将省委宣传部承诺支持昆明文联文艺创作的 50 万元尽快到位。

以上内容仅供参考。

2010 年 2 月 25 日

赴省文化馆调研报告

××副省长：

  我于 2 月 25 日上午前往省文化馆调研。省文化馆领导班子从基本情况、业务工作、建设与发展存在的困难、希望解决的问题四个方面汇报了情况，表示今年将力争在文化部开展的全国文化馆（群艺馆）评估定级中达到省级一级馆。为实现此目标，目前亟待需要文化厅及省政府予以支持解决的问题有：

  （1）编制《云南省基本文化权益保障条例》由省人民代表大会颁布实施。

  （2）按照文化部规定标准核拨群众文化事业经费，即人口在 2 000 万~5 000 万以内的省份年群众文化事业经费财政拨款总数不能低于人均 0.06 元。

  （3）加大政府投入，对全省文化馆（站）人员基本情况进行一次全面的摸底调查，对农村、社区文化需求进行调查，力争在 3~5 年内使全省文化馆（站）评估达标率 100%，其中一、二级馆（站）达 60% 以上。

  （4）建立文化馆专业人员培训补充机制。具体为：一是进行文化馆专业知识培训，通过学历培养与岗位轮训相结合，开展任职培训、在职教育培训和学历深造等形式，提高专业人员素质；二是建立人才考评奖励机制。

  以上内容仅供参考。

2010 年 2 月 26 日

赴省图书馆调研报告

××副省长：

我于2月25日下午，前往省图书馆调研。省图书馆领导班子从基本情况、主要工作、工作成效、有待协调解决的问题四个方面作了汇报。

根据调研情况，省图书馆请求协调解决的问题如下：

（1）近年来，省财政每年划拨的购书经费在全国省级图书馆中处于靠后行列，并经常在下半年才追加购书经费，随意性较大，加之出版物数量剧增、书价上涨，严重影响了文献资源体系建设和读者服务工作的正常开展。恳请省政府协调财政部门尽快建立云南省图书馆购书经费长效投入机制，将每年度购书经费列入省级财政预算，基数500万~800万元，并按一定比例随省级财政收入的增长而增加。

（2）共享工程云南省分中心办公室2006年由馆内各业务部门抽调的工作人员临时组成。随着共享工程在全省的深入实施，作为共享工程的具体实施单位，面对全省基层网点建设、资源加工、运行保障等相关业务工作，省的分中心办公室已超负荷运转。人员不足和无办公经费严重制约了我省共享工程的进一步推进。恳请省政府协调省编办和财政部门解决共享工程省分中心10名事业编制以及每年50万元的专项办公经费。

（3）我省古籍保护和普查工作起步较早，但由于经费的制约，我省古籍普查平台至今无法建立，严重影响了我省古籍保护工作的顺利开展。恳请省政府协调财政部门尽快解决我省古籍普查平台一次性下50万元的建设经费，同时相应增加省古籍保护中心日常运行经费。

以上内容仅供参考。

2010年2月25日

全国电影工作电视电话会议情况汇报

××副省长：

　　全国电影工作电视电话会议于 2010 年 3 月 1 日上午召开。电视电话会议由中宣部副部长、国家广电总局局长王太华同志主持。会上，王太华同志宣读了中共中央政治局常委李长春同志的重要批示。中共中央政治局委员、国务委员刘延东同志在会上发表了重要讲话。

　　按国家广电总局要求，我作为云南省政府办公厅分管领导与省委宣传部、省广电局以及省发改委、财政厅、国税局、地税局、国土资源厅领导或部门有关领导出席了云南省分会场会议。

　　刘延东同志在讲话中就进一步深化文化体制改革、贯彻落实国务院办公厅《关于促进电影产业繁荣发展的指导意见》（国办发〔2010〕9 号）提出具体要求，指出各级政府及其业务部门要明确目标任务，强化重点措施，坚持改革创新，加快促进电影产业发展，努力建设电影强国，推动社会主义文化大发展大繁荣。

　　在全国电影工作电视电话会后，××副部长就落实本次会议精神提出四个方面的工作建议及工作要求：一是成立调研小组，负责摸清全省相关电影工作的基本情况、存在的问题、需要支持的工作。具体建议调研小组由我任组长，××副局长任副组长，省委宣传部派出两名工作人员参加调研组，发改委、财政厅、广电、税务、国土部门各出一名工作人员参与调研。二是落实好国务院办公厅《关于促进电影产业繁荣发展的指导意见》，在调研的基础上拿出一个云南电影产业发展的具体方案上报省委、省政府。三是做好今后五年云南电影创作、拍摄规划，尤其是以 2011 年纪念辛亥革命 100 周年和建党 90 周年为重点。四是请发改委、财政厅加大对我省电影产业的资金投入和项目支持，请国税、地税加大税收支持。最后，尹欣同志分析了发展云南影视产业的四个优势，希望大家坚定信心，勇于创新，在省委、省政府的领导下夺取文化体制改革与文化产业建设的新胜利。

我表示，影视工作一直由省委宣传部主抓，在落实国务院办公厅《关于促进电影产业繁荣发展的指导意见》方面省政府责无旁贷，义不容辞。本次会议的精神及××副部长的工作建议将尽快向您汇报，并尽快采取行动，跟上全国发展步伐，积极推进我省电影产业发展。关于成立调研组事宜，待报请您批示后再作决定。

2010 年 3 月 1 日

赴省文物总店调研报告

××副省长：

我于3月2日上午，前往省文物总店调研。省文物总店班子汇报了基本情况、主要成就、存在的主要问题、发展目标、主要措施五方面的情况。

省文物总店希望帮助解决的问题如下：

（1）省文物总店要进行事业改企、企业改制两项改革，建议做好职工的善后工作，实行"老人老办法，新人新办法"的用人体制，即在转为企业后老职工保留原有事业单位职工身份不变，以便退休后享受事业单位待遇。

（2）文物总店40名职工（包括32名在职、1名离休、7名退休职工）的社保问题按照事业单位要求缴纳社保，并请财政给予资金安排。

（3）作为事业单位，省文物总店所有资产均属国有资产。因文物具有特殊性，改制后只能国有控股。

（4）希望在资金、政策、税收等方面对文物总店给予扶持。

以上内容仅供参考。

2010年3月2日

赴省文物局调研报告

××副省长：

我于3月下5日上午前往省文物局调研。省文物局领导班子从我省文物资源概况、文物普查最新进展、近几年文物工作的基本情况及我省非物质文化遗产保护利用概况方面进行了汇报，并提出六个希望帮助解决的方面：

（1）增加省级文物保护专项经费。

目前，我省243处省级文物保护单位的抢救性保护工作经费投入不足，大大低于相邻省份。希望省级财政将省级文物保护专项经费从每年280万元增加到每年600万元。

（2）召开哈尼梯田"申遗"领导小组会议。

希望于近期召开哈尼梯田"申遗"领导小组会议，尽快协调"申遗"工作中经费、机构、管理、开发等问题。

（3）加强非物质文化遗产保护。

为避免重申报轻管理、重开发轻保护、急功近利，导致民族文化资源流失严重，希望省政府继续出台有关政策措施加强保护非物质文化遗产。

（4）保护手段相对落后，文化遗产保护资金投入不足。

由于我省对非物质文化遗产保护的专项经费投入有限，部分州（市、县）未将经费列入地方财政预算，基层文化单位用于文化遗产保护的设备匮乏，技术手段落后，希望省政府加大投入，改善保护手段、提高保护水平。

（5）现有非遗保护机构和专业人才缺乏问题。

我省各州（市）至今没有从事保护非物质文化遗产的专门机构，省级非物质文化遗产保护中心及红河、楚雄、临沧、昆明、迪庆等州（市）的保护中心，都采取在同级文化馆加挂非物质文化遗产保护中心牌子的形式，并从文化馆临时抽调人员从事有关工作，亟须省政府解决编制及专业人才配置问题。

（6）法规建设有待完善。

希望省政府提请省人民代表大会修订完善《云南省民族民间传统文化保护

条例》，以加强文化遗产的法律保护。

以上内容仅供参考。

2010 年 3 月 15 日

考察孔庙保护情况

会泽考察江西会馆保护利用情况

在禄劝考察古彝文第一摩岩石刻保护情况

赴省文史馆调研学习报告

××副省长：

我于3月17日上午前往省文史馆调研学习，在与××副馆长及部分馆员座谈后，了解到省文史馆目前希望省政府解决以下几个问题：

（1）建议增加省文史馆经费。省文史馆已提交报告希望省财政每年将文史馆经费由40万元增加到100万元，以开展好任务较重的海外联谊活动，并适当增加馆员车马交通补助。

（2）建议增加文史馆专项基金。为整理出版一些老馆员有价值、有影响的著作和稿本须在原每年30万元基金基础上适当增加投入。

（3）拟举办的"翰墨丹青彩云南"展，须投3.5万元资金支持，请省政府资助，并将展品结集出版以作为省政府礼品。

（4）希望省政府资助出版方国瑜全集共八本，约需80万元。另，希望在《先生之风》基础上出版《云南古典文论诗话校注》。

（5）希望将编辑出版《云南民族资料丛书》列入我省"十二五"规划。该丛书拟以我省26个民族各出一本，收集民国、特别是西南联大以来的各民族相关资料。

（6）希望从文史馆系列推荐馆员人大代表和政协委员。

（7）希望省政府公派留学生、馆员到印度、孟加拉国等东南亚、南亚国家留学、研究，为建设"两强一堡"培养人才。

（8）希望成立省文史评审鉴定委员会，并赋予其进行文化评审、咨询等职能，规范云南省文化行为。

以上内容仅供参考。

2010年3月17日

赴云南民族电影制片厂调研报告

××副省长：

我于3月17日下午前往云南民族电影制片厂调研。省广电局××副局长、传媒机构管理处处长及云南民族电影制片厂厂长分别作了有关情况的介绍及工作汇报，并反映了希望省政府协调解决的几个问题：

（1）农村电影放映工程建设。在聘用、培训、稳定、补贴放映人员上加大资金投入；建立有效机制，督促放映资金使用情况；加大对放映设备及电影拷贝更新购买资金的投入。

（2）城市电影放映管理。加强对各州（市）电影院线建设及放映设备更新的投入，完善对城市电影院线售票系统的监管，保证电影专项资金的收缴。

（3）云南民族电影制片厂转企改制批复下发后离退休职工工资衔接问题尚未落实，至今仍由广电局借钱发放。因此事主要涉及省社保局的相关审批，希望给予"绿色通道"尽快落实。

（4）转企改制后电影厂缺少原始积累、发展基金，希望得到省政府资金支持。

（5）电影厂转制后原有土地将作综合开发，希望得到相应土地使用性质变更政策的支持。

（6）电影厂正在积极寻求合作伙伴以组建股份制集团公司，希望能得到相关政策支持。

以上内容仅供参考。

2010年3月17日

考察东川铜文化展览馆

赴省话剧院调研报告

××副省长：

我于3月18日上午前往省话剧院调研，听取了×××院长及部分演员的工作汇报，了解到该院希望省政府协助解决的一些问题：

（1）省话剧院原址拆迁四年来新址一直没有确定，导致话剧院没有剧场，致使编排、表演节目无场地。办公场所临时借用且空间狭小，严重制约了话剧院的发展。希望省政府协调昆明市政府信守承诺，尽快提供土地，开工建设。由于建设资金缺口大，希望省财政能将话剧院的建设经费列入省级财政预算。

（2）希望省政府加大对话剧院设备更新的经费投入。

（3）省话剧院现有三个团共95人，希望增加人员编制至120人，以稳定话剧院的骨干演员力量；希望增加中职和高职职务数量，有利于培养话剧人才；希望事业单位人事制度改革中用于管理岗位的专业技术人员保留一岗双职。

（4）希望各级政府在开拓话剧演出市场方面出台优惠政策，并引导、培养群众观看话剧，提升人民群众的文化素养。

以上内容仅供参考。

2010年3月18日

赴云南新闻图片社、云南民族文化音像出版有限责任公司调研报告

××副省长：

我于3月19日上午前往云南新闻图片社、云南民族文化音像出版有限责任公司调研，了解到两家单位目前是"一套班子两块牌子"，原云南民族文化音像出版社在2009年年底已转企改制成立云南民族文化音像出版有限责任公司，但目前仅有董事长兼总经理一人。两家单位领导班子汇报了希望省政府帮助协调解决的若干问题：

（1）希望省财政对云南新闻图片社实行财政全额拨款预算管理，以充分发挥新闻图片社作为公益性文化事业单位的功能作用，或将新闻图片社并入非物质文化遗产保护中心实行财政全额拨款预算管理。

（2）希望省政府将非物质文化遗产数据库建设、抢救保存国家级非物质文化遗产传承人音像图片资料、对全省乡镇文化站制作发行普及型民族音像光盘、新剧目节目展演、云南省人民艺术家系列专题片、云南省优秀剧目节目文化广场放映活动、农村文化建设先进典型系列专题片等公共文化服务项目放在新闻图片社来完成，并由政府买服务、新闻图片社提供优质高效服务，以解决图片社经费严重不足的问题。

（3）希望省政府督促省广电局尽快为划转到其下的云南省少数民族语电影译制中心安排新办公地点，以减少新闻图片社用房压力及解决为其继续支付相关费用的困难。

（4）云南省少数民族语电影译制中心划转省广电局及云南民族文化音像出版社转企改制后，图片社专业设备落后及不配套的问题更为突出，请省财政每年给予数据库建设及专业设备更新经费50万元。

（5）请求省财政每年给予《云南文化聚焦》办报经费20万元。

以上内容仅供参考。

2010年3月19日

主持新闻出版系统汇报会

赴云南电视台调研报告

××副省长：

我于3月23日上午前往云南电视台调研。电视台领导班子进行了情况介绍和工作汇报，并提出了希望省政府帮助协调解决的有关事宜。具体如下：

（1）希望在财务管理体制上将云南电视台纳入省财政一级预算管理单位；恳请省财政将电视台上缴财政统筹的5%以预算外资金补助的方式全额回拨，以支持云南卫视频道在全国落地项目、支持云南电视台技术设备更新、数字化建设改造等项目。

（2）在收入分配上准许电视台自2010年1月1日起试行工资总额与经济效益挂钩的办法。

（3）对文化产业项目给予贴息政策支持：①给予云南亚广传媒建设项目贷款建设贴息五年支持；②给予云南电视台入股云南广电网络集团公司注册资金贴息五年支持。

（4）尽快协调通过组建云视传媒集团公司方案，帮助云南电视台同步进行工商注册，力争2010年4月25日挂牌。

（5）督促省广电局向国家广电总局申请专项资金和政策支持，以增加云南卫视在老挝等周边国家落地，使外宣工作落到实处。

（6）支持云南电视台牵头实施全省地面数字电视网建设，并将其纳入全省"十二五"规划重点实施项目。

（7）协调省广电局对地面互动数字电视、手机电视、地面电视宽带上网等业务给予支持。

（8）对云南电视台高清频道项目建设给予资金支持。

以上内容仅供参考。

2010年3月24日

赴省广播电台调研报告

××副省长：

我于3月24日下午到省广播电台调研。电台领导班子作了情况介绍和工作汇报，并反映了需要省政府协调解决的几个问题：

（1）云南广播电台自行筹资承担了五种少数民族语言广播、一种外语广播短波台和中波台的所有经费，为提高云南电台的综合实力，打造全国领先的广播媒体，希望省财政能对上述公益性媒体全额投入。

（2）希望省政府能以中办发〔2008〕22号文为依据，从政策和资金上支持云南电台建设"云南省突发公共事件应急广播体系"。

（3）希望省政府能协调国家广电总局、省广电局、昆明市政府尽快促成"云南人民广播电台中波骨干台整体搬迁"事宜。

（4）希望省政府协调省编办在云南广播电台增设一个副厅级总编辑岗位，以适应电台发展的需要。

以上内容仅供参考。

2010年3月24日

关于在云南举办"国际少数民族题材电影节"进行咨询洽谈的报告

××副省长：

我于4月5日下午在省人民政府驻京办事处同加拿大蒙特利尔电影节主席罗赛特就在云南举办"国际少数民族题材电影节"进行咨询洽谈。中国前驻法大使馆文化官员周永莲、电影导演张旭与杨林林、中国摄协副主席张桐胜、时代华纳经理王凡、省美术家协会主席郝平参加了会议。

我向罗赛特主席咨询了八个问题：

第一，蒙特利尔电影节是否在云南之外同其他国家和地区有过合作？

罗赛特：没有。俄罗斯奥古斯特曾经提出过合作意向，但蒙特利尔电影节没有答应。

第二，如在云南举办"国际少数民族题材电影节"，以何种形式较好？

罗赛特：①进行国际电影比赛、评奖；②展示、交流世界各少数民族影片，设立少数民族题材电影奖项；③影片以纪录片为主。

第三，能动员的国际力量有多大？

罗赛特：①要根据电影的内容来定能邀请的名导演和明星；②要有充足的经费预算和接待能力。

第四，几年办一届？建议怎样做预算？

罗赛特：①每年一届，可定在每年的2月。在这之后有柏林、戛纳、威尼斯和蒙特利尔等电影节；②一次要做连续三年的预算，第一年500万美元，以后每年递增20%；③需要一个较大的礼堂和若干能放映高清数字电影的放映厅。

第五，参会人员的收费问题及其相应的责任和义务有哪些？

罗赛特：电影节不收费，只邀请。费用主要来自赞助和政府投入。

第六，云南和蒙特利尔电影节之间的利益关系怎样体现？

罗赛特：利益分配可以稍后再谈，先是要搭起一个平台，成功了就能带来很多税收。如果云南有加拿大企业，本人愿意帮助洽谈，促成其赞助电影节。

第七，云南方面应该承担哪些责任？

罗赛特：蒙特利尔电影节主要是借助自己的经验和平台来帮助云南举办一个国际电影节。云南方面要保障经费，在全世界选片，并为邀请明星和名导演参加云南国际电影节提供资金。

第八，如果电影节合作成功，蒙特利尔电影节及主席本人能否帮助云南在国际上、包括在加拿大争取和申请到一些支持多元文化建设和发展的基金？

罗赛特：前提是要成功举办。

王凡经理提出，能否委托罗赛特说服其政府或大公司与云南合作？

罗赛特：不能是代理和委托关系，只能作为官方顾问或文化特使。

张桐胜副主席：举办世界少数民族题材电影节是一个创造，将来在片源的选择上有其资源的独特性。如果能成功举办，说明大城市能办的电影节在小城市也能办。提一个问题，在电影期间能有多少国际重要电影人士参加？

罗赛特：少数民族影片、故事片、纪录片、其他各有 20 部许，共约 80 部、60 人左右。

以上内容仅供参考。

2010 年 4 月 12 日

省社科院、社科联推进中国面向西南开放"桥头堡"建设相关工作专题会议报告

××副省长：

我于4月30日上午召集省社科院、社科联相关领导及处室负责同志召开了推进中国面向西南开放"桥头堡"建设相关工作专题会议，现将会议有关情况报告如下：

省社科院提出，在推进"桥头堡"建设的过程中，一方面，会有大量的问题需要研究，必须建立强有力的智力支撑。另一方面，还有大量的对外工作需要有学术交流这个平台来完成。因此，提请省政府向国家申请在云南建立"中国面向西南开放的研究基地"，并将基地建成有实力和影响力的研究平台、最前沿和权威的信息平台、最有吸引力的学术交流平台、开放的学者互访平台。为实现目标，需要提升现有的东南亚、南亚研究机构的水平和地位，加大研究信息对外交流的硬件条件建设，以及学科、人才队伍等软件条件建设，以便更好地为国家和省委、省政府的决策咨询服务；更好地为国家的对外开放战略和云南省经济发展和对外宣传服务。

省社科联建议成立"云南省东南亚、南亚文化研究基金会"，通过基金会主动与周边国家开展文化交流活动。同时，提出创办"中国—东南亚、南亚合作发展论坛"，促进我国与东南亚、南亚各国在经济、政治、科学、文化、教育等方面的合作发展、研究交流，搭建一个相关国家政府官员、专家学者、企业精英相互交流研讨的平台。

以上内容仅供参考。

2010年4月30日

赴怒江傈僳族自治州调研文化安全及农村文化建设情况报告

××副省长:

我于5月24日至29日赴怒江傈僳族自治州调研文化安全及农村文化建设工作。在调研过程中,我了解到当地希望省政府帮助协调解决的部分问题,现报告如下:

(1)乡镇文化站农家书屋的配送。加强配送近年来新出版的农业、医疗方面的书籍及光盘影像资料,并加大配送数量;配送书籍希望能以傈僳族文字和汉语双语编排,以扩大阅读面。

(2)片马抗英纪念馆、怒江驼峰航线纪念馆两馆维修经费的补助。两馆作为重要的爱国主义教育基地,均需一定程度的维护和修缮。目前两馆已向省文物局上报了相关维修经费的请示,希望省政府帮助协调落实。

(3)为团结各族群群众、丰富群众文化生活,泸水县古登乡片马镇拟规划建设民族广场,因财力薄弱希望省政府协调财政给予一定资助。

以上内容仅供参考。

2010年6月1日

在兰坪县听取文化安全工作情况汇报

考察澜沧江边傈僳古村落

考察怒江州文化建设途中合影

开展我国实施向西南开放战略中的文化交流前期调研策划情况的报告

××、××同志：

受你们的委托，自2010年6月23日起，我先后召集省社科联、社科院、文化厅、文联、省对外文化交流协会、省文投集团等单位有关领导、学者、专家，就近期组团赴南亚、东南亚开展文化交流与合作考察进行咨询，基本达成以下共识：

（1）调研目的。较全面、系统、客观地了解南亚、东南亚，乃至西亚、东非、北非各国文化现实，为省委、省政府提供有关信息，推荐有关项目，提出有关政策建议，使我省乃至我国面向西南的文化交流更具针对性、更符合当地需求，从而取得更好的社会效益与经济效益，避免盲目性与主观性，树立良好的国际形象，促进世界和平与人类进步事业。

（2）调研内容。一是新闻出版交往；二是电影电视合作；三是演艺合作；四是工艺合作；五是会展合作；六是动漫合作；七是学术交流，包括对南亚、东南亚国家的社会结构、价值观等进行调查，做好生物多样性与文化多元性、山地民族生存与发展、多元社会制度与社会结构、国际学术交流；八是文化旅游合作。

（3）调研时间。2010年11月至次年4月，分批出访，每团出访10天至15天不等。

（4）调研国家。以东盟10国为基础，从南亚为重点延伸至西亚、东非、北非等地区。

（5）调研人员。调研团由新闻出版、文化产业、文艺院团、人民团体、政府部门有关专家、学者、负责人等组成。

（6）调研团构成。每团调研两个专题，分别赴2~4个国家。调研团由五个分团构成，他们分别为：

①电影电视分团：印度、孟加拉、巴基斯坦；
②新闻出版分团：马来西亚、新加坡、菲律宾、印度尼西亚；
③演艺会展分团：老挝、泰国、孟加拉、斯里兰卡；
④工艺动漫分团：缅甸、泰国、柬埔寨；
⑤学术交流分团：伊朗、沙特阿拉伯、埃及。

每个分团由六人组成，其中，翻译 1~2 人，成员 4~5 人，全团总计 30 人。

（7）调研成果：

①每个分团就本团所承担的调研专题各提交一份调研报告给省委、省政府。
②每个分团各准备 3~5 个建议合作项目提供给对方国家。
③每个分团各反馈 3~5 个建议合作项目提供给省委、省政府。

专此报告。

2010 年 6 月 24 日

出席南亚影视艺术节

省文化体制改革与文化产业发展领导小组会议情况报告

××副省长：

省文化体制改革与文化产业发展领导小组会议于7月8日上午召开。会议由省委常委、省委宣传部部长×××主持。

会上，省委宣传部常务副部长、省文产办主任××传达了中央文化体制改革和发展工作领导小组办公室（简称中央文改办）长春会议主要精神及中宣部副部长孙志军对下一步工作提出的明确要求。长春会议是全国文化体制改革工作大会之前的一次准备会，强调今年是基本完成文化体制改革重点任务的决战之年，也是全面完成"十一五"时期文化发展任务、打牢"十二五"时期文化发展基础的关键之年。会议同时通报了我省文化体制改革和文化产业发展工作进展情况：一是目前省级层面已经完成及正在进行的文化体制改革及文化产业发展工作；二是全省各州（市）改革的进展情况及存在的问题；三是加大文化改革发展的研究规划和宣传展示，不断提升文化发展"云南现象"内涵和品质的举措。另外，就推进全省文化体制改革和文化产业发展工作提出了七点建议。

省级宣传文化各部门及财政、人事、国土、工商、地税、旅游、统计各单位、部门主要领导在会上发言。

最后，×××部长作了总结发言。他指出，我省文化体制改革、文化事业发展及文化产业发展按照中央指示精神，既积极推进又稳妥探索；既取得突破又整体发展，目前态势良好。文投集团就全国而言是一大亮点，省歌舞剧院、省杂技团、省交响乐团改革有突破性进展，公益性文化事业单位内部"三项制度"改革正在进行，十大文化产业构架进一步明确，社区文化与农村文化建设并进。已出现的七大亮点是，（1）聂耳音乐品牌推向全国；（2）文化名人、哲学家艾思奇进一步推向全国；（3）《金凤花开》在中央1套播出，政治意义深远；（4）电影《村官普发新》即将在全国院线放映；（5）青歌赛继续保持强劲势头；

（6）重要典型人物宣传报道加强；（7）文化产业走出"云南道路"。同时，也存在一些问题：一是对文化体制改革重要性、紧迫性认识不足；二是文化体制改革的一些深层次问题尚未得到解决，即利益、权利、关系三者间的关系；三是六大集团框架、格局已形成，但体制还未理顺；四是州（市）对文化体制改革重视程度、认识程度有待加强；五是对政策的理解和落实还不到位，强调要加强对省委〔2009〕12号文件的研究。

最后，他提了五点要求：

一是深化认识、增强紧迫感，严格按照中央的时间表，加快改革和发展，充分满足老百姓的文化需求；

二是坚定不移、加大力度，推进经营性文化单位转企改制及公益性文化单位内部"三项制度"建设；

三是落实政策、强化措施，坚定不移贯彻好省委〔2009〕12号文件，并做好文化产业与旅游、金融、科技、市场的结合；

四是加快发展、做大做强，以文化产业的发展助推公益性文化事业大发展、大繁荣；

五是督促检查、狠抓落实，成立检查组到各州（市）、各集团督查落实。

以上内容仅供参考。

2010 年 7 月 9 日

赴红河哈尼梯田调研报告

××副省长：

7月16日至17日，为策应国家文物局召开专题会议审议我国2012年推荐世界文化遗产项目，并为您日后赴元阳做调研梯田文化遗产保护做准备。在省政府办公厅秘书六处×××副处长和省文化厅、省文物局、红河州政府等省、州有关单位同志，以及元阳县委、县政府相关领导的陪同下，我前往坝达、多依树、老虎嘴、大鱼塘村等地进行了实地调研，了解到世博元阳公司正在坚决按照您6月24日所作的四条重要指示认真整改。具体为：（1）有关采石场正在转移；（2）民居戴帽工程正在实施；（3）乱收费得到制止；（4）乱设商摊、停车场已得到治理；（5）观景设施造型更注重色彩、外观与整体环境和谐；（6）有关建筑材料进一步传统化、自然化；（7）一些防止滑坡设施正在绿化覆盖；（8）基础设施建设正在推进；（9）红河州及元阳县已制定工作进度表；（10）有关规划制定工作已经启动。总之，一切都在朝有利于项目申报成功的方向发展。

元阳梯田世界文化遗产申报工作仍存在的不足和有待加强的工作有：（1）对景观遗产的认识有待加强；（2）应尽快完成规划；（3）进一步完善管理办法；（4）进一步重视遗产特色；（5）科学合理解决示范村"蘑菇房"形似神不似问题；（6）重新规划若干民居示范村落模式以供群众选择；（7）新街本身及新街至遗产地沿线环境整治刻不容缓；（8）老虎嘴公路边缘观景廊栅栏应妥善处置。

在调研过程中，我提出了如下要求进一步落实您的有关指示精神：一是坚定信心、志在必得，坚定不移地将省委、省政府的决策执行好；二是严格按照申遗的有关标准，抓紧时间为申遗成功做好充分准备；三是深刻理解申遗的意义，做好承受申遗前后种种舆论压力的准备；四是要深化对世界文化遗产的认识能力，提高申报、管理世界遗产的能力；五是协调各方力量，并正确对待领导的肯定与批评、专家的建言与建议、媒体的监督与批评；六是对遗产负责，对遗产地人民负责，对历史与未来负责，做到保护优先、暂缓开发。

以上内容仅供参考。

主持省政府调研红河哈尼梯田申报情况座谈会

考察建水瓷生产经营情况

云南文苑项目建设协调会情况报告

××副省长：

我于8月5日上午参加了云南文苑项目建设规模协调会，现将会议情况报告如下：

会议由×××部长主持，省委钱恒义副秘书长，以及省发改委、省财政厅、省文联、文投集团相关领导和设计单位负责人参加了会议。省文联主席××在会上就云南文苑（云南文学艺术馆、云南文艺家之家、云南文学院）的基本情况和投资规模测算做了汇报，与会同志发表了意见，×××部长做了总结。

据报，云南文苑占地119亩。其中，云南文学艺术馆、云南文艺家之家建筑面积59 954.88平方米，估算投资4.377亿元由省级安排资金；云南文学院的建筑规模为16 000平方米，估算投资约1.1亿元，拟与云南文化产业投资集团合作建设（由文投集团融资）共同完成。

会议指出，云南文苑的建设要与云南经济社会的发展相适应，既要有建设的前瞻性，又要考虑本土的实际；既尽力而为，又量力而行。云南文苑要与周边正在建设的博物馆、大剧院等设施进行协调互补，使公共空间既具有兼容性，又有独立性，不造成建设投资的重复、浪费。

会议议定以下事项：

（1）省文联和省级有关部门要在严格执行国家相关政策法规的基础上，对投资规模再测算得更细一点、更紧一点。省级投入总预算控制在3.5亿元（不含1.42亿元土地征用费）。

（2）省级资金由省发改委和省财政厅各承担50%，项目分两期进行建设。

（3）省文联应尽快对项目方案作调整，并及时将情况报省政府主要领导，争取尽早开工建设。

以上内容仅供参考。

2010年8月6日

赴亚广传媒中心工地调研报告

××副省长：

我于 8 月 11 日上午赴云南亚广影视传媒中心工地调研，现将有关情况向您报告如下：

目前，亚广传媒中心事业核心区主体工程已经封顶，环境、大楼内外工程及内装设计已经启动，预计 2011 年 3 月大楼外装工程完工，12 月事业核心区工程全面竣工。

亚广工程（事业核心区）希望省政府帮助协调解决的问题有：

（1）亚广产业区和演播区划转文投集团后，文投集团对亚广项目前期开展的工作应有合理的延续。包括继续履行亚广已签的合同、支付已垫支的各种费用及已购建筑钢材款项、恪守产业区和演播区规划设计不变。

（2）工程资金及设备资金缺口较大，9 亿元的总投入仅够用于工程建设，而且实际到位仅 5.36 亿元，尚有 3.64 亿元缺口。另外，购买广播电视设备还需投入 6 亿～7 亿元资金。

（3）请省政府敦促文投集团及早开工建设演播区与产业园区，否则即使事业核心区大楼建成亦不能同步使用。

（4）省政府敦促文投集团尽快完备演播区与产业园区土地手续。

以上内容仅供参考。

2010 年 8 月 11 日

赴云南省博物馆新馆工地调研报告

××副省长：

为加快云南省博物馆工程进展速度，并为其提供有效服务，我于8月11日下午赴云南省博物馆新馆工地调研，现将有关情况向您报告如下：

云南省博物馆新馆工程于今年5月1日正式动工，目前地下第二层的基础、防水基本做完，力争10月1日完成主体工程与地面水平，2011年春节前封顶断水。总之，其情况良好，胜利在望。

其需要帮助协调解决的问题有：

（1）文投集团未拨付省博物馆前期垫付给云南文化艺术中心7 342万元征地拆迁及土地平整工程资金，请省政府协调解决。

（2）5亿元项目总概算中有3亿元由省财政安排，国家发改委曾原则同意补助1亿元，另有1亿元资金一直没有落实。故希望省政府与国家发改委沟通，帮助解决所承诺资助款项，并对未落实1亿元资金做出最终安排。

（3）按照昆明市新规划及人防要求增建的10 000平方米地下室需增加相应建设资金。

（4）关于333万元委托代建费，望省政府单独解决。

（5）新馆建成后的陈列展览经费约需8 000万元，请省财政安排解决。

（6）新馆外围市政道路配套建设问题，望省政府协调昆明市尽快解决。

以上内容仅供参考。

2010年8月11日

赴云南文苑工地调研报告

××副省长：

为推动云南文苑工程顺利实施、推进，我于8月12日下午赴云南文苑工地调研，以了解有关情况。现将有关情况报告如下：

8月5日×××部长主持召开协调会后，初步确定云南文苑建设投资4.72亿元（其中征地拆迁费用1.42亿元），并待报省政府批准。目前，已有1.22亿元征地拆迁费用到位。工程拟于今年11月19日动工。

云南文苑项目目前请求省政府帮助协调解决的问题有：

（1）1.42亿元的征地拆迁费用中，五华区所应支付的2 000万元尚未到位，导致云南文苑土地无法收储，从而影响到报件审批等诸多程序，请求省政府协调五华区政府尽快落实资金到位。

（2）希望省政府批准云南文苑委托代建费300余万元单列，不计入4.72亿投资总盘子。

（3）工程一旦开工则需要强劲的资金支持，故急待省政府批准总投资规模并尽快拨付到位。

（4）希望省财政每年拨付一定数量资金用于云南文苑文物征集。

以上内容仅供参考。

2010年8月12日

赴云南文化艺术中心调研报告

××副省长：

为推动我省四大文化标志工程顺利实施，并加大支持服务、督促力度，我于8月12日上午赴文投集团做云南文化艺术中心（大剧院）工程专题调研，不仅代表您向有关同志问候，并提出了相应的要求。现将有关情况报告如下：

目前，云南文化艺术中心建筑设计方案修改稿已确定，前期贷款2 000万已到位，工程将于今年10月1日开工。云南艺术中心投资建设方文投集团请求省政府帮助协调解决的问题有：

（1）请协调省财政年内追加7 600万元资金，用于支付省博物馆新馆为云南文化艺术中心征地所垫付之款项。

（2）请协调省文化厅尽快协助文投集团办理土地分宗及变更土地业主事宜。

（3）因昆明市新规划要求增加一层地下室而增建地下19 000平方米面积需新增9 000万元投资，希望省政府帮助解决相关资金缺口。

（4）请在文化建设的总盘子中协调其他项目暂未使用的资金先支持文化艺术中心建设。

（5）请省财政单独增加委托代建经费。

（6）原定将省花灯团与云南艺术剧院房地产置换成一亿元支持云南文化艺术中心建设资金事宜须省政府进一步帮助协调。

（7）请协调亚广工程指挥部先移交演播区、产业区土地、设施等手续，再在先支付2 000万元前期垫支费基础上全部支付所余9 000万元前期垫支费。

以上内容仅供参考。

2010年8月12日

省文化厅向省政府汇报协调情况报告

×××秘书长：

根据您的批示，我召集省文化厅厅长××等同志就省文化厅请示向省政府汇报有关工作进行前期协调。××厅长介绍了向省政府常务会议作我省文化工作专题汇报的有关设想：

（1）播放一个反映文化安全、呼唤民族团结、边疆稳定的短片，时间五分钟。

（2）简要汇报几项工作进展：一是"十二五"时期拟实施的重大文化工程和项目；二是贯彻落实《中共云南省委办公厅、云南省人民政府办公厅关于加强农村公共文化服务体系建设的意见》（云办发〔2009〕1号）的情况；三是非物质文化遗产保护利用情况；四是"桥头堡"建设文化交流合作情况；五是城市社区文化建设情况；六是文化市场管理工作情况。

（3）汇报需要省政府帮助解决的主要问题。具体为：一是保障公共文化服务政策法规资金；二是保障文化综合执法的办案经费；三是支持建立省非物质文化遗产保护中心；四是为云南艺术学院剧场与省文化厅做资产置换差额补偿；五是批准云南艺术职业学院改扩建工程；六是落实全省文化保障机制经费；七是支持建立中国东南亚、南亚民族民间文化博览园；八是支持建立云南省文化安全保障体系；九是同意以省委、省政府两办名义下发有关进一步推进公共文化服务体系建设的文件；十是同意建立云南文化艺术发展基金；十一是支持制订云南省文化遗产保护战略规划。

（4）请省领导作指示。听取汇报后，我提出：文化厅应提前做好文字、影像、数据准备，并与相关单位进行沟通，初步达成共识。待准备成熟后，先请高副省长听一次相关汇报。在此之前，文化厅要高度重视、认真准备、及时汇报，务求会议取得实效，争取省委、省政府更大支持。

以上内容仅供参考。

2010年8月16日

赴云南民族艺术研究院调研情况汇报

××副省长：

我于8月13日上午赴云南民族艺术研究院调研。在调研中，了解到艺术研究院希望省政府帮助协调解决的问题有：

（1）望按比例下拨艺术科研配套经费。2006年以来，艺术研究院每年有2~3个国家、省部级艺术科研立项，但因缺少配套经费，部分民族艺术研究专项成果缺乏转换能力，出版困难。

（2）望保障艺术创作经费，形成长效机制。多年来，在艺术研究院参与创作下，我省大量舞台艺术作品获得全国大奖，但创作经费一直是零星拨付，无保障机制，直接影响到艺术作品的生产。

（3）望拨付专项资金建立艺术信息档案资料数据库，并建设云南文化艺术网。30年来，经过编纂七套文艺集成，艺术研究院积累了大量珍贵的云南地方和民族民间文艺的文字、图片、声像资料，但因缺少资金将这些资料整理、转化、录入制作成数据库，部分唯一或不可再收集的资料面临储存介质老化、氧化、消磁而导致消失的危机，急需抢救、再抢救。

（4）望每年拨付《民族艺术研究》办刊经费50万元。《民族艺术研究》是我省艺术研究领域唯一、全国少有的国家核心期刊，但一直没有得到省财政的专项办刊经费支持。长此以往，刊物的学术质量、学术地位、学术声誉势必受到影响。

（5）望投入人才培养经费，改善办公条件。因缺乏资金，办公楼年久失修，屋顶多处漏雨，严重影响到日常工作及各类文艺资料的保存。

以上内容仅供参考。

2010年8月23日

赴四大文化标志工程调研情况汇报

××副省长：

为推动我省四大文化标志工程顺利实施，并加大支持、服务、督促力度，我于8月11日至12日先后赴亚广传媒大厦工地、云南省博物馆新馆工程工地、云南文化艺术中心（大剧院）工程、云南文苑工地作专题调研，不仅代表您向有关同志问候，并提出了相应的要求。现将有关情况报告如下。

一、亚广传媒大厦建设情况及亟须解决的问题

目前，亚广传媒中心事业核心区主体工程已经封顶，环境、大楼内外工程及内装设计已经启动，预计2011年3月大楼外装工程完工，12月事业核心区工程全面竣工。

亚广工程（事业核心区）希望省政府帮助协调解决的问题有：

（一）亚广产业区和演播区划转文投集团后，文投集团对亚广项目前期开展的工作应有合理的延续。包括继续履行亚广已签的合同、支付已垫支的各种费用及已购建筑钢材款项、恪守产业区和演播区规划设计不变。

（二）工程资金及设备资金缺口较大，9亿元的总投入仅够用于工程建设，而且实际到位仅5.36亿元，尚有3.64亿元缺口。另外购买广播电视设备还需投入6亿~7亿元资金。

（三）请省政府敦促文投集团及早开工建设演播区与产业园区，否则即使事业核心区大楼建成亦不能同步使用。

（四）省政府敦促文投集团尽快完备演播区与产业园区土地手续。

二、云南省博物馆新馆建设情况及亟须解决的问题

云南省博物馆新馆工程于今年5月下日正式动工，目前地下第二层的基础、防水基本做完，力争10月1日完成主体工程与地面水平，2011年春节前封顶断水。其情况良好，胜利在望。

其需要帮助协调解决的问题有：

（一）文投集团一直未拨付省博物馆前期垫付给云南文化艺术中心7 342万元征地拆迁及土地平整工程资金，请省政府协调解决。

（二）五亿元项目总概算中有三亿元由省财政安排，国家发改委曾原则同意补助一亿元，另有一亿元资金一直没有落实。故，希望省政府与国家发改委沟通，帮助解决所承诺资助款项，并对未落实一亿元资金做出最终安排。

（三）按照昆明市新规划及人防要求增建的10 000平方米地下室增加建设资金。

（四）关于333万元委托代建费，望省政府单独解决。

（五）新馆建成后的陈列展览经费约需8 000万元，请省财政安排解决。

（六）新馆外围市政道路配套建设问题，望省政府协调昆明市尽快解决。

三、云南文化艺术中心建设情况及亟须解决的问题

目前，云南文化艺术中心建筑设计方案修改稿已确定，前期贷款2 000万已到位，工程将于今年10月1日开工。云南艺术中心投资建设方文投集团请求省政府帮助协调、解决的问题是：

（一）请协调省财政年内追加7 600万元资金，用于支付省博物馆新馆为云南文化艺术中心征地所垫付款项。

（二）请协调省文化厅尽快协助文投集团办理土地分宗及变更土地业主事宜。

（三）因昆明市新规划要求增加一层地下室而增建地下 19 000 平方米面积，新增 9 000 万元投资，希望省政府帮助解决相关资金缺口。

（四）请在文化建设的总盘子中协调其他项目暂未使用的资金先支持文化艺术中心建设。

（五）请省财政单独增加委托代建经费。

（六）原定将省花灯团与云南艺术剧院房地产置换成 1 亿元支持云南文化艺术中心建设资金事宜需省政府进一步帮助协调。

（七）请协调亚广工程指挥部先已交演播区、产业区土地设数等手续，再在先支付 2 000 万元前期垫支费基础上全部支付所余 9 000 万元前期垫支费。

文投集团建设亚广传媒项目情况。亚广项目土地及规划等手续正在移交办理中，演播区还要继续完善规划，产业区规划还需报批，演播区规模太大，电视台筹措资金紧张。省广电局要求由文投集团支付前期费用 1.1 亿元，其中 0.8 亿元为前期垫付资金，0.3 亿元为股本金。经双方协商，决定先由文投集团划拨 2 000 万元，再由双方共同办理土地业主变更等手续。

文投集团建设艺术家园区项目情况。艺术家园区有关土地规划、环保等审批工作正在推进中，官渡区要求在艺术家园区内建立两所幼儿园、一所小学。项目前期资金 2.8 亿元已拨付，但征地工作进展较慢，主要原因是有 78 户农户不愿搬迁。文投集团建议在不影响艺术家园区建设总体面貌的前提下，在艺术家园区附近根据其承受能力及标准对不愿搬迁的农产进行安置。

四、云南文苑建设情况及亟须解决的问题

8 月 5 日，×××部长主持召开协调会初步确定云南文苑建设投资 4.72 亿元（其中征地拆迁费用 42 亿元），并待报省政府批准。目前，已有 1.22 亿元征地拆迁费用到位。工程拟于今年 11 月 19 日动工。

云南文苑项目目前请求省政府帮助协调、解决的问题有：

（一）1.42 亿元的征地拆迁费用中，五华区所应支付的 2 000 万元尚未到位，导致云南文苑土地无法收储，从而影响到报件审批等诸多程序，请求省政府

协调五华区政府尽快落实资金到位。

（二）希望省政府批准云南文苑委托代建费单列，不计入 4.72 亿投资总盘子。

（三）工程一旦开工则需要强劲的资金支持，故急待省政府批准总投资规模并尽快拨付到位。

（四）希望省财政每年拨付一定数量资拿用于云南文苑文物征集。

以上内容仅供参考。

2010 年 8 月 23 日

怒江、大理、保山、德宏四州（市）亟须帮助协调解决文物保护若干问题的调研情况汇报

××副省长：

6月—9月，我曾两度赴怒江、大理、保山、德宏调研文化安全、农村公共文化服务体系建设情况，了解到这些地州（市）需要省文物局帮助解决的一些项目，现将它们归纳如下供参考，并请责成文物局酌处。

怒江傈僳族自治州：

（1）怒江州目前已符合建设二级以上博物馆条件，故拟建怒江州民族博物馆，以作为边境爱国主义教育基地和重要文化交流场所。该项目占地面积50亩，总建筑面积12 370平方米，总投资1.455 5亿元，请求帮助协调总投资的98%的经费。

（2）泸水县片马抗英纪念馆、怒江驼峰航线纪念馆是重要的爱国主义教育基地，但目前屋顶漏雨严重，已影响到文物的保护和正常工作的开展，需及时维护和修缮。据报，两馆已上报相关维修经费的请示，强烈希望协调解决。

大理白族自治州：

（1）巍山县巍宝山斗姥阁原址重建工作将力争年内完成，项目概算350万元，希望协调补助150万元。同时，巍山县反映该县文物保护单位数量较多，建议建立省级文物保护单位文物保护经费投入长效机制。

（2）弥渡县省级重点文物保护单位李文学帅府修缮项目概算750万元，申请补助资金250万元。

（3）祥云县省级重点文物保护单位"王复生、王德三烈士故居"修缮及布展陈列申请资金15万元。

保山市：

（1）保山市拟成立非物质文化遗产保护中心，做好非物质文化遗产的保护

和传承,希望进一步得到指导和帮助。

(2)施甸县请求省文化厅补助县博物馆建设资金420万元,并帮助解决物质文化遗产修缮经费及非物质文化遗产抢救性保护经费不足部分。

(3)腾冲县佤族清戏列入国家级非物质文化遗产保护名录,但其国家级非物质文化遗产传承人李家显的传承补助经费未能完全拨付到位。同时,佤族清戏戏台需补助经费30万元修缮。望一并予以协调解决。

德宏傣族景颇族自治州:

(1)德宏州博物馆力争年内开工建设,资金概算5 600万元,请求帮助协调1 500万元扶持资金。

(2)梁河县州级保护文物单"文笔塔",目前因缺乏资金修缮仅靠木架支撑而存在垮塌危险。该县其他省级保护和州级保护文物单位也缺乏保护修缮经费,希望得到资金支持。

(3)盈江县文物保护力量不足,不能成立相应机构开展有关文物保护工作,希望协调解决。

(4)陇川县省级文物保护单位"王子树邦角山官衙署"是全国唯一的景颇族古建筑,近20年来省里从未安排保护资金。目前,邦角山官衙署已成危房,急待维修。经专家测算,该项工程需120万元,希望协调补助。

2010年9月15日

瞻仰片马抗英胜利纪念碑

凭吊腾冲凤凰山上抗日阵亡将士纪念碑

考察龙陵县松山战役旧址

在腾冲走访佤族清戏艺人

考察芒市傣族剪纸艺术

急赴巍宝山了解斗姥阁被焚情况

地考察霁弘桥

关于怒江、保山、德宏、大理文化工作情况的调研报告

××副省长：

为省政府召开常务会议研究我省文化工作做准备，自5月起至9月我先后前往怒江、保山、德宏、大理四个州（市）共16个县区就文化遗产保护、农村文化服务体系建设、文联工作及文化安全问题进行调研。走访了部分艺术团体、学术单位、博物馆、文化馆（站）、人民团体、艺术家，了解到当地文化工作开展的情况、取得的成绩及存在的问题，同政府分管文化工作的领导及文化部门负责人座谈发展新时期文艺工作的思路，通报我省文化体制改革、文化事业发展情况。在大理白族自治州还重点调研了弥渡县国保单位南诏铁柱庙、密祉文盛街茶马古道遗址，祥云县省保单位"王复生、王德三烈士故居"、县级重点文物保护单位大波那古墓群遗址，以及清华洞古人类遗址。现将有关情况报告如下。

一、工作开展情况及取得的成绩

（一）文化遗产保护

保山市现有文物点500余处。其中，国保单位5个、省保单位16个、市保单位19个、县保单位82个；馆藏文物1.5万余件；被列入非物质文化遗产保护名录的有263项。文化遗产保护工作开展较好，一是重要文物保护单位有专门管理机构和人员；二是多方筹资对文物进行抢救性维修；三是加强文物征集和保护工作；四是结合旅游发展做好文化遗产保护工作；五是加强出版文化遗产研究专著。

德宏傣族景颇族自治州现有各级文物保护单位60个。其中，国保单位2个、省保单位8个、州保单位32个、县保单位18个；被列入非物质文化遗产保护名

录的有 333 项。在工作中主要突出的有五个方面：一是做好文物普查和考古发掘、研究；二是有计划地对文保单位进行维修；三是提高文物鉴定能力和文物执法水平；四是加强文物法规宣传；五是积极开展文保单位的评选、申报。

（二）农村文化服务体系建设

保山市把乡镇综合文化站建设作为乡镇精神文明建设的"窗口工程"、集镇建设的"亮点工程"、满足人民群众日益增长的文化生活需要的"民心工程"、文化经济一起抓的"示范工程"来开展，多管齐下，使得农村文化工作得到全面开展，并受到群众的欢迎。

德宏州及时出台《关于加强农村公共文化服务体系建设的实施意见》等相关政策文件，切实保障实施重大公共文化工程、购买重要公共文化产品、开展重要公共文化服务活动所必需的资金。为加强"禁毒防艾"工作，全州已建成 700 余个村文化室，为农村群众开展文化活动提供了阵地，大幅度减少了"黄、赌、毒"等犯罪现象。

（三）文联工作

保山市文联成立于 1986 年，下设 8 个文艺家协会，现有会员 1 200 余人。在工作中一是强化文艺载体，办好《高黎贡》文学双月刊；二是兼顾各艺术门类，抓好文艺活动；三是培养本土文艺人才；四是繁荣文艺创作。

德宏州文联成立于 1980 年，下设 8 个文艺家协会，现有会员 800 余人。其主要工作是办好公开发行傣文刊物《勇罕》、景颇文刊物《文蚌》及汉文内刊《德宏文艺》。

（四）文化安全

在调研文化安全时，我着重了解边疆文化安全、民族文化安全、宗教文化安全、文化遗产安全四个方面的情况。

保山市腾冲、龙陵，德宏州盈江、陇川、瑞丽、芒市均属边境县，与缅甸接壤且边境线长，境外文化渗透不容忽视。据报，境外反动势力为达到"和平演变""西化""弱化"等政治目的对我国进行宗教渗透，其中，最严重的是境外一些宗教组织对我渗透并从未间断。分别是密支那傈僳基督教浸信会、密支那景颇族基督浸信会、缅甸仰光华人基督教会、密支那傈僳族基督教会、密支那傈僳族神召会、密支那傈僳族教会、缅甸葡萄地区傈僳族基督会、抹谷神召会、砍几神召会、新派南桑洋神召会。其渗透主要方式有：（1）电台渗透；（2）电话渗透；（3）入境传教，并散发宗教宣传品；（4）引诱教徒出境培训；（5）故意举办大型宗教庆典活动或宗教大宗款项捐献活动，从思想上、心理上施加影响，拉拢人心；（6）以考察为名，企图潜移默化教徒、培植外向心理；（7）创办报纸杂志向我输入；（8）境外"文蚌同盟"成立后加紧在我国景颇族、傈僳族聚集区进行宗教渗透，特别是其创办的"文蚌文艺队"经常到我边境一线村寨演出。

保山、德宏文化、民宗、广电、公安等职能部门长期与境外文化威胁开展了艰苦而卓有成效的斗争。经验表明，只有大力加强基层文化设施建设，丰富群众文化生活，满足群众文化需求，才能达到"强身固本"自觉抵御境外文化威胁。

二、要求关注并帮助解决的问题

德宏州请求省政府帮助解决的问题有：新建250个村委会文化活动室资金缺口5 000万元；每年送戏下乡经费缺口50万元。

德宏文联存在的问题是办刊经费严重不足，各文艺家协会无工作经费，同时建议参考省内其他州（市）经验设立德宏州文艺奖励基金，更好地激励广大边疆文艺工作者。

保山市文联存在的问题有：各文艺家协会无活动经费、无驻会人员编制、无固定办公地点。保山市恳请省政府帮助协调解决的问题有：（1）将"桥头堡门户"重点项目"南亚国际影视城"列入省级建设计划，以满足当前日益增长的专业文艺、群众文艺需要及对外文化交流；（2）立项建设"国门安全文化监控中心"，补助资金1 500万元；（3）省级立项建设"猴桥对外文化贸易基地"。

2010年10月8日

盈江县支那乡傣族群众载歌载舞

参观保山市博物馆

考察德宏州傣族贝叶经保护情况

考察弥度县密支乡《小河淌水》诞生地

在施甸县考察"契丹后裔"情况

怒江、保山、德宏三州（市）农家书屋建设有关问题调研情况报告

××副省长：

我于6月—9月赴怒江、保山、德宏调研农村公共文化服务体系建设情况，了解到这些州（市）在实施农家书屋工程工作中存在一些共性问题。现将它们归纳如下，望参考，并请责成新闻出版局酌处。

（1）农家书屋部分所配图书出版年代较长，不能很好满足人民群众精神文化生活的需要，希望能多配、增配新出版书刊。

（2）配送图书的种类虽多，但要进一步与人民群众生产生活实际相适应，希望多配养殖业、种植业、畜牧业、兽医等与农业、农村生活相贴近的书籍，并针对农村读者开展实用技术书籍赠送。

（3）希望在边疆少数民族地区配送书籍时增加少数民族语言及汉语双语图书的比例，并责成云南出版系统将有关书籍译为民族文字以进一步为"三农"服务，为民族文化建设服务，为科技扶贫服务，更好地抵御外来文化的渗透，构建社会主义新农村文化体系建设。

（4）建议在有条件的州（市）、区启动自然村级农家书室建设，使农家书屋工程更贴近生产生活，更便于广大农民群众利用。

（5）建议在实施农家书屋的同时推进城镇社区书屋建设，使城乡同享图书惠民文化成果。

2010年10月9日

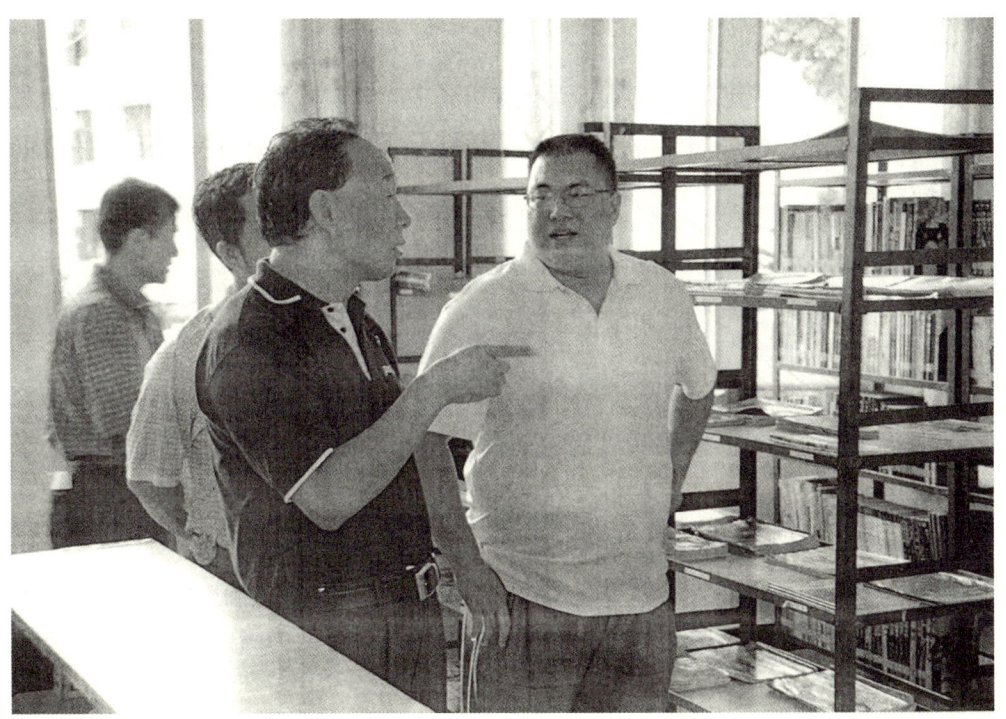

在德宏州瑞丽市考察农家书屋建设情况

关于"整治互联网和手机淫秽色情信息现场会筹备会"的情况报告

××副省长：

我于11月26日上午在省委宣传部参加了由×××同志主持召开的"整治互联网和手机淫秽色情信息现场会"（以下简称"现场会"）筹备会，现将会议情况向您报告。

一、召开现场会的相关情况

11月11日—15日李长春同志到云南视察，并于11月14日下午到云南电信、云南移动实地考察了两家通信企业在整治互联网和手机淫秽色情信息方面所开展的工作，对相关工作表示满意，指出"党委统一领导、党政齐抓共管、有关部门各负其责、企业依法运营的领导体制和工作机制，值得总结推广"，表示要在云南开一个全国现场会，将云南整治互联网和手机淫秽色情信息的相关经验推向全国。

现场会由中央外宣办主办，云南省委宣传部承办，初定于12月13日在昆明召开、会期一天，刘云山同志拟出席会议并讲话。11月19日全国宣传部长会议期间，张田欣同志就召开"现场会"情况向刘云山同志作了汇报，刘云山同志指示要抓好三个方面的工作：一是现场参观点要选好，会议要宣传好；二是经验交流材料要写好，要交流好；三是会议要安排好。

二、筹备情况

按照刘云山同志的指示精神及中央外宣办关于召开"现场会"的相关通知

要求，省委宣传部 11 月 22 日召开协调会成立筹备工作领导小组：×××同志任组长，省政府办公厅、省委宣传部、省委"610"办、省委外宣办、省编办、省工信委、省教育厅、省公安厅、省国家安全厅、省文化厅、省广电局、省新闻出版局、省扫黄打非办、省通信管理局、省接待办、省警卫局、中国电信云南公司、中国移动云南公司、中国联通云南公司的主要领导为成员。

  会议强调，我省要在互联网管理的重点、难点上提出经验、做法，网络备案实名制、手机拨测系统、"妈妈班"是我省在整治互联网和手机淫秽色情信息中的亮点、特点；中国电信云南公司、云南移动云南公司作为我省文明行业要进一步增强企业的社会责任，同意省文化厅提出将我省未成年人绿色网吧管理工作汇编入经验交流材料。"现场会"后，省委宣传部拟报省委成立"云南互联网信息协调领导小组"，由×××同志任组长，我与×××任副组长，省委宣传部互联网信息办（原网宣办）主任兼办公室主任。

  特此报告。

2010 年 12 月 2 日

盈江"3·10"地震灾后文化教育卫生恢复重建工作调研报告

××副省长：

为落实好温家宝总理批示，进一步开展好盈江"3·10"地震灾后恢复重建工作，按照您的要求，我于5月20日率省文化、教育、卫生、财政等相关部门同志联合赴盈江实地调研并听取有关意见、建议。现将了解到的情况向您报告。

一、落实温总理批示情况

接到温总理批示后，省政府领导高度重视，省长及您立即作出批示，要求省教育厅、省财政厅抓紧落实。为认真落实领导批示，加快盈江中、小学灾后教学仪器配置工作，经省教育厅与省财政厅协商，决定从"2011年薄弱学校改造"专项资金中直接戴帽下达盈江县教学仪器设备专款500万元，资金于5月24日前下达。为加快工作进度，该批设备采购不再集中到省，由德宏傣族景颇族自治州教育局与盈江县教育局负责直接按程序进行招标采购，采购目录必须符合国家及省的相关规定，省教育厅监察室、财基处、基教处、装备中心将对整个采购配置过程进行监督检查，确保急需的教学仪器设备8月20日前配置到位。

二、文化方面存在的问题

目前，盈江方面迫切希望制定江允塔堪测指标方案，需省文物局速派技术人员下去落实，并尽快上报国家文物局。另外，梁河南甸宣抚司署、盈江部安仁故居亦亟须省政府提供维修经费和技术支持。

赶赴盈江地震灾区了解教育、卫生系统受灾情况

曲靖市农村文化建设情况调查报告

××副省长：

我于2010年12月14日前往曲靖市作农村文化建设情况调研，了解到一些情况，其中大多是经验，也有存在的问题，还有值得吸取的教训。特作汇报如下。

一、曲靖市经济社会发展概况

曲靖地处云南省东部、5 000里珠江的源头，是爨文化的故乡。全市国土面积2.89万平方公里，辖七县一市一区和一个国家级经济技术开发区，总人口21 616万，世居汉、彝、回、苗、壮、布依、水、瑶等八个主体民族。曲靖历史悠久、文化厚重。秦修"五尺道"，西汉置味县，西晋设宁州，唐设曲州和靖州，故得"曲靖"之名，迄今建制2 119年。孕育了以二爨、堂狼、铜商、民俗风情等为主的特色文化，留下了"南碑瑰宝"的爨宝子碑、"神品第一"的爨龙颜碑、铜商古驿道等名胜古迹。红军长征两度经过曲靖，毛泽东挥写了"乌蒙磅礴走泥丸"的千古绝唱。曲靖区位优越、交通便捷、物阜源丰、山川秀美。

近年来，在省委、省政府的正确领导下，曲靖市委、市政府团结带领全市各族人民，深入学习实践科学发展观；紧紧围绕"富民强市"总目标，按照"率先发展、科学发展、安全发展、和谐发展"总要求，大力实施"农业稳市、工业强市、商旅活市、科教兴市、生态立市、依法治市"战略，致力于转变发展方式、创新发展思路、提高发展质量；积极应对国际金融危机带来的严峻挑战；有效克服了各种自然灾害造成的突出困难，全市经济社会实现了又好又快发展。2009年市内生产总值达861.2亿元，同比增长12.9%；地方财政一般预算收入达63亿元，同比增长12.8%；固定资产投资完成555亿元，同比增长30.6%；社会消费品零售总额达190亿元，同比增长22.4%；城镇居民人均可支配收入

314 105 元，增长 10%；农民人均纯收入达 3 666 元，增长 10%。今年前三季度全市实现生产总值 669 亿元，按可比口径计算增长 13.3%，预计到今年年底市内生产总值将突破 1 000 亿元。曲靖经济繁荣、社会安定、环境宜人，先后三次被评为"全国十佳宜居城市"，连续四年被评为全国最安全的地级城市之一，荣获"全国民族团结进步模范集体奖""全国创建文明城市工作先进城市""全国未成年思想道德建设先进城市"等殊荣，2009 年入选"新中国 60 年城市发展代表"。

二、曲靖市农村文化建设情况

曲靖是全省的人口大市、文化大市，也是典型的农业大市，全市共有 500 多万农业人口。市委、市政府历来都高度重视农村文化工作，始终以科学发展观统领全局；以"三个文明"建设为核心；以促进农业增效、农民增收、农村发展为重点；以建设新农村、构建和谐社会为主题；以全面建设小康社会为目标；以"文明村、小康村、和谐村"以及"农村城镇化、农业产业化、住房新型化、社会和谐化"为载体，形成了党委政府领导、群众广泛参与、社会积极支持、部门齐抓共管的良好格局，全市农村文化活动不断丰富，农村文化事业不断繁荣，农村公共文化服务体系得到加强，广大农民群众精神文化生活日益丰富，农村文化工作取得了良好成绩。

（一）强化组织领导，完善政策保障

多年来，曲靖市、两级党委政府及相关部门高度重视文化工作，切实加强组织领导，根据国家、省有关决策部署，出台了一系列文件指导全市文化工作。2006 年市委、市政府出台了《关于加快公益性文化事业发展的意见》（曲发〔2006〕35 号），对全市公共文化建设提出了指导性意见，各县（市）、区也相继出台了相关文件。2007 年，市委宣传部、市文化局、市体育局联合出台了《关于印发〈曲靖市基层公益文化体育设施建设补助办法〉的通知》（曲宣联发〔2007〕4 号），明确了市级财政对县、乡文化建设的补助标准，部分县（市）、区也出台了相应的文件及补助措施。2008 年，市委、市政府又出台了《中关于推动全市文化大繁荣大发展的实施意见》（曲发〔2008〕24 号入《曲靖市农村公共文化基础设施建设实施办法》（曲办发〔2008〕26号），各县（市）、区也出台了相关政策措施。这些政策措施的出台，进一步加大了对全市文化建设的指导力度，农村文化建设也纳入党委政府的重要议事日程并将文化工作纳入对县级党委政府的目标管理考核，各级财政对文化建设的投入经费逐年增加，2010年市级财政仅对县、乡基层文化设施的投入从2006年的40万元增加到1 000多万元，强有力地推动了全市文化建设。

（二）强化基础建设，构建服务体系

2010年曲靖市紧紧抓住中央扩大内需的历史机遇，积极争取中央、省级财政投入，不断强化公益性文化基础设施建设。市图书馆、市博物馆、市美术馆、市体育中心建设已完成方案审定工作并启动建设，预计2013年建成投入使用。宣威市文化艺术中心；师宗县图书馆、博物馆、文化馆；罗平县图书馆、文化馆、博物馆、民族文工团业务用房也开工建设。目前，全市36个乡镇综合文化站建设项目正在有序推进，已到位资金2 089.52万元，累计完成投资2 122.52万元，29个建设项目主体工程已基本完工，完工率达80.56%，未完工的七个文化站建设项目正积极进行，预计近年内可全部完工。同时，新建成文化信息资源共享工程市级支中心和三个县级支中心、30个乡镇基层站点，已落实40个文化小广场资金442.8万元，争取新安排项目24个、资金259.2万元。全市的市、县、乡、村四级公共文化服务体系基本建成，并向发改部门申报"十二五"公共文化基础设施建设项目，申报建设资金达15.82亿元。

（三）强化活动载体，丰富群众文化

多年来，曲靖市始终致力于大力繁荣文化事业，用先进文化占领农村文化阵地。除依靠文化主阵地开展活动外，积极通过送戏、送书、送电影下乡等活动，努力把先进文化送到农村，既可以服务基层农民，又锻炼了文艺队伍。2010年，全市八个剧团（文工队）共开展送戏下乡活动近400场，各级文化部门送书下乡30 000万余册。同时，截至目前，全市完成了632个农家书屋新建任务，组织完成了省新闻出版局第三批300个农家书屋建设计划的编制、汇总和上报工作，有效解决了农民群众"看书难"问题。此外，各级文化部门定期或不定期举行农民文艺汇演（汇演入农村文化户展演、歌舞乐展演活动），极大地丰富了广大农民群众的文化生活，农村文化艺术不断繁荣。

（四）强化扶持引导，繁荣农村文化

实践证明，要解决好广大农民群众的文化需求问题，单靠国家文化单位的力量是非常有限的，最终只能回归和依靠社会及广大农民群众自身的力量。经过多年探索，在曲靖市各级党委政府的大力扶持发展下，农村文化户（联合体）不断发展壮大。目前，曲靖市已培育出以文艺演出、民俗表演、影视放映、棋牌娱乐、图书音像制品租借销售、网络设备经营、民族民间工艺品、乐器制作等各种业务的农村文化户（联合体）1 600 余户（个），从业农民达 20 000 多人，年开展活动 20 余万次，年经营收入 50 000 元以上的共有 160 多户，极大地丰富和繁荣了农村文化市场。这一做法，得到了中宣部和省委、省政府的充分肯定。

（五）强化文物普查，开发保护并举

按照国家、省的部署，曲靖市第三次全国文物普查实地调查阶段的工作已圆满完成，到达率、覆盖率以及完成普查登录项目均为 100%。全市共普查文物 1 362 项，其中复查 401 项、新发现 961 项，消失文物 99 项；论证遴选了麒麟区罗汉山古墓群、陆良县大觉寺、富源县大河旧石器洞穴遗址、富源县中山礼堂、富源胜境关、宣威市可渡关驿道、宣威市浦在廷故居、罗平腊者布依族吊脚楼建筑群等八个项目申报为第七批国家级文物保护单位，目前已通过省级审核。同时，全力做好非物质文化遗产保护工作，积极打造珠江源历史文化品牌。曲靖市非物质文化遗产保护中心在曲靖市文化馆挂牌成立，标志该市非遗保护工作迈上了新台阶，会泽县洞经音乐传承人田永光、马龙县咨卡火草纺织技艺传承人李桂兰、罗平县铜器制作技艺传承人李六红、宣威市宣威火腿传承人管升阔等四人被省文化厅公布为省级传承人。2010 年 6 月，曲靖市选派了斑铜制作技艺国家级传承人张克康、铜烟锅制作技艺传承人李广周参加云南省"中国文化遗产日"活动展示，他们的参展作品，制作精湛、工艺精美，深受广大参观者喜爱，得到文物鉴赏专家、收藏家的高度评价。目前，全市共拥有县级保护项目 338 项、市级 147 项、省级 32 项、国家级三项，对于传承中华文明、培育民族精神、增强民族凝集力、维护民族团结和社会稳定发挥了积极作用。

三、存在的主要困难及问题

虽然曲靖各级党委政府高度重视文化建设工作，为促进农村文化繁荣、丰富群众文化生活做了大量工作，也取得了显著成绩，但由于是农业大市，经济发展不平衡，市、县两级财政困难，致使农村文化建设发展还存在诸多问题：一是农村文化建设总体投入不足。目前，曲靖仅乡镇文化站就有60多个急需新建或改扩建，村组文化活动室尚未纳入财政补助，亟须中央、省级给予政策倾斜及资金支持。一部分已建乡镇文化站在建设发展中，还存在旧账未了、又欠新债的情况。二是由于基层文化站（室）缺编少员、缺少投入、缺少专人管理，致使部分文化设施未能完全发挥服务基层、服务农民群众的作用。三是部分基层文化工作人员服务意识、工作能力差，不能很好地提供文化服务，致使农村文化活动形式不够丰富、活动普及面不大，各种文化惠民活动有待进一步加强。

四、下步工作建议

在调研过程中我与有关部门及其负责同志、工作人员广泛交换意见，提出了以下建议：

一是进一步提高认识，加强组织领导。在今后的工作中，曲靖市需认真贯彻中央、省的决策部署，进一步强化文化建设在经济社会发展中地位和作用的认识，切实把文化工作"五纳入"，即纳入党委政府议事日程、纳入经济社会发展总体规划、纳入各级财政预算、纳入城乡发展规划、纳入党委政府任期目标考核，切实督促各级党委政府把文化工作纳入考核机制，不断解决基层站所专人不专、活动不力等问题。

二是进一步加大投入，落实政策扶持。继续加大投入力度，进一步健全完善市、县、乡、村四级公共文化服务体系建设，为不断满足广大农民群文化需求打造平台、提供服务。同时，恳请省委、省政府给予曲靖更多的政策倾斜和项目支持。

三是进一步创新载体，丰富农村文化。通过创新活动载体，积极引导农民群众热爱文化、参与农村文化建设，既要依托农村基础文化设施开展好常规文化活动，更要继续开展好各级农村文艺汇演、文化户展演、歌舞乐展演等活动，开发好新的农村文化活动形式，继续做好送戏、送书、送电影等文化惠民工程。

四是进一步加强引导，扶持农村文化户。要继续加大农村文化户的指导、扶持力度，强化管理、培训和引导，立足农村实际，充分发挥农民自身的力量繁荣农村文化。同时，也恳请省委、省政府给予曲靖农村文化户更多的资金支持，为占领农村文化阵地、繁荣农村文化生活发挥更大作用。

以上报告，仅供参考。

2010 年 12 月 20 日

主持沾益珠江源自行车越野挑战赛开幕式后合影

考察农业科技站

考察农村文化活动室

在富源考察胜境关遗址

考察诸葛亮七擒孟获故地——宣威可渡桥

参观倒袁英雄唐继尧故居

参观浦在廷故居

接待国家文物局单局长情况汇报

××副省长：

我于12月30日—31日按您的要求接待国家文物局单局长，并了解到有关信息若干，特报告如下：

（1）万亩茶园申报遗产最有希望。郭展等专家建议文物局将此列为全国第一项。

（2）元阳梯田申遗已得到联合国专家一致同意。问题是××近来写一文全面抨击元阳梯田保护现状，从而可能受一定影响，因文化部只推荐毫无异议之项目申报世界遗产。

（3）昨日考察丽江东巴文化博物馆后，单局长明确提出给予资金支持，但数量未定。

（4）对玉龙县提出建立纳西族博物馆之要求，单局长未置可否，仅建议可将此列入全国十大典籍博物馆项目考虑。

特此报告。

2010年12月31日

关于我省教育改革有关情况汇报

××副省长：

3月31日上午，省教育厅××副厅长一行到我处通报《云南省中长期教育改革和发展规划纲要（2010—2020年）》编制工作基本情况的制定《十个行动计划》的情况、《云南省教育事业发展"十二五"规划》（征求意见稿）相关情况。现将其汇报如下：

据报，《云南省中长期教育改革和发展规划纲要（2010—2020年）》已分别于2010年10月、2011年1月在省政府常务会及省委常委会通过，教育部已同意备案。×××书记、×××省长要求十个行动计划进一步细化，在征求17家单位意见基础上再修改。按照国家教育改革要求，我省成立由×××省长任组长的教育改革领导小组，由省教育厅先制订纲要，再进行改革。在已报教育部的24个改革项目中，有12个项目获得同意。结合教育改革中长期规划，教育厅编制了我省教育事业发展"十二五"规划征求意见稿。

会上，省教育厅请示了如下事项：

（1）请示您4月11日全省教育工作会议前听取一次教育改革方案汇报后再上省政府常务会。

（2）请示省政府是否同意在全省教育工作会议上研究讨论教育改革方案。

（3）请示在全省教育工作会议上讨论《云南省教育事业发展"十二五"规划》（征求意见稿）或由省政府发文征求各州（市）意见，并将审批通过的《云南省教育事业发展"十二五"规划》全文发4月12日的《中国教育报》。

（4）请示省政府专题研究有关教育改革发展经费事宜。

特此报告。

2011年3月31日

云南省教育改革发展近期工作情况汇报

××副省长：

2011年3月31日，我约请省教育厅××副厅长和相关处室的同志一起就近期云南省教育改革发展工作进行了研究。现将有关情况汇报如下。

一、有关文件的制定和出台情况

（1）《云南省中长期教育改革和发展规划纲要（2010—2020年）》（以下简称《纲要》）。《纲要》于2009年开始起草，经广泛征求意见、召开座谈会、听证会，并在《云南日报》向全社会公开征示意见，九易其稿，然后报经省政府常务会议、省委常委会议讨论通过。目前，《纲要》已获教育部认可备案，正拟在《中国教育报》等有关媒体上发布。

（2）《十个行动计划》。为配合《纲要》提出的11个重大建设项目和11项重要改革，省教育厅同期起草了我省包括学前教育、义务教育、高中教育、职业教育、高等教育、民族教育、民办教育、特殊教育、终身教育、教育对外开放在内的10个行动计划（简称《十个行动计划》）。《十个行动计划》已经专家论证，并征求各州（市）和省教育体制改革领导小组成员单位的意见。除省财政厅提出"待国家任务分解后，再根据我省实际和今年新增教育经费情况，统筹研究我省教育投入问题以及行动计划中所提出的计划和项目"，其他厅、局、委、办均提出若干修改意见。对此，教育厅已相应做了吸纳修改。

（3）《云南省教育事业发展"十二五"规划》（以下简称《"十二五"规划》）。为做好"十二五"期间教育事业的发展改革工作，省教育厅组织专家研究，提出了我省《"十二五"规划》。近日，教育厅正在征求有关部门意见。

（4）《云南省教育体制改革试点工作方案》《国务院办公厅关于开展国家教育体制改革试点的通知》（国办发〔2010〕48号），明确我省作为全国"省级政府教育统筹综合改革试点"七省市之一，并批准同意我省在 11 个方面进行教育体制改革。省教育厅围绕 11 个项目提出了《云南省教育体制改革试点工作方案》，并征求了 17 个部门的意见。

据省教育厅初步测算，实施这些项目和工作在 2015 年以前约需省级和各州（市）投入 320 亿元左右的资金（不含争取国家资金项目和目前正在实施的校园安全工程等项目资金）。

二、有关建议

鉴于以上规划、行动计划、方案等都在"十二五"至 2020 年间实施，相关的项目经费和投入都相互关联，经与省教育厅商议，特建议如下：

（1）尽快由省委、省政府下发《云南省中长期教育发展规划纲要》（报批件已由秘书六处承办），并作为云南省教育工作会议文件印发各州（市）、县贯彻执行。

（2）同意将省教育厅制订的《云南省教育事业发展"十二五"规划》（征求意见稿）印发有关部门征求意见后进一步修改完善，并与教育部即将出台的《教育事业"十二五"发展规划》相衔接，然后将其作为云南省教育工作会议讨论材料供大会讨论。

（3）教育部要求各省教育工作会议内容由《中国教育报》配套宣传，并印发《纲要》全文及省委书记、省长署名文章，配发会议当日讯，权威人士解读各省规划纲要或教育工作会议重点、亮点、特点，地方教育背景链接等。故，建议省教育厅按要求与《中国教育报》衔接有关版面和登发材料的准备工作。

（4）请省教育厅认真测算上述工作所需经费，并商请有关部门确定"需要多少钱？钱从哪里来？需何时花钱？"并将有关解决方案于 4 月 6 日前报省人民政府。建议您近期主持召开有关专题会议，听取《云南省教育事业发展"十二五"规划》《十大行动计划》和《云南省教育体制改革试点方案》等汇报，明确发展战略和思路、确定工程项目，并视工作情况报省政府常务会议研究。（据了解，贵州省省级财政将分别在 2015 年、2020 年内拿出不低于 255 亿元、690

亿元用于教育改革发展专项经费；江苏省也将安排 100 亿元以上资金用于高等教育的学科建设、120 亿元资金用于化债、10 亿元做校企合作联盟长效机制试点建设经费）。

（5）据省教育厅报国务院批准的"省级政府教育统筹综合改革试点"七省市中广东、上海已与教育部签订战略合作协议，海南虽不是试点省份但也借建设"国际旅游岛"的契机参与到其中。故建议我省与教育部签订战略协议，共同推进云南教育改革发展。

（6）教育体制改革是一项涉及多方的系统工程，需教育体制内和体制外共同努力完成，仅凭省教育厅难以全面推动。建议从各有关厅局抽调专门人员，组成省教育体制改革领导小组办公室，由省财政安排专款租借场地集中办公，力争在 3~5 年内圆满完成这项工作。

特此报告，请示。

2011 年 4 月 2 日

临沧、昭通两市文广部门亟须帮助解决若干困难的调研报告

××副省长：

3月—5月，我赴临沧、昭通调研文化、广电工作，了解两市需要省级层面帮助协调解决的有关情况。现将它们归纳如下，呈您参考。

一、文化方面

临沧市希望帮助协调解决文化重点基础设施建设缺口资金一亿元。它们分别为：文化馆、图书馆、民族博物馆建设缺口资金5 000万元；临沧新闻中心建设缺口资金3 000万元；临沧民族歌舞团综合楼建设缺口资金1 000万元；世界佤乡文化广场建设缺口资金1 000万元。

他们希望省政府将"临沧对外文化交流中心建设项目"列入省"十二五"及"桥头堡"建设项目给予支持；将临翔、凤庆、云县、耿马、双江、永德、沧源七个县级文化馆及凤庆、云县、双江、永德、沧源五个县级图书馆改扩建列入省"十二五"文化建设盘子给予扶持。

昭通市希望省级财政进一步加强对文化事业的投入，以事业兴产业、以产业促事业。其具体为：加强农村文化大院建设，特别是增加指导外出务工方面的法律、法规、生产、生活类图书，并加快书籍的更新，配备专职管理人员及经费，充分维护和发挥好基层文化阵地作用；解决文化市场综合执法队伍无配套、无设备的现状；配置文化演出运输车辆，解决下乡演出交通运输困难，并从财政制度上保障下乡演出经费。

二、广电方面

临沧、昭通两市的广播电视"村村通"工程经过多年的建设和发展，形成了点多、面广、设备设施遍布各地的庞大系统工程，但因使用时间过长，已出现大部分设备设施不同程度出现故障和损坏情况，维护维修的资金及工作量很大。希望省级财政每年补助一定的缺口资金，同时请求省政府统筹解决"村村通"维护管理人员编制问题，做到有专人监测、巡查、检修，确保"村村通"工程长期安全优质、经济节能。

临沧市请求省财政支持在边境民族地区建设 3~4 个示范性群众观影棚，为改善农民看电影条件探索经验。作为我省八个民族语译制单位的主要部门，临沧市农村电影管理站所辖民族电影译制组的佤语电影译制全国仅有，并自 2010 年李长春同志视察云南得到关心重视后其译制任务就翻了一番，同时也加大了经费压力。切望省财政加大投入，帮助解决购置设备等经费问题。

昭通市建议在实施"2131"电影放映工程前开"三农"知识讲坛，加映种养殖短片及预防自然灾害科教短片，同时希望增加片源进一步丰富群众文化生活，并提高在山区、高海拔地区、自然条件恶劣地区放映员的待遇。

2011 年 5 月 13 日

与双江县基督教堂神职人员交谈　　考察豆沙关文化遗产保护情况

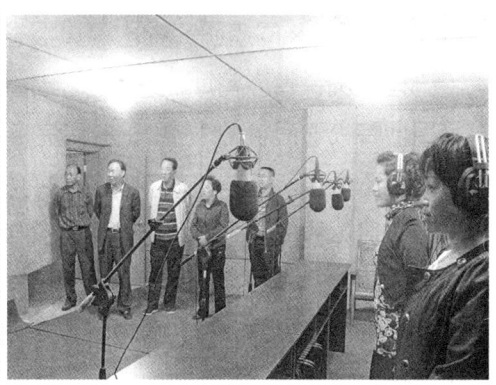

在临沧考察民族民间艺术　　在临沧考察广电局民族语节目制作情况

省政府领导批示事项落实情况汇报

××副省长：

现将 2011 年第一季度，您和其他省领导对社会事业工作批示事项的落实情况报告如下。

一、教育方面

（一）关于云南机电职业技术学院启动建设国家示范骨干高职院校问题

2011 年 1 月 14 日，您在《云南机电职业技术学院关于国家示范骨干高职院校建设启动前需要给予支持的相关问题的报告》（云机电职院〔2010〕142 号）上批示："请××同志研究提出意见报省政府。"

办理情况：省教育厅研究后提出：一是同意学校举行云南省"国家示范性高等职业院校建设计划"骨干高职院校项目建设启动仪式，省教育厅将积极做好相关协调工作。二是学校提出请政府相关部门研究出台相关政策，需请学校结合实际，具体提出需要政府协调解决的有关骨干高职院校建设过程中的问题以及需出台的政策，省教育厅将积极给予支持和协调，届时将报省政府及相关部门办理。具体情况，省教育厅已于 2011 年 1 月 25 日，将上述意见致函云南机电职业技术学院。

（二）关于加强我省招收外国留学生工作问题

2011 年 1 月 5 日，您在《省政府参事肖宪关于加强我省高校招收外国留学生的建议》上批示："请省教育厅阅参并积极采纳。"办理情况：省教育厅积极采纳有关建议。一是将"积极扩大高校招收来滇留学生规模"等内容纳入《云南省中长期教育改革和发展规划纲要（2010—2020 年）》。二是多种渠道增加留学生奖学金名额。截至 2011 年，我省已有六所院校获得中国政府奖学金，惠及学生达 150 名。云南电网公司委托昆明理工大学为老挝合作方培养专门技术人才，云南财经大学与云南铜业股份有限公司设立了"云铜奖学金"。三是以项目为依托，加强招生宣传力度。与美中国际教育管理集团、新加坡国际企业发展局等国外机构建立交流合作关系；利用菲律宾驻重庆总领事馆总领事、韩国全罗南道教育厅厅长等来云南访问的机会，促成省教育厅与各方签署合作协议等。四是努力提高培养、管理外国留学生的水平和能力。将"扩大大、中、小学校长和骨干教师海外研修培训规模"纳入2011年工作要点。五是统筹协调，分门别类发展留学生教育。充分发挥32所高校、13所语言学校开展留学生教育的平台作用，努力开展学历教育和非学历教育。

(三) 关于奥宸地产在'城中村'开发中建设春城小学问题

2011年3月1日，您在《关于棕树营项目规划中涉及春城小学问题的专题报告》上批示："杨××同志：昆明奥宸地产是云南民主建国会的会员企业，积极响应昆明市委、市政府号召参与'城中村'改造。所反映的问题请你帮助协调解决，又合理减轻企业负担，加快推进改造工作。"

办理情况：由于实施棕树营片区开发需要拆除春城小学，奥宸地产（集团）有限公司（简称奥宸集团）制订了配套建设一所占地20亩、24个班额小学的建设计划。虽然规划符合《规划设计条件》和《项目修建性详细规划》，但由于春城小学是省级示范重点小学，该学校除承担棕树营片区教育功能外，很大一部分教育功能辐射潘家湾片区、大观商业城片区，以及省广电局等辖区友好单位和区内重点纳税企业单位，接收大量地段外生源。春城小学现有学生2 184人，共有41个教学班，占地面积7 655平方米（11.48亩），生均占地面积3.48平方米。奥宸集团规划拆迁后配建的新小学小于学校目前办学规模。近期，昆明市结合棕树营片区改造和春城小学招生实际情况，提出拆除春城小学后，奥宸集团作为项目建设主体，应在项目用地范围内根据国家《建筑设计手册》《昆明市中小学幼儿园场地校舍建设保护条例》要求，按照相关政策要求建设一所占地37亩、42个班额、小学生均用地面积不低于12平方米的新小学。昆明市已对新小学建设标准进行了调整：占地由37亩调整为30亩（生均占地面积由12平方米/生下调为10平方米/生），建筑面积由21 000平方米调整为15 000平方米（生均建筑面积由10平方米/生下调为7.66平方米/生）。昆明市表示，今后工作中，将进一步加强与奥宸集团的协商，尽快取得共识，推动片区改造和学校建设。

(四) 有关经费问题

(1) 2011年1月5日，《红河州政府转报石屏县政府关于补助石屏县第一中学运动场建设资金的请示》（红政发〔2010〕3350号）上批示："请××同志统筹项目给予必要支持。"

办理情况：因石屏县第一中学所需800万元资金是用于运动场建设，无法在现有校舍安全工程、初中改造工程等专项工程资金中解决。按照批示精神，省教育厅拟于2011年年底申请国家专项资金予以补助。

(2) 2011年1月5日，您在《云南大学关于申请资助承办〈东南亚数学学报〉的请示》（云大〔2010〕3161号）上批示："请德强同志、商天淳同志给予支持。"

办理情况：省财政厅答复，将从高等教育发展专项资金中统筹安排10万元。

(3) 2011年1月11日，您在《瑞丽畹町经济开发区管委会关于请求解决畹町国门小学后续工程建设资金的请示》（畹管请正〔2010〕358号）上批示："请××同志支持1 000万元。请瑞丽市抓好落实，把国门学校建设好。"

办理情况：省财政厅已将其纳入农村薄弱学校改造计划（中央和省级各安排5.27亿元，其中国门学校建设专项为两亿元），待省教育厅收集上报项目后，将于年内在省级配套资金中下达。

(4) 2011年1月14日，您在《腾冲县政府关于补助腾冲县益群中学校舍房屋改造和校园绿化美化资金的请示》（腾政发〔2010〕3198号）上批示："请省教育厅给予支持。"

办理情况：因腾冲县益群中学所需100万元资金是用于校园绿化和纪念亭、文化长廊等修建，目前无法整合现有校舍安全工程、初中改造工程等专项工程资金来解决。为落实批示精神，省教育厅拟于2011年年底申请国家专项资金补助。

(5) 2011年1月14日，您在《保山市人民政府关于补助"两基"迎国检工作经费的请示》（保政发〔2010〕3225号）上批示："请省教育厅在'两基'总结表彰时统筹考虑。"

办理情况：省教育厅在分配全省"两基"先进单位、先进个人名额时已对保山市给予倾斜，共安排保山市先进单位三个、先进个人19名，拟安排每个先进单位奖金30 000元、先进个人奖金2 000元。

(6) 2011年2月20日，您在《省委高校工委省教育厅关于全省教育系统维稳工作情况报告（二）》批示："①请省教育厅认真贯彻落实好××同志、××同志的重要指示，确保学校稳定。②请各高校高度重视，内紧外松，密切关注校园动态，加强校园舆情研判，及时发现、及时化解、妥善处置，特别要注意校园网络和手机信息，加强对重点人员的管控。要做好应急预案，加强校园安全管理，构建和谐平安校园。"

办理情况：2011年以来教育系统维稳工作的具体情况已于4月14日以《云南省教育厅关于做好全省教育系统维稳工作情况报告》报送省政府。

(7) 2011年3月1日，您在《保山市人民政府关于给予保山市中学校长培训经费补助的请示》（保政发正〔2011〕34号）上批示："请省教育厅商省财政厅研究给予支持。"

办理情况：省财政厅每年拨付给省教育厅500万元的教师培训专项经费，专项用于中小学教师的培训工作。省教育厅已商省财政厅拟在2011年中小学校长培训项目实施中对保山市校长培训工作给予倾斜。现正在办理中。

二、文化方面

(一) 关于文物保护问题

(1) 2011年3月16日，我在《我省革命遗址损毁严重》（《云南日报内参》2011年第8期）上批示："高副省长：拟请熊正益同志对该期'内参'所反映我省革命遗址损毁严重问题组织力量作一全面调研并提出保护方案报省政府。"3月18日，您批示："此事重大，尽快摸清情况，提出意见。要落实地方政府责任，切实加大保护力度。"

办理情况：收到批示后，省文物局及时将有关情况函告省党史办及昆明市、昭通市等相关州（市）文化行政主管部门，征询保护管理的意见。省文化厅将与省党史办就革命遗址的保护问题召开专题会议进行研究，对保护现状和存在的问题进行分析，形成加强保护和管理的意见，上报省政府。

(2) 2011年3月15日，我在《盈江地震重创多处文物古迹国宝"允燕塔"

受损严重》上批示:"高副省长:建议文化厅及其文物局迅速赴灾区作有关文物受灾情况的调研上报省政府及国家文物局,并争取国家支持。制定有效方案,采取切实措施,加强震后修复、保扩、管理工作,妥否?请指示。"3月18日,您批示:"请文化厅按×××副秘书长要求尽快落实。"

办理情况:2011年3月10日盈江发生地震后,省文物局及时将盈江文物受损情况上报国家文物局。3月14日,省文物局派出文物维修专业技术人员奔赴盈江允燕塔勘测残损情况、制订抢救方案。3月23日,国家文物局副局长童明康率文物保护专家组前往盈江县视察文物受损情况,指导抗震救灾工作。3月25日,省文物局组织召开了"全国重点文物保护单位盈江允燕塔保护规划论证会",评审通过允燕塔保护规划。4月7日,省文物局组织论证了允燕塔抢救维修方案,通过方案审批。经预算,允燕塔抢救维修需经费830万元。目前,国家文物局已将允燕塔抢救维修列入2011年抗震救灾重点工程,计划安排专项经费支持云南做好盈江地震灾区的文物保护和允燕塔抢救维修工作。同时,省文化厅将在省财政厅的支持下对地震受损文物梁河南甸宣抚司署、盈江刀安仁故居给予维修经费和业务工作的支持。

(二)有关经费问题

(1)2011年1月14日,您在《腾冲县人民政府关于补助和顺古镇古建筑修缮资金的请示》(腾政发〔2011〕197号)上批示:"请××同志、商××同志给予支持。"

办理情况:和顺古镇里有国家级文物保护单位和顺图书馆、省级文物保护单位艾思奇故居。2003年,腾冲县人民政府将和顺古镇交由昆明百联集团进行经营和开展旅游服务,并负责对古建筑进行维修保护。2010年11月,国家文物局单霁翔局长考察和顺古镇时,对和顺古镇遗产保护与旅游产业协调发展以及抗战博物馆的展示工作给予高度评价,表示要支持和顺古镇的文物保护和维修工作。为此,省文化厅及时组织专业技术人员编制了和顺图书馆抢救性修缮和安防消防方案上报国家文物局,涉及经费900万元。省文化厅将积极向财政部和国家文物局落实和顺图书馆保护专项补助经费,加快实施和顺古镇的文物保护工作。

(2)2011年2月13日,××副秘书长在《大理州人民政府转报洱源县关于请求给予重建白洁圣妃庙工程经费补助的请示》上批示:"呈请×××副省长示。"3月18日您批示:"请省文化厅商省财政厅给予必要支持。"

办理情况:由于白洁圣妃庙是在省级文物保护单位德源城遗址建设控制地带内新建,根据《中华人民共和国文物保护法》的有关规定,省文物局对建设方案进行了论证和审批。目前,省文化厅已专门就重建白洁圣妃庙一事与省财政厅进行了商讨,省财政厅答复拟筹集50万元专项经费予以支持,现有关文件正在办理中。

(3)2011年3月18日,您在石屏县委办《关于给予石屏县特色民族歌舞保护开发经费补助的请示》上批示:"请××同志研处。"

办理情况:经了解,国家和省级都没有此类专项经费,省文化厅答复无法给予经费补助。

(4)2011年3月18日,您在《曲靖市麒麟区委宣传部关于补助麒麟区文化设施建设经费的请示》上批示:"请××同志研处。"

办理情况:从2010年起,省财政厅、省文化厅和省体育局启动了村级农村文化体育广场建设试点工程,分两批安排了麒麟区七个项目。由于每年村级农村文化体育广场建设项目专项资金有限,全省点多面广,每县(市)、区每年只能安排2~3个项目。目前,正准备实施2011年度村级农村文化体育广场建设工程,省文化厅将协同财政部门视财力情况,根据曲靖市文化局申报的建设项目逐步安排麒麟区村级农村文化体育广场建设项目。

(5)2011年3月18日,您在《云南民族茶文化研究会关于建设易武古六大茶山博物馆经费的请示》上批示:"请××同志研处。"

办理情况:省文化厅拟在2011年博物馆文物征集经费中安排10万元补助易武古六大茶山博物馆,文件已报省财政厅会签。

(6)2011年3月18日,您在《×××同志关于请求给予昆明高校业余京剧社经费补助的致信》上批示:"请××同志从我的专项中支持两万元。"

办理情况:省财政厅已以"云财教〔2011〕398号"文安排两万元给予昆明高校业余京剧社。

三、卫生方面

（一）关于食品药品安全问题

（1）2011年1月14日，您在《网称官渡区某农贸市场附近存在一个疑似加工病死猪肉的作坊》（《动态专报》2011年第9期）上批示："请省食安办核处。"

办理情况：收到批示后，省食品安全委员会办公室高度重视，迅速协调有关部门对信息上反映的问题开展了调查、核实和处理。经查，当事人属无照经营，动物检疫部门证实所销售猪肉不是病死猪肉，对其违法经营行为已移交有关部门处理。同时，根据记者暗访线索，有关部门在万德村查获无证加工猪头肉黑窝点一个，查获的400多公斤猪头肉已做销毁处理。同时，省食安办紧急下发通知，要求各地在春节期间开展食品安全专项整治。具体情况，省卫生厅已于2011年1月29日以"云卫发正〔2011〕93号"文向省政府作了专题报告。

（2）2011年1月10日，您在《网称各种食品添加剂现身昆明小街干菜批发市场》（《动态专报》2011年第5期）上批示："请昆明市政府督促官渡区政府切实担起食品安全责任，确保群众吃得放心。"

办理情况：接到批示后，昆明市政府迅速责成官渡区政府对有关情况进行了核查。经查，小街干菜批发市场共有五家经营户从事食品添加剂经营，均证照齐全，并建立了食品添加剂进货验收、索票索证等制度。所销售的"肉香王""辣椒精"等食品添加剂均有有效的生产许可证和产品检验合格报告。同时，官渡区对辖区内，餐饮服务企业进行了拉网式检查。截至5月5日，共检查使用食品添加剂餐饮单位1 224家次。对在检查过程中存在滥用食品添加剂问题的655家餐饮单位下发了《监督意见书》，其中，对35家餐饮单位下发了责令改正通知书，对三家餐饮单位进行了查处。4月21日，官渡区委、区政府下发了《关于迅速对官渡区、空港经济区食品安全生产开展联合专项整治行动的督查通知》，要求各成员单位、各街道按照方案要求，分动员部署、摸排、集中取缔、长效管理四个阶段全面开展食品安全综合整治行动。共检查加工生产、经营单位79家，取缔各类无证加工、销售单位 35 家，现场销毁肉串 200 公斤、鱼丸九公斤、过期水果罐头 10 瓶、肥肠 15 件、责令下架标识不全的食品添加剂"辣椒精"20 瓶；对证照不全的生产加工单位下达《责令改正通知书》，责令强制停业九家；检查食品添加剂经营户 58 户次，检查非食品添加剂经营户 975 户次，检查 28 家生产肉制品、调味料企业 31 家；责令下架、退市非食品添加剂 39 千克，其中，牛肉膏 12 千克、烤鸭膏 27 千克；依法取缔餐饮环节无证经营企业 30 家、责令改正 15 家；取缔无证生产加工食品小作坊 26 家，责令改正两家。

（3）2011 年 2 月 22 日，您在《昆明多家药店继续卖"夺命退烧药"》(《动态专报》2011 年第 32 期) 上批示："请药监局尽快组织力量查处，确保群众用药安全。"

办理情况：接到批示后，省药监局迅速组织人员对信息上反映的问题进行了核查。经查，尼美舒利是国家药监局批准生产和销售的处方药，目前我省尚未接到国家药监局关于停止销售、使用该药的通知，我省也尚未监测到媒体报道的该药使用后出现的儿童中枢神经和肝脏损害的病例。省药监局现已下发通知，要求医药卫生机构进一步规范处方用药管理，确保群众用药安全。

（二）有关医改问题

（1）2010 年 12 月 22 日，秦光荣省长在《国务院办公厅关于建立健全基层医疗卫生机构补偿机制的意见》（国办发〔2010〕62 号）上批示："×××、××同志，省医改小组研究 62 号文件的贯彻问题，提出意见（抄××、××、××同志）。"1 月 4 日，您批示："请医改领导小组办公室总结好 2010 年工作、谋划好 2011 年的工作，并就《意见》的贯彻落实提出初步意见。拟请××同志近期召开医改领导小组会议专题研究部。

办理情况：收到批示后，省医改办迅速组织有关部门起草了我省的贯彻落实意见，现已报省政府审定。目前文件正在报批中。

（2）2011 年 2 月 21 日，您在《2011 年全国深化医药卫生体制改革工作会议及云南省深化医药卫生体制改革工作进展情况的汇报问题（代拟稿）》上批示："1. 请省医改领导小组各成员单位结合本单位实际和工作任务，提出贯彻落实会议精神的意见建议报省医改办。2. 请省医改办汇总各部门意见，修改完善汇报稿，报××常务副省长和我审示。妥否，请××常务副省长审示。"

办理情况：接到批示后，省医改办商有关部门对汇报稿进行了反复研究修改，省委第 62 次常委会已听取了相关工作汇报。4 月 25 日，省政府召开全省深化医药卫生体制改革工作电视电话会议，贯彻落实全国深化医药卫生体制改革工作会议精神，安排部署了 2011 年全省深化医药卫生体制改革工作。

（三）关于"三下乡"活动经费补助问题

2011 年 3 月 18 日，您在农工党云南省委《关于给予农工党云南省委科技、文化、卫生"三下乡"活动经费补助的请示》上批示："请××同志研处。"

办理情况：目前，省审计厅正在对省卫生厅进行 2010 年预算执行情况及其他财政财务收支进行审计，由于该项资金年初预算未安排，只能由卫生厅调剂资金安排。此前省审计厅认定类似资金安排属于"以拨作支"，违反财政资金收支管理规定。为此，建议暂缓安排，待省审计厅给予此类资金安排的原则，明确答复后再予办理。

（四）关于怒江医疗卫生问题

（1）2011 年 3 月 19 日，您在《怒江卫生人才短缺儿童健康状况差待扶持》（《国内动态清样》2011 总年第 894 期）上批示："请省卫生厅、省计生委高度重视，组织力量到怒江调研，提出切实有效的对策和措施报省政府。"

办理情况：4 月 13 日—14 日，省卫生厅陈厅长率调研组对怒江的卫生人才和儿童健康状况问题进行了调研。调研组现场查看了州疾病预防控制中心、妇幼保健院；泸水县疾病预防控制中心、妇幼保健院、县人民医院；上江乡卫生院、上江乡付片村卫生室，听取了怒江傈僳族自治州政府关于怒江卫生人才队伍和少数民族儿童健康情况的汇报，并草拟了调研报告，已以"云卫发正〔2011〕354 号"上报省政府。

（2）2011 年 3 月 19 日，您在《云南怒江农村医疗现状亟待改善》（《人民日报内参》2011 年第 276 期）上批示："××、××同志：省委、省政府对怒江的医疗卫生事业一直高度重视、倾力支持，但由于基础太差、底子太薄，目前存在的问题仍然不少，请结合医改工作的推进，采取有力措施，帮助怒江解决医疗卫生中的突出问题。"

办理情况：收到批示后，省卫生厅会同省发改委向国家发改委、卫生部进行了汇报，积极争取国家的支持。4 月 25 日—27 日，国家发改委、卫生部、国家民委相关司、局组成调研组一行六人赴怒江进行了实地调研,对扶持怒江卫生事业发展取得了共识,表示下一步将在加强怒江州卫生基础设施建设、人才培养、对口支;加强孕妇、儿童营养等方面采取措施,加大对怒江的扶持力度。省卫生厅将会同省级有关部门,加强与国家有关部委衔接,积极争取国家有关部委落实对怒江卫生事业发展的相关措施,加快解决怒江州卫生事业发展中存在的问题和困难。

(五)关于云南部分医院套取新农合资金的问题

2011年3月24日,您在《云南部分医院胡编看病记录套取新农合资金》(《信息快报》2011年总第245号)上批示:"此事很恶劣,此风不可长,请省卫生厅高度重视,督促相关州(市)认真核查、严肃处理、决不姑息。省卫生厅要进一步研究和完善相关制度规范看病报销手续、规范医疗机构行为、严格监管、严肃查处,坚决打击非法套取新农合资金的不法分子。处理情况回报。"

办理情况:收到批示后,省卫生厅高度重视,迅速协调有关部门对信息上反映的问题开展了调查、核实和处理。具体调查和处理情况,已于2011年4月6日以"云卫发正〔2011〕283号"文向省政府作了专题报告。

4月8日,您主持召开会议,听取了省卫生厅关于新农合工作实施情况的汇报,并对新型农村合作医疗监督管理工作进行了安排部署。

(六)关于"颜恒嫩"口服液情况

2011年3月18日,您在《×××关于请××副省长帮助协调傣药"颜恒嫩"口服液和药烟厂立项问题的致信》上批示:"请×××阅处并给予指导。"

办理情况:接到批示后,省药监局已责成相关处室组织有关专家对"颜恒嫩"口服液问题进行研究论证。据了解,多年来,刀保发对"颜恒嫩"口服液的研究与开发,长期处于个别试用、个别宣传、个别专家帮助试验的状态,其分散的研究数据与国家药品研发要求存在一定差距,且处方理论界线模糊,有关专家无法对该项目前景做出科学判断。省药监局建议发明人与药物研究机构签订协议,委托其按新药研发的要求进行系统开发,如条件成熟再申请进行药物临床试验研究,省药监局将给予积极指导和支持。我们已将省药监局意见转×××同志。

四、人口计生方面

（一）镇雄计生干部野蛮执法问题

2011年3月1日，您在《云南省镇雄县一读者采信反映村干部打着计划生育的幌子霸占村民耕牛》（《人民日报》（内参）2011年第207期）上批示："请省计生委和昭通市联合调查此事，结果报省政府。"

办理情况：收到批示后，省人口计生委联合昭通市政府组成工作组对有关情况进行了调查，信息反映的问题基本属实。当地政府已对当事人作了赔偿，相关责任人已按有关规定进行了处理。具体情况，省人口计生委已以"云人口督发正〔2011〕2号"文专报省政府。

（二）关于我省边民通婚及生育管理问题

2011年3月18日，您在《我省边民与毗邻国边民通婚及生育管理情况调研报告》上批示："请×××同志召集相关部门研究一次，看看能否寻找到妥善解决问题的办法。"

办理情况：我处已于3月25日召开专题协调会，就有关问题做了研究，我处于3月28日草拟了会议情况报告，提出了解决边民通婚问题的意见和建议。根据您的批示要求，我们将报告呈报××、××同志阅示。按照××同志的批示要求，我们已将报告转请省外办等部门办理。

五、广播电视方面

（一）关于"村村通"工程建设中存在的问题

2011年1月6日，我处在《我省部分地方广播电视"村村通"工程存在的问题》（《信息专报》2011年第11期）上批示："同意审计厅意见。建议省广电局责成各州市广电局（文广新体局）认真严肃整改存在问题，并采取切实措施落实配套资金、安排工作经费，确保我省'村村通'工作如期、保质、保量完成。报呈××副省长批示。"1月11日,您批示:"请××同志严格按照审计厅意见组织整改,相关情况尽快报省政府。"

办理情况:接到批示后,省广电局立即责成有关处室采取措施对信息中反映的问题进行了督促整改。到目前为止玉溪、普洱、红河、迪庆四个州(市)配套经费已足额到位,临沧、德宏、西双版纳、楚雄、丽江等州(市)配套经费到位达70%以上,其余州(市)配套经费到位率均在50%~60%。各级广电部门均在积极争取工作经费,目前尚未得到有效落实。具体整改情况省广电局已以"云广办正〔2011〕10号"文上报省政府。

(二)关于"村村通"工作经费问题

(1)2011年2月10日,您在《省广电局关于帮助解决"十一五"广播电视"村村通"调研和工作经费的请示》上批示:"请省发改委研究给予支持。"

办理情况:经了解,省发改委表示将给予适当支持,目前相关文件正在办理中。

(2)2011年2月11日,您在《省广电局关于帮助解决"十一五"广播电视"村村通"工作表彰奖励经费的请示》上批示:"广电'村村通'工程是一项重大惠民工程,也是一项涉及面广、任务重、困难多的工程。我省各级各部门攻坚克难、努力工作,圆满完成各项任务,受到广电总局的肯定和表扬,应该总结表彰一下,以利更好地完成'十二五'目标任务。请××同志研究给予支持。"

办理情况:省财政厅已以"云财教正〔2011〕94号"文安排省广电局50万元。

六、社会科学方面

(1)2011年1月5日,您在《云南省哲学社会科学创新团队建设实施办法(暂行)》上批示:"是件好事情。请省财政厅研究提出支持意见。"

办理情况:省财政厅答复,拟追加省社科联预算200万元,文件正在办理中。

(2)2011年2月9日,您在《关于云南省社科院与全国各地社科院系统财政经费拨款情况的汇报》上批示:"请省财政厅提出意见报我。"

办理情况:省财政厅答复,拟增加省社科院项目预算500万元,待项目方案确定后下达。

我们将继续加大领导批示事项督办落实的力度,及时报告有关工作进展情况。

特此报告。

2011年5月19日

为老山英雄扫墓

瞻仰扎西会议旧址

考察农村广播电视"村村通"工程建设

三 | 建言、建议

东巴文化数字化保护与传承建言

云南省社科联：

作为中华文化重要组成部分及世界记忆遗产的东巴文化，得到联合国遗产专家对其具有"促进世界文化多样性和人类创造力"的认定。分布在全球的 40 多个纳西东巴文化研究机构、数以千计的专家学者、不胜枚举的论文专著，足以证明纳西东巴文化在人类学、社会学、语言学、民俗学等诸多方面的世界级学术价值。每年来自世界各地超过 800 万的游客选择纳西东巴文化发源地——丽江作为他们的自然与文化体验之地，足见纳西东巴文化的市场引力之强大。

然而，对比玛雅文化对墨西哥城的经济贡献、水文化对威尼斯的经济贡献、印第安文化对亚利桑那州经济的贡献，纳西东巴文化对丽江经济的贡献不容乐观。纳西东巴文化这种被自豪地"记忆"着的文化，如何才能不沦落为"封存"的文化、"呼出"其东巴文化、东巴经典、东巴音乐、东巴舞蹈、东巴绘画、东巴工艺、东巴仪式等内涵，以大众能够解码的产品与服务形式展示给大众？这对保护与传承少数民族智慧、弘扬中华文化、开发世界记忆遗产、增加就业机会、改变地方经济增长方式具有示范性的意义。

纳西东巴文化是纳西人繁衍生息、与自然和其他民族和谐相处的智慧结晶。置身于纳西人的日常工作与生活之中，体验纳西东巴文化独特智慧是一种直接的方式。它可以通过构建体验环境、打通消费者的体验渠道、设计体验服务，使更多慕名者能够十分方便地到达体验地点、尽情体验，并可以通过体验者的消费，带动地方经济的发展。这种"请进来"的思路，不失为一种有效的、有利于城市文化进程的思路。但是，从经济学的角度审视，这种"待客"之道是相对被动的。其资源消耗与公共基础设施扩容的投入力度都在很大程度上聊胜于阻碍了期望经济规模倍增拐点的出现。再者，体验者自身所承载的文化对纳西东巴文化最具价值的独特性带有"毁灭性"冲击，易于使文化内涵所带来的增值服务呈减少趋势。面对体验者对自然承载极限与公共基础设施支撑极限的压力巨大，"贵客"盈门的局面难以形成。

身临丽江的旅游群体对特色产品所追求的是丽江之行的"纪念意义"。目前，丽江的低利润旅游工艺品和纪念品市场比较成熟，但这些产品所用的是纳西东巴文化元素，却不免制作工艺相对简单、没有创意、无法差异化竞争，甚至有被外埠复制之虞。真正承载东巴文化的高端艺术品却无人问津，导致纳西东巴文化产品流于"大众市场"，难登大雅之堂。由于没有市场，高端的人才也就自然易于流失。

如何可持续保护、传承纳西东巴文化，并按产业发展的规律规模性地开发纳西东巴文化产业，无论是对纳西东巴文化的拥有者纳西民族、纳西东巴文化属地管理者丽江市政府，还是中华文化发展的政策制定者而言都是挑战。

在坚持科学发展观、坚持对纳西东巴文化保护与开发并重的大原则下给纳西东巴文化创意、设计、制作出既有艺术价值又有科技附加值的产品与服务，建立相应的产品与服务营销渠道，将纳西东巴文化产品与服务推向全球市场是十分必要的。毕竟能够亲临体验纳西东巴文化者仅为年800万人，而能够消费纳西东巴文化的消费群体应该以10亿计。这种纳西东巴文化产品与服务"走出去"的思路与"请进来"的做法，可以形成纳西东巴文化体验与纳西东巴文化传播相得益彰的架构。"两翼齐飞"的发展战略既能系统地保护与传承纳西东巴文化，又能成规模地并更可持续将纳西东巴文化产业化。

根据产业经济学的基本理论，"走出去"策略是否能够真正对纳西东巴文化产业化起到腾飞助力的作用取决于以下几个关键性因素：

（1）合理的产品与服务成本结构。随着数字技术的发展以及信息系统的全球化，消费者对文化产品与服务的价值越来越趋向于个性化、易获取。这要求产品与服务的价值易于创意与传播，从而导致产品与服务的数字化、网络化。对产品与服务的提供者来说，不能再只是注重产品与服务的艺术价值，而要更多地考虑产品与服务的技术附加值。

在资源成本、制作成本、营销成本与客户服务成本思想构成的产品与服务成本结构中，资源成本在数字化、网络化产品与服务的成本中能够差异地实现相对优势。其他成本对不同的文化产品与服务，如纳西东巴文化、西双版纳傣文化、大理南诏文化应该没有竞争力影响。

提高资源成本对成本结构竞争力的核心，就是对纳西东巴文化元素做去物质化或数字化。纳西东巴文化被去物质化后，就能挣脱空间的束缚，从此可以融入更大的国际文化产业链与文化市场。根据文化元素的不同形态与内涵，通过相应的数字化系统，将文化元素系统地、标准化地、规模地去物质化，然后有结构地归类在"数字纳西东巴文化资源库"中。这就是未来纳西东巴文化产业的"原材料"。它足以通过使用授权的交易模式，以体现其商业价值；

（2）多赢的商业模式。纳西东巴文化产品与服务是通过多样的、共赢的商业模式与市场对接而实现其价值，"他山之石，可以攻玉"。合理的商业模式能够有效地整合区域产业与市场资源，带动产业迅速成长。每次商业模式的创新，如分销、连锁加盟、网络销售等都带来巨大的市场拓展力，以满足消费者的需求，成就产业的高速发展。

（3）国际化的运作人才。无论是产业的发展还是市场的开拓都离不开人才。面对全球化的信息系统，以及数字化、网络化的产品与服务，纳西东巴文化产品与服务从创意的第一天起就无一例外地要面对国际化的市场与全球的受众。所以，建设一支有国际视野、国际经验、国际水平的策划与运作团队，对于纳西东巴文化产品与服务顺利地"走出去"至关重要。最紧迫的是，要通过对纳西东巴文化元素的去物质化建成纳西东巴文化数字资源库（以下简称"资源库"），改善纳西东巴文化产品与服务的成本结构；以授权合作的商业模式整合产业与市场资源；在丽江成立"纳西东巴文化保护与产业化中心"（以下简称"中心"），并在昆明等重要文化中心城市成立"国际纳西东巴文化数字驿站"（以下简称"驿站"），实施"走出去"的战略。

"驿站"根据"中心"授权的纳西东巴文化元素进行去物质化或数字化工作，以"资源库"的形式分类、完整性恢复、存储纳西东巴文化数字资源，建成东巴文化全息库。"中心"通过"驿站"整合中央政府及国际产业与市场资源，为纳西东巴文化进入国际文化中心、国内及全球主流媒体续航加油。即，用互利的纽带将"中心"与"驿站"捆绑成共赢体，系统保护纳西东巴文化，推进纳西东巴文化的产业化与国际化，使其插上双翅飞翔在世界级舞台上，实现其艺术与科技价值。

"中心"除了为"驿站"授权纳西东巴文化数字化外，还为"驿站"提供纳西东巴文化的有形产品的样品，并根据"驿站"提出的需求订单与部分设计组织生产。

"驿站"由国际化的专业团队创建。承载"驿站"的优势在于：其专业化的团队与国际化的人才、深厚的产业与市场资源背景，以及其丰富的从业经验。

"驿站"的功能，除了开发"纳西东巴数字保护与传媒接口"子系统外，完全可以依托某些时空文化遗产数字化系统流程以缩短项目实际启动时间。其具体内容如下：

（1）纳西东巴文化数字资源采集子系统：将纳西东巴文化元素的物理实体或承载体（文物、工艺品、文字或演员）通过扫描、运动捕捉等手段数字化（去物质化）形成数字体；

（2）纳西东巴文化数字资源完整性恢复子系统：通过 CG 的研究手段，对纳西东巴文化数字模型进行完整性分析，并综合相关资料对已经采集的数字模型进行完整性恢复；

（3）纳西东巴文化数字资源转化子系统：数字化结构对纳西东巴文化资源完整模型形式进行相应的内容整合，形成"数字文化遗产元素"。按照数字文化遗产的分类原则，将元素归类并收放在数字纳西东巴文化资源库中；

（4）纳西东巴文化数字资源库：有分类原则的（物质——建筑、文物、工艺品；非物质——民间工艺、舞蹈、象形文字等）、收容性强的（二维静态、二维动态、三维静态、三维动态、立体、影像音等）、可作为生产资料的（动作序列、服饰、武器、工艺品、象形文字等），全息纳西东巴文化数字资源库；

（5）纳西东巴文化数字保护与传媒中心接口子系统："驿站"与"中心"数据库以同步（数字内容更新、软件系统升级等）文件格式转换及信息发布；

（6）纳西东巴文化数字资源管理系统：为纳西东巴文化数字资源提供标记；检测、标记、备份与安全保障；管理信息为应用支撑子系统提供决策依据；

（7）纳西东巴文化数字应用支撑子系统：应用支撑子系统为应用提供各种适配、转换与连接；可支撑的应用为：在线查询、纳西东巴文化数字资源使用授权、纳西东巴研究、纳西东巴文化科普和展示等；消费分析也是此子系统所具的功能。

该系统除了有高端硬件支撑外，在"恢复""管理""应用支撑"等子系统中，嵌有具有自主知识产权的软件。如残缺恢复的沿拓算法、注册前的标记方法、特殊展示的渲染器等。这些核心软件与硬件设备构成了整个系统的先进性与唯一性。

"驿站"主要工作从确定项目之日起，组织搭建"纳西东巴文化数字资源库"框架，以纳西东巴文化的各类形式为依据，分别按类创建一种数字元素。在公开的"资源库"中，"中心"与"驿站"或被授权的第三方都可以增加数字元素。数据库中的元素有版权保护。与此同时，"驿站"开始整合国际国内的市场资源，对纳西东巴文化工艺品进行市场层面的分析，并根据市场需求提出纳西东巴文化工艺品在丽江之外市场的定位，为纳西东巴文化工艺品走出丽江奠定基础。再有，"驿站"启动纳西东巴文化艺术品的市场研究，根据国际国内艺术品市场的规律，提出推广纳西东巴文化艺术品的具体方案；"驿站"将与"中心"共同组织诸如"纳西东巴文化艺术品国际巡展"的推广活动；"驿站"与"中心"共同发起"国际数字纳西东巴文化论坛"，为纳西东巴文化搭建研究与发展平台。

"驿站"与"中心"的商业模式为"中心"加"驿站"授权开发纳西东巴文化数字资源库，并提供部分纳西东巴文化工艺品样品及艺术品。"驿站"启动开发"资源库"后的"资源库"由"中心"和"驿站"共享，同时启动与市场分析和产业资源整合；产品销售与服务提供所获利益由"中心"和"驿站"共享；利益分配比例按个案合同形式，由双方共同商定。并且，双方共同努力，争取政府对项目的支持资金，并根据项目策划中的资金用途，双方分别完成项目策划目标。

总之，东巴文化是纳西族智慧的结晶，也是中华文化的重要组成部分。然而，目前东巴文化体系的产业化不尽如人意。究其原因，单一的"请进来"，即以文化助旅游的方式并不能按人们的期待规模性发展东巴文化产业。

要将东巴文化数字化，以构建"纳西东巴文化数字资源库"；建立文化产品销售与服务推广渠道；改善产品与服务的成本结构；以授权合作的商业模式整合产业与市场资源；推动产业规模性成长，达到为地方经济做出贡献的目的。这种纳西东巴文化"走出去"的产业发展思路与"请进来"的发展规划形成互补的产业发展整体框架，就既能系统全息地保护纳西东巴文化，又能持续地发展纳西东巴文化产业，使纳西东巴文化产业插上一对腾飞的翅膀。

"纳西东巴文化保护与产业化中心"与"国际纳西东巴文化数字驿站"互补互促、互利合作，将为纳西东巴文化"两翼腾飞"的发展模式找到落实的抓手。

"温故而知新。"纳西族及其周边其他少数民族的先人们，曾以马帮传接的商业模式，为茶文化的"茶产品"走出云南茶资源区找到了续航加油的创意，既保护了茶园的原生态耕作，又成就了云南国际化的茶产业，并留下了史诗般的"茶马古道"传奇。在新的历史条件下，"中心"与"驿站"结合发展纳西东巴文化产业的新模式，催化合理的产业增长方式，以纳西东巴文化产品与服务的输出，带出地方经济的新增长点，所眷顾的也是对纳西东巴文化滋长的沃土。这种新时代的数字版"茶马古道"模式，必然对少数民族文化产业化及带动少数民族地区经济发展起到示范作用。

特此建言。

2010年6月30日

与摩梭活佛共话佛教文化遗产保护

与美国电视制片人合拍云南《传统中医》电视片的建言

云南省卫生厅：

中医药学是中华传统文化和古代发达的科技文明的结晶，是勤劳聪慧的炎黄子孙与疾病做斗争中创造的医学科学奇迹。它具有系统的理论体系、浓郁的民族特色、独特的诊疗方式、显著的临床疗效、丰富的药材资源、完备的制药技术、浩瀚的文献史料、深厚的文化底蕴；逐步形成独特的生理观、病理观和疾病观，善于从整体、功能和动态的角度把握生命和疾病演变的规律。具有疗效确切、用药安全、服务灵活、费用低廉、潜力巨大等优势。在世界医学之林中独树一帜，不仅为中华民族的繁衍生息做出了巨大的不可磨灭的贡献，而且日益在全球传播开来，逐步为全世界认同和接受。

目前，中医药在国外的发展呈现日趋扩大的良好趋势。据不完全统计，国外有中医、针灸机构 50 000 多所，遍及 100 多个国家，中医从业人员 30 万~50 万人；我国的中药已出口到全世界 130 多个国家和地区，越来越多的外国人接受中医药治疗，仅在德国每年就有 200 多万人接受中医药治疗；国际上研究中医药的机构越来越多，有 1 000 多家，许多国家的大学开设了中医药课程，纳入了正式教育体系。澳大利亚、加拿大立法承认中医药的合法地位，美国 44 个洲承认中医针灸的合法性，美国食品药物管理局（FDA）批准了 200 个中药进入临床研究。

但是，要在西方国家，特别是让美国这样的主要西方国家接受中医药还有漫长的道路，面临着许多困难。至今在西方人的主体意识中，对中医药还存在着误解、疑问、偏见，甚至敌视。显然，要想将中医药打入美国等西方国家的主流医疗体系，首先必须要让他们接受我们的"纯正的"中医药文化。我们应全面地、系统地、客观地、深入浅出地在西方主流媒体上介绍我中医药文化。

过去，要想打入西方的主流媒体，宣传中华文化几乎是不可能的。但由于在美国出现了严重的医疗费用危机,使这种机会来临。

2009年,美国与医疗健康相关的总支出是2.5万亿美元,平均每人8 047美元,占美国GDP(国内生产总值)的17.3%。预计从2009年到2017年平均每年递增6.7%,到2017年,医疗健康的总支出将占美国GDP的19.5%。这是一项庞大的支出,美国政府难以承受。即使是如此巨大的支出,尚有15.3%的美国人完全没有医疗保险。35%的美国人只有部分医疗保险。美国是富裕工业化国家中唯一不能为全民提供医疗健康保险的国家。美国的婴儿死亡率高于大多数发达国家,其寿命位居世界第42位。美国医疗卫生的整体表现在191个国家中居第72位。

美国政府与国会参、众两院一直在力图从行政与立法高度改革美国的医疗健康体系,解决美国存在的这一社会民生问题。2010年3月23日。奥巴马政府连同参、众两院签署了《病人保护与支付得起的医疗议案》,使其成为法律。为迈向全民医疗健康体系提供了重要的法律保障。此法律涵盖了很多与医疗健康相关的法律规定。但在原有的医疗体系、医疗体制、医疗方式的条件下,无法控制庞大的医疗成本。因此,研究、探索、试验、推广在医疗健康方面降低医疗成本的新技术、新方法、新药品、新模式便成为新的寻求方向。传统西医对美国市场的垄断就此松动,包括中华传统医学在内的所谓"替换医学"(Alternative Medicine)有了进入美国主流医疗健康市场的机遇。最近,中医针灸、按摩等正在渐渐纳入美国保险公司的医保计划与政府医疗健康计划。天津天士力制药股份有限公司的"复方丹参滴丸"已经完成了美国联邦食品医药管理局的二期临床试验,正在进入第三期临床试验,很有可能成为第一例以药品的资格进入美国主流医疗健康消费市场的中药配方。该药较美国市场上的同类药的疗效相当,但是有明显的成本优势。天士力负责人估计该药在美国市场可实现价值达50亿美元。然而,面对9 750亿美元(5 250亿美元的医生服务、2 500亿美元的医药、2 000亿美元的护理养老院)的巨大市场,如果美国主流消费市场对中医药无所认知或认知甚少,如果只靠个体、个别中医机构进入美国医疗健康市场;如果没有国家级的"中医中药全球复兴规划",中医药很难进入美国医疗健康市场,这将失去中医药走向世界的良机。这就要求中医药文化与西方主流媒体的有效对接,加大宣传力度,主动出击,大力宣传中医药文化,建立相互沟通的对话机制,消除对中医药的误解，认同中医药在医疗实践中的实用价值。这样，中医药才能以雍容大雅的步伐迈进国际医疗健康市场。斯图尔特·钱弗特（Stewart Cheifet），芝加哥大学科技传媒研究员、内华达大学传媒学院教授、独立制片人，曾是美国广播公司（ABC）、哥伦比亚广播公司（CBS）及公共广播公司（PBS）的节目主持人。他以传媒人对社会问题的敏感，一直关注美国社会的焦点问题，尤其是医疗健康改革进程。早在2004年，他就与夏威夷大学医学院、公共广播公司一同制作了"全面医学"（Holistic Medicine）电视节目。从养生、防病、治病的角度引入了东方医学与西方医学的理念。节目大获成功，其收视率高于全美的新闻联播。他主持的"计算机时代"（Computer Chronicles）等节目曾获得美国传媒行业大奖。这些节目曾被全世界100多个国家翻译并转播。他本人曾获全美国最佳"科技传媒新闻工作者奖"。钱弗特博士有自己的电视与广播节目制作公司，该公司与ABC、CBS、探索频道（Discover Channel）等电视台合作，成功出品了纪录片、科普片、纪实片等类的电视片。钱弗特博士希望与我方共同制作一档26集关于中医药的电视系列片《传统中医》，在美国主流媒体（ABC、CBS、Discover、NPR等）联播一年。目的是让美国主流消费者了解中医药。美方负责节目策划、制作与在美国发行。我方负责资金、相关的中医药产业资源的整合、安排摄制组在中国的行程等。拍摄地点在中国，摄制期为一年，总费用为405万美元（每集15万美元，样片15万美元），折合人民币2 713万元。我们计划先拍摄样片与前两集，之后采用商业运作手段：边拍摄、边制作、边发行，滚动式操作。前期费用预计45万美元。该片拍摄制作完成后，将在全球发行，亦可在国内播放。《传统中医》的拍摄和在美国的播放，是弘扬我中医药文化的重大工程，通过全面、系统、客观的介绍，有利于中医药文化在西方的传播；有助于西方社会正面、全方位地了解我中医药文化和医术；有助于促进中医药在西方社会的进入、推广和发展；有利于中西医学更加广泛和深入的交流，符合我国文化发展战略的需要。

2010年10月26日

实施"滇云文化编纂出版工程"建言

省政府办公厅：

在省委、省政府的正确领导下，云南省"两强一堡"建设正在进一步向深度与广度发展，不但文化体制改革实现重大突破，文化产业振兴、文化事业繁荣、公共文化服务体系与基础设施等，都取得巨大成就，以编纂《云南大百科全书》为龙头的学术建设亦步步跟进，使云南的文化发展进入了一个前所未有的黄金时期，为云南省的四位一体社会主义现代化建设提供了强有力的精神支持。

为配合云南民族文化强省建设，全面展示云南独特神奇的民族文化、绚丽夺目的文学艺术、多姿多彩的民俗风情，树立云南文化尊严，本着深耕滇云历史沃土、梳理滇云文化脉络、提炼滇云民族精神、普及滇云知识系统、提升滇云民众素质、服务滇云社会进步的宗旨形成初步方案。

它的成功实施有利于云南省的政治、经济、社会、文化建设；尤其是有利于宣传云南、树立云南形象、推进云南文化产业建设、繁荣云南文化事业、发展云南学术、增强云南人民的文化自信心与自豪感、确立云南文化在中华文化史上的地位。

滇云文化编纂出版工程既是推进云南文化建设的重要课题，也是建设云南民族文化强省进程中一项极为重要的基础工作。该工程拟包括：《滇云学术史话》《滇云县域文化》《滇云民族文化》《滇云民俗文化》《滇云民俗志》《滇云文艺史话》《滇云历史文化》《滇云历史人物》《滇云读本》《滇云民间故事》10个系列约1 000种图书等云南地方文化编纂出版内容，每种图书20万~25万字，共约25 000万字；每种图书配50~70幅图片，共约65 000幅图片。

该工程建议由省新闻出版局主持并负责实施，省社会科学院负责"滇云学术史话"系列；省文学艺术联合会负责"滇云文艺史话"系列；省文化厅负责"滇云县域文化"系列；省文史馆负责"滇云历史文化"系列；省地方志办公室负责"滇云历史人物"系列；云南大学负责"滇云民俗文化"和"滇云读本"

系列；省民间文艺家协会负责"滇云民间故事"和"滇云民俗志"系列；省民族学会负责"滇云民族文化"系列的编纂工作，云南出版集团有限责任公司及其下属各出版社负责图书出版工作，云南新华书店集团负责图书发行工作。

该工程建议向新闻出版总署申请列入国家重点出版规划项目，并力争得到中央财政支持和启动资金支持、向省政府申请配套资金，由各州（市）、县承担相关图书编纂出版之相关经费，由云南出版集团有限责任公司支付稿费。目前，各有关牵头单位高度重视、迅速行动、精心策划、强力推进，做了大量卓有成效的前期工作：牵头编纂单位和责任人已基本明确，各分卷编辑方案已基本成熟，编纂班子已基本建立，已基本具备编纂、出版条件，预计于2012年前完成全部编纂出版工作。

该工程项目属民族文化强省建设重大项目、"桥头堡"战略重要精神支撑、学习型社会实践精品工程、中华文明积累基本工作。经论证，它具有良好的市场前景和馆藏价值，社会效益和经济效益"双赢"突出。对于主持并完成好这项工作，我省已具备必要的技术、人才、市场等条件，以及出版多种本土文化系列丛书的经验积累。但是，该项目具有系统性，涉及多个部门和单位，需要大量的人力和财力支撑，资源整合力度很大。如果没有省委、省政府的正确领导和大力支持，没有强有力的组织和经费保障，没有各部门和各单位的通力合作，没有广大编纂工作者的无私奉献，有关编纂出版工作就无法按时、高质量完成。其具体方案如下：

《滇云文化编纂出版工程方案》

一、名　称

滇云文化编纂出版工程。

二、定 位

云南省新闻出版局和云南省文史研究馆主持、并获国家新闻出版总署立项支持之国家级重大文化出版工程。

三、定 性

属民族文化强省建设重大项目、"桥头堡"战略重要精神支撑、学习型社会实践精品工程、中华文明积累基本工作。有关图书为云南人文全覆盖普及读物。

四、宗 旨

深耕滇云历史沃土，梳理滇云文化脉络，提炼滇云民族精神，提升滇云民众素质，服务滇云社会进步。

五、意 义

展示滇云文化全像；把握滇云文化本质；认识滇云文化实际；繁荣滇云文化事业；发展云南文化产业；构建滇云文化学科；育成滇云文化自觉；树立滇云文化尊严；确立滇云文化地位，进而丰富中华文明宝库，强化国家认同，造福世界和平。

六、时　间

2012 年 1 月至 2013 年 12 月。

七、主　持

云南省文史研究馆。
云南省新闻出版局。

八、承　办

云南省文化厅。
云南省社会科学院。
云南省文学艺术界联合会。
云南省地方志办公室。
云南省民间文艺家协会。
云南省民族学会。
云南省出版集团有限责任公司。
云南省新华书店集团。

九、组织机构

（一）总顾问
（二）顾问
（三）组委会
1. 主　任
2. 副主任
3. 委　员
（四）总编委会
1. 总　编
2. 常务副总编
3. 副总编
4. 编　委
5. 办公室
（1）主　任
（2）常务副主任
（3）副主任

十、内　涵

（一）"滇云学术史话"系列（53种）
以学科立项，纵向介绍云南学术界对中国学术事业的重要贡献。
（二）"滇云县域文化"系列（130种）
以县立卷，分别介绍各县域经典文化及其代表人物。
（三）"滇云民族文化"系列（30种）
以民族立卷，系统介绍各民族优秀文化及其杰出人物。

（四）"滇云民俗文化"系列（24种）

以民俗类别立卷，择要介绍全省民俗文化精华。

（五）"滇云民俗志"系列（130种）

以县立卷，真实记录各县民俗文化现实存在情况。

（六）"滇云文艺史话"系列（55种）

以文艺种类立卷，分别介绍各自的发展脉络及其成就。

（七）"滇云历史文化"系列（100种）

重点介绍云南自古至今的重大历史事件、文化创造。

（八）"滇云历史人物"，系列（200种）

以人列卷，介绍云南历史上各行业、各领域、各民族、各地区对推进中华文明、国家统一、民族解放、人类进步具有重要影响或做出重大贡献的人物。

（九）"滇云读本"系列（130种）

以省、州（市）、县三个层级立卷，分别荟萃古今优秀文本。

（十）"滇云民间故事"系列（130种）

以县列卷，选编各县民间神话、传统、故事等类精华作品进行介绍。

十一、规　模

共10系列约1 000种。每种20万—25万字，共约25 000万字；每种50~70幅图片，共约65 000幅图片。

十二、分　工

编纂工作由云南省文史研究馆牵头，相关编纂单位配合；出版发行工作由云南省新闻出版局牵头，云南出版集团有限责任公司配合。具体分工如下：

（一）编　纂

1. 云南社会科学院：《滇云学术史话》系列，杨福泉主持；

2. 云南省文化厅：《滇云县域文化》系列，花泽飞主持；
3. 云南省民族学会：《滇云民族文化》系列，郭大烈主持；
4. 云南大学：《滇云民俗文化》系列，何明主持；
5. 云南省民间文艺家协会：《滇云民俗志》系列，杨利先主持；
6. 云南省文学艺术界联合会：《滇云文艺史话》系列，段斌主持；
7. 云南省文史馆：《滇云历史文化》系列，张勇主持；
8. 云南省地方志办：《滇云历史人物》系列，李一是主持；
9. 云南大学：《滇云读本》系列，木霁弘主持；
10. 云南省民间文艺家协会：《滇云民间故事》系列，杨利先主持。

（二）出　版

整个工程编纂成果由云南出版集团有限责任公司及其下属各出版社负责出版。

（三）发　行

整个工程编纂成果由云南新华书店集团负责发行。

十三、效益前景

（一）社会效益

对外，有利于全面介绍云南文化省情，完整营销云南文化品牌，生动宣传云南文化形象，不断强化云南文化魅力；对内，有助于促进云南各族人民的互相尊重、互相理解，增强其自尊心、自豪感、自信力，不断满足群众文化需求，继续维护民众文化权益，提高干部群众文化素养，进一步推进社会和谐。

（二）政治效益

足以增强国家认同、政治认同、文化认同，巩固文化边疆，捍卫国家文化安全，使社会主义核心价值观传播获得丰富的文化载体、民族形式、地方特色、历史底蕴，为推进我国面向西南开放的重要"桥头堡"建设及云南民族文化强省建设提供文化支持与精神动力。

(三) 学术效益

将系统清理云南文化存在，整体推动云南文化发展，唤醒云南文化自觉，培育云南地方文化研究学者群体，确立滇云文化学主体，结构滇云文化学本体，建设滇云文化学理论，探索滇云文化学方法论。

(四) 产业效益

将为云南产业建设作最基本的资源盘点，激活文化产业，为云南的会展业、演艺业、图书业、影视业、动漫业、出版业、传媒业、工艺业提供丰富的创意、源泉，提升传统产业品质，产生巨大经济效益。

(五) 教育效益

为社会教育与家庭教育、学校教育开辟新资源、提供新教材与新可能，做到普通教育与乡土教育的互补互动，令受教育者更加热爱本土，从而更好地建设家乡、服务中国。

(六) 旅游效益

有利于活跃旅游市场，实现旅游与文化的最佳结合，拓展旅游形式，深化旅游内涵，创新旅游理念，并将文化资源转化为旅游资源，规范旅游市场读物，培养导游队伍，开发旅游产品。

十四、原　则

(一) 政治原则

编纂出版工作要有利于坚持先进文化前进方向，严守党的路线、方针、政策，符合国家法律、法规、条例；有利于党的领导与巩固社会主义制度；有利于国家统一、民族团结、社会和谐、人类进步；有利于社会主义精神文明建设。

(二) 选目原则

编纂对象应具有经典性、本土性，为社会公认的对全人类、全中国或云南历史文化具有重大影响、做出巨大贡献之人物、事件、发明、创造。

(三) 编写原则

坚持辩证唯物主义与历史唯物主义。以科学的精神、科学的态度、科学的方法分析评价历史与现实中的人物、事件、创造、发明，做到客观、理性、冷静，尊重他人成果，不标新立异、不夸大其辞，按所规定的时间表、线路图、任务书完成各阶段编写、修改、修订任务。

（四）出版原则

组织最优秀的出版力量攻坚，力求使出版成果效益最大化，于编辑、校对等各个环节严把质量关，就排版、印制等各个节点严把技术关，在版权贸易、成果转化、多介质开发等方面力争有突破。

（五）组织原则

严密组织管理，层层建立领导体制，任务分解到部门，责任落实到个人，严格执行经费管理、文本编纂及审订、编辑发行等程序，总编委会、各系列编委会、各卷编委会与各编著者既各尽其能、各司其职，又互相配合、良性互动。做到整个工程一盘棋，具体工作有分合，安排部署别先后。

（六）体例原则

既有整个工程的体例规范，又有各系列的个性与特点，将纵向的史话体例与横向的叙述体例有机结合，做到图文并茂，体量适度，序文、后记与正文、注释比重相宜。

（七）著者原则

必须选择具有坚定政治立场、崇高精神境界、精熟专业知识、文史功底深厚、治学态度严谨、学养深厚、文字驾驭能力较强、善于团结合作、诚实守信、身体健康之学者、学术带头人、学术权威单独或集体担任编著者。

（八）行文原则

坚持良好文风，追求信雅达的高度统一、以春秋笔法传文史、以简洁明快见精神，以平实真诚现美感，避免"假大空"，禁绝浮华惊艳，反对低俗、庸俗、媚俗，作品应具有可读性及审美价值。

（九）编辑原则

编辑应经验丰富、业务优良、善于沟通、严肃认真，无论是文字编辑还是美术、图表之设计编辑都严把质量关。对历史、社会负责；对云南文化负责；对编著者与读者负责，做到精益求精、万无一失。

(十) 发行原则

必须综合布局、多种形式、多种手段、分层实施,既有重点发行,又有面上推广;既以本省为主,又面向全国、全世界;既有传统营销,又有网络出售。做到馆藏品、礼品、农家书屋配送、课外阅读教材、景区读物等多管齐下的开发行销,创大效益、有大影响。

(十一) 契约原则

必须强化法制观念,坚持以契约方式维权及约束行为,无论是编纂还是出版、发行,都作各层次、各部门间契约签订,无论是组织者、编著者、编辑者、出版者、发行者都明确责、权、利关系,真正做到诚信为本,确保工作质量、进度、利益、效益。

十五、经费预算

(1) 拟由新闻出版总署及省政府投入《滇云学术史话》系列、《滇云历史人物》系列、《滇云历史文化》系列、《滇云文艺史话》系列、《滇云民族文化》系列、《滇云民俗文化》系列编纂经费568万元,工作经费91.8万元,调查经费105万元,出版经费924万元,合计1 688.8万元;

(2) 拟由州(市)政府投入《滇云县域文化》系列、《滇云民间故事》系列、《滇云民俗志》系列、《滇云读本》系列编纂经费260万元,工作经费52万元,调查经费58.5万元,出版经费520万元,合计890.5万元;

(3) 拟由区县政府投入《滇云县域文化》系列、《滇云民间故事》系列、《滇云民俗志》系列、《滇云读本》系列编纂经费260万元,工作经费52万元,调查经费58.5万元,出版经费520万元,合计890.5万元。

以上三项共计3 469.8万元。详情可见附件《滇云文化编纂出版工程经费预算表》(此处略)。

十六、经费来源

（1）向国家新闻出版总署申请启动资金；
（2）向省政府申请主要资金；
（3）由各州（市）承担相关系列中相关图书之基础调查、编纂经费；
（4）由出版单位支付稿酬；
（5）由云南省新闻出版局资助。

十七、组织领导和工作机制

（一）编纂机构和人员配置

滇云文化出版工程的编纂工作在省委、省政府领导下，由云南省文史研究馆和云南省新闻出版局牵头；有关责任单位负责具体工作，并组织各地各部门各单位积极参与，动员全省各方面的力量共同完成。

滇云文化出版工程编纂工作启动后，从推进工作的实际需要出发，编纂工作建立统分结合的双层组织机构，即编纂委员会（以下简称编委会）及编辑部和各系列、各分卷编辑委员会（以下简称分卷编委会）及工作班子。

1. 滇云文化出版工程编纂委员会为丛书编纂出版工作的决策领导机构，由总顾问、顾问、主任、副主任及若干委员会组成。总顾问请省委、省政府现任主要领导担任；顾问请若干位现任和前任省级领导担任；主任由现任省委有关领导担任；副主任由省级有关部门负责人担任；委员由省级有关方面负责人、专家学者担任。

滇云文化出版工程编委会全权负责丛书编纂出版的各项事宜，主要职责是，（1）领导编辑部和各系列、各分卷编委会的工作；（2）审定丛书总体设计方案和编纂出版计划，批准丛书编写体例和编辑工作规则；（3）终审丛书全部书稿。

2. 滇云文化出版工程编纂委员会下设编辑部，为编纂委员会的办事机构。

编辑部设顾问、总编辑、副总编辑及业务编辑。顾问由云南出版集团有限责任公司及其下属各出版社的资深专家和其他方面的专家担任；两位副总编辑分别由党委和政府有关部门的负责人担任，实行双总编辑负责制，分工负责领导各项编辑业务工作的开展；副总编辑由主编推荐有关单位专家型领导和专家学者担任，配合总编辑开展工作，分工负责指导协调各系列、各分卷的编辑业务工作；业务编辑由编辑部聘请有关资深专业人员担任，在总编辑、副总编辑领导下工作，分工负责与各系列、各分卷编委会的业务联系，每个责任编辑负责联系1~2卷，协助配合各分卷工作班子完成该分卷的编纂任务，全程负责，包干到底。

编辑部在编委会领导下负责编纂出版的统筹协调工作，具体职责是，(1) 受编委会主任委托，具体组建编委会和指导组建各系列、各分卷编委会及工作班子；(2) 提出丛书总体设计方案和编纂出版计划，起草丛书编写体例和编辑工作规则等；(3) 组织实施经编委会审定的丛书总体设计方案、编纂出版计划、编写体例和工作规则等；(4) 审定各系列、各分卷框架条目表，合拢丛书的框架条目总表；(5) 与各系列、各分卷编委会密切联系，协调解决编务工作中出现的各种问题；(6) 组织编辑人员、撰稿人和其他工作人员参加各种业务培训；(7) 负责编辑出版经费的管理使用；(8) 组织撰写并审定丛书总述文章；(9) 审阅各系列、各分卷编委会审定的条目和分卷概述文章，对其中的重要条目和有争议的条目、概述文章等，必要时组织专家会审；(10) 编辑、编审丛书全部书稿，在云南出版集团有限责任公司及其下属各出版社专家指导参与下完成丛书的成书加工和定稿工作，做到齐、清、定；(11) 协助完成丛书出版工作，以及与编辑业务有关的其他工作。

编辑部下设办公室，为编辑部的工作机构，负责落实编辑部的各项工作职责，完成总编辑、副总编辑安排的具体工作。编辑部设办公室主任一名、常务副主任两名、副主任三名，人员由省文史研究馆和省新闻出版局确定；业务编辑及其他工作人员由省文史研究馆、省新闻出版局与有关责任单位协商，抽调专职、兼职人员组成。编辑部办公室设在省文史研究馆。

根据各阶段工作的实际需要，编辑部可聘请省内高校、科研单位有较高学术造诣和社会声望的专家学者担任有关分卷的咨询顾问，为丛书编纂工作中遇到的各种专业性问题和难点问题提供决策咨询意见。

3. 各系列、各分卷分设编辑委员会，由各系列、各分卷牵头责任单位协调相关单位和部门组建。编委会由主任、副主任及若干委员组成；编辑委员会下设编辑组，由主编、副主编、业务编辑（联络员）等人员组成。分编委会及编辑组的主要职责是，（1）根据丛书总体设计方案和编纂出版计划，提出本系列或本门类分卷的概述文章编写提纲和框架条目表；（2）物色、选定本系列或本门类分卷的撰稿人，向他们贯彻编辑意图，指导他们按有关要求撰稿；（3）收集、整理与本系列或本门类分卷各有关条目相关的各种图照资料及编写文字说明；（4）加工、审定本系列或本门类分卷的所有图文稿件；（5）组织撰写并审定本系列或本门类分卷的概述文章；（6）与编辑部对接开展工作，及时上报编辑工作进展情况及经过分编委会审定的框架条目表、图文稿件等。

各系列、各分卷编委会选定有关人员从工作的实际需要出发，实行部门领导、学科专家和业务骨干三结合，把有时间、有精力、有能力、有责任心并且愿意承担工作任务的人员吸纳进来，尽量减少挂名人员，组建一支精干、高效的工作班子。

4. 滇云文化出版工程编纂委员会成员和总编辑、副总编辑，以及各系列、各分卷编委会主任及主编人选在征求有关单位和领导同意后，上报省委、省政府有关领导审定，以正式文件下发通知；其他人员如分卷编委会副主任、副主编、编委由各系列分卷编委会确定，名单交编辑部上报省新闻出版局审定，由编辑部办公室在工作简报上公布。

5. 滇云文化出版工程编纂委员会成员及总编辑、副总编辑、各系列、各分卷编委会主任及主编今后如不再担任相应职务和工作的，可根据实际情况和工作需要进行调整，人员名单经编辑部上报编纂委员会审定；其他人员如各系列、各分卷编委会副主任、副主编、编委有变动或增补的，名单交编辑部上报省新闻出版局审定，由编辑部办公室在工作简报上公布。人员变动或调整要有利于工作的开展，尽可能保持队伍的稳定性和工作的连续性。

（二）工作机制

1. 滇云文化出版工程的编纂工作实行以编辑部为主导、统分结合的编纂工作运行机制，由编辑部统筹协调，各系列、各分卷编委会及编辑组密切配合，协同推进编纂工作。编辑部在编纂工作中的主导作用有：

（1）汇集编纂人才。与有关牵头责任单位密切配合，在广泛调查摸底和征求意见的基础上，推荐确定有专业知识背景的领导干部、各学科和各门类的专家学者以及业务骨干，组成强有力的编辑部，以及各系列、各分卷编委会和编辑组，把一批有丛书编纂管理经验和实际工作经验的领导、学科专家、业务骨干及撰稿人吸纳到编纂工作队伍中来，配齐配强工作班子。

（2）统筹编辑业务。对滇云文化出版工程各系列、各分卷的编纂工作进行统一协调部署，对从选条设目到加工成书的各个具体环节实行统一控制，对撰稿人、联络员、编辑、编审等人员统一进行业务培训。加强与各系列、各分卷编委会及编辑组的沟通协调配合，及时了解和掌握各方面的工作动态和进展情况，积极主动地做好协调服务工作。

（3）严格质量控制。树立精品意识，把质量管理放在首位，重点抓好各系列、各分卷框架条目表设计、组稿撰稿、分卷审稿定稿、丛书审稿定稿等关键环节的质量控制。事前制订编辑业务规范，明确质量要求；事中抓好典型示范，带动面上提高框架条目设计和撰稿审稿质量；事后组织评估、论证和验收，把好所有图文稿件的质量关。把质量管理的要求和措施切实落实到编纂工作的每一个具体环节中，增强责任意识和质量意识，高质量地完成每一个环节的工作。

各系列、各分卷编委会及编辑组要在编辑部的具体指导和帮助下，发挥各自优势，有效整合各方面的资源，充分调动全体工作人员的积极性和主动性，有计划、按步骤、创造性地开展工作。

2. 充分发挥出版行业的专业特点，与云南出版集团有限责任公司及其下属各出版社签订合作出版协议，建立紧密的合作关系，将滇云文化出版工程的编纂出版工作，纳入云南出版集团有限责任公司及其下属各出版社的工作规划，在出版社及其专家的直接指导帮助下，完成丛书编纂工作。最后交云南出版集团有限责任公司及其下属各出版社出版。

（三）经费保障及管理使用

滇云文化出版工程的编纂出版经费由省新闻出版局向国家新闻出版总署提出申请，把滇云文化出版工程项目列入国家重点出版规划，恳请安排国家出版基金、中国国际经典出版工程等专项资助经费，并行文上报新闻出版总署，恳请解决供给云南年度计划以外的 1 113 个书号资源配置，确保滇云文化出版工程项目所需书号资源；向省政府提出申请，由省财政厅安排中央项目地方配套编纂出版专项经费；由省政府行文下发各州（市），由各州（市）和区、县政府承担部分编纂出版专项经费，按年度分批次拨付。全部经费纳入省新闻出版局财务管理，制定专人负责具体财务工作。编辑部按照有关财务管理规定和计划使用项目合理开支，注意节约，做到专款专用，接受有关部门的财务监督和审计。

十八、工作流程和计划进度

（一）工作流程

滇云文化出版工程编纂出版工作全过程依工作内容差异，分为八个基本程序，即前期工作、框架设计和选条设目、组建和培训作者队伍、撰稿、各系列各分卷审改定稿、编辑部审定、成书加工、出版社终审和出版。各项程序的基本内容和要求如下：

1. 前期工作

组织有关人员外出学习考察，提出编纂滇云文化出版工程项目报告，上报丛书编纂经费请示及落实工作经费；落实办公地点和购置办公设备；酝酿成立滇云文化出版工程编纂委员会，组建编辑部工作班子；制定丛书编纂出版方案和框架设计方案；协调组建各系列、各分卷编辑委员会及编辑组；下发《关于编纂出版滇云文化出版工程的通知》，筹备召开丛书编纂工作会议，安排部署和全面启动编纂工作。

2. 框架设计和选条设目

组织开展调查研究，分析比较各种版本的各系列、各分卷重要著作中有关云南的知识分类体系和选收内容；查阅各种文书档案，收集整理相关资料；了解各系列或各门类学科前沿性和最新科研成果，掌握有关云南的最新资料；分析各系列或各门类特点，研究其体例和编纂方法。在调查研究和充分准备的基础上，各分卷按整套丛书框架设计方案开始选条设目工作，经专家评估和编辑部验收后合成条目框架总表，再次征求各方面意见，由专家评审合格后报编撰委员会审定。

3. 组织和培训作者队伍

遵循"由最合适的人撰写最合适的条目"的原则筛选确定作者，由编辑部和各分卷编委会组织对作者进行业务培训，使其全面掌握丛书撰写的基本知识和要求，提升撰稿能力。

4. 组稿撰稿

将框架条目表中所列条目分别落实到作者，组织条目试写。编辑部对作者进行编撰体例指导，对试写样条进行验收，对试写不合格的样条退回重写。编辑部将制定的条目撰写规范、合格的部分试写样条进行汇编，提供给作者参考。

5. 各系列、各分卷审改定稿

主要包括体例审读、编辑加工、主编编审、各系列和各分卷编委会主要领导审定四个步骤。体例审读的重点：把握题材是否符合设计要求、题材运用是否得当，内容要素和记述程序是否符合规范，对不符合要求的稿件退稿重写或修改，直至验收合格，严格避免将不合格的稿件流入下一个环节；编辑加工的基本任务：把握好条目释文的开头语，准确表达定义、定性语和定性叙述。把握好条目核心知识和基本内容，使其符合完整性、科学性、地域性、时代性的要求，解决好语言文字表述方面存在的问题；各系列各分卷主编审稿的主要任务：进一步协调体例，统一文风语体，减少条目和内容的交叉重复，纠正条目在科学性、知识性上的失误，解决不同条目在事实和数据上的抵牾，切实把好文稿的政治关、知识关、文字关。为保证审稿质量，最大限度地避免可能出现的差错和失误，主编审完的稿件，应提交给有关部门和专家复审；各系列、各分卷编委会主要领导审定的主要任务：对经过主编复审和修改的全部稿件进行审定，经各系列、各分卷编委会审核通过并签署正式意见后，上报编辑部。

各系列、各分卷编委会提交编辑部的稿件应做到"四配套"，即每一分卷的条目稿要配成套；每一分卷的图照要与条目稿之间配成套；每一分卷的概述文章要与条目稿配成套；每一分卷的条目表与条目稿要配成套。

6. 编辑部审定

编辑部对各系列、各分卷编委会送交的稿件一律实行三审制，严格把关。总编、副总编和业务编辑对负责审定的稿件质量全面负责，稿件要求观点正确，没有政治性、政策性问题；内容概全率要高，核心内容无重要遗漏，边缘内容有恰当安置；主体内容突出云南地方特色，没有科学性、知识性差错；文字通顺、简练，语法规范，修辞得体；层次合理，脉络清晰；配图（表）思想倾向正确，内容真实无误，资料价值、存查价值较高，并与条目内容协调呼应，相得益彰；解决好各分卷内的交叉重复问题和概述文章与条目之间、条目与条目之间在事实、数据上存在的冲突。经过一、二、三审审改加工，使稿件达到齐、清、定的基本要求。

为保证编辑部审定质量，在审定过程中编辑部将邀请云南出版集团有限责任公司及其下属各出版社专业编辑来协助工作。为保证审定文稿质量，对概述文章、重点条目和一些有争议的条目，将通过召开专题研讨会进行商议。编辑部审定的概述文章、重点条目和一些有争议的条目，提交滇云文化出版工程编纂委员会审定。

7. 成书加工

在云南出版集团有限责任公司及其下属各出版社专家的指导下，进行划参见，定释文中可检索的主题词，反查事实、数据和引文等一系列工作，对丛书进行通读，编制索引和附件等。

8. 出版社终审。编辑部把齐、清、定的稿件提交云南出版集团有限责任公司及其下属各出版社，由出版社组织资深专家和总编辑对丛书书稿进行终审，并由云南出版集团有限责任公司及其下属各出版社出版。

（二）计划进度

滇云文化出版工程编纂出版工作计划用两年时间（2012年1月至2013年12月）完成。2011年12月以前为前期准备阶段。2012年1月编纂工作全面启动，根据工作重心和分工差异，对编纂出版工作流程分六个阶段进行管理。

1. 第一阶段：2012年1月至2012年3月

第一阶段的中心工作是编制丛书的框架条目总表。主要工作包括：开展学术调研，确定各系列、各分卷的选条原则、范围、时限和标准，选条设目，修改和完善条目框架，明确条目在框架中的归属和层次，拟定条目篇幅和所配图照，物色并落实作者。各系列、各分卷的条目确定后，由各分卷编委会自请专家评审，评审通过后交编辑部验收；编辑部在征求各方面意见和专家论证通过后，汇编为丛书条目总表，再征求各系列、各分卷编委会及社会各方面意见，经专家评审通过后报编纂委员会审定。

2. 第二阶段：2012 年 4 月至 2012 年 8 月

第二阶段工作重心是初稿撰写和审稿。包括试写样条、培训作者、铺开撰稿、图照收集和配置、培训编辑、核对事实和数据及引文、完成各系列、各分卷概述文章、各卷分头审稿和定稿。各卷按选条设目和工作计划，完成全部文图的撰稿、收集、审稿和定稿任务。

3. 第三阶段：2012 年 9 月至 2012 年 12 月

第三阶段工作重点是在撰写人员完成各分卷初稿的基础上，由丛书编辑部责任编辑编辑加工，完成初审和修改工作，并由各分卷编委会副总编辑进行初审和修改，并上报丛书编辑部。

4. 第四阶段：2013 年 1 月至 2013 年 2 月

第四阶段主要工作是在丛书编辑部责任编辑编辑加工和初审、修改的基础上，由丛书编辑部副总编辑编辑加工，完成复审和修改工作，并由各系列、各分卷编委会总编辑进行复审及修改工作，并上报丛书编纂委员会。

5. 第五阶段：2013 年 3 月 1 日至 2013 年 3 月 31 日

第五阶段重点是在各系列、各分卷编委会副总编辑编辑加工和复审、修改的基础上，由丛书编纂委员会副总编和出版社资深责任编辑专家编辑加工，完成终审及修改工作，最终上报丛书编辑委员会总编辑审定。丛书编纂委员会总编辑签署意见后，交由云南出版集团有限责任公司及其下属各出版社印制出版。

6. 第六阶段：2013 年 4 月至 2013 年 12 月

第六阶段的主要任务是分四批进行成书加工和开展图书发行工作。2013 年 4 月至 2013 年 6 月，完成首批丛书编纂成果印制出版工作，2013 年 7 月至 30 日前，由云南新华书店集团完成首批图书发行工作；2013 年 7 月至 2013 年 8 月，完成第二批丛书编纂成果印制出版工作，2013 年 9 月 30 日前，由云南新华书店集团完成第二批图书发行工作；2013 年 9 月至 2013 年 10 月，完成第三批丛书编纂成果印制出版工作，2013 年 10 月 30 日前，由云南新华书店集团完成第三批图书发行工作；2013 年 11 月至 2013 年 12 月，完成第四批丛书编纂成果印制出版工作，2014 年 1 月 30 日前，由云南新华书店集团完成第四批图书发行工作。

十九、市场分析

预计该成果至少市场发行纸质图书 3 000 套、数字图书 50 万套。按每册纸质图书均价 20 元、每册线装限量版礼品书均价 48 元、每套数字图书均价 100 元计算,预计发行码洋约 1.8 亿元。具体分析如下:

(一) 面向全省发行

1. 在全省新华书店系统门店向广大读者开展零售,预计发行纸质图书 500 套,码洋 1 113 万元。

2. 作为全省广大机关、企事业单位的干部职工应该了解云南文化系列知识的必备图书进行推荐发行。力争做到有基础、有实力的大单位及主要领导干部各配一套。预计发行纸质图书 800 套,码洋 1 780 万元。

3. 作为全省馆藏类图书进行推荐发行。力争全省县级以

4. 作为农村图书进行推广配备,在部分农家书屋选择适合当地的图书有针对性地配备。预计发行 400 套,码洋 890 万元。

(二) 面向全国发行

通过云南新华书店的总发行权,面向全国各省的大型图书馆、社会广大读者推荐发行纸质图书 1 000 套,码洋 2 226 万元。

(三) 面向国外发行

通过云南新华书店进出口发行权,对该成果的外文版面向国际发行,预计发行纸质图书 500 套,码洋 1 113 万元。

(四) 数字图书发行

通过网络下载、电子阅读器、光盘等向全国全省发行数字图书 50 万套,码洋 5 000 万元。

(五) 礼品书发行

印刷成线装限量版图书,作为宣传云南文化礼品书发行 1 000 套,预计发行码洋 5 342 万元。

二十、发行渠道

（一）重点发行

指针对党政机关、行政事业单位进行重点发行。该成果的出版是在中共云南省委宣传部开展"爱读书、读好书、善读书"活动以来的又一次重大文化实践活动，不仅要大力推广宣传，更要作为"三读"活动的必读书广泛开展阅读活动。

（二）面上推广

以全国，特别是云南省各州（市）、县新华书店门店为主力店面进行陈列推广，在店面的中心位置打堆陈列，并且配以宣传画和展架，介绍该工程成果的情况。在昆明书城、云南新华图书城进行重点宣传：一是建立"云南文化橱窗"，将南屏街昆明书城的橱窗打造成为"云南文化橱窗"，通过立体化的陈列展示云南文化建设成果；二是将云南新华图书城的精品书屋打造成"云南文化走廊"，通过图画、文字讲述云南文化的历史、现在、未来。

（三）网络推广

充分利用互联网、云南新华书店网上书店资源，建立网民互动、读者共享的宣传与销售平台，广泛深入地宣传和销售发行。

二十一、宣传推介

由云南省文化建设工作领导小组牵头进行宣传报道，具体由省委宣传部、省政府办公厅、省新闻出版局、云南出版集团有限责任公司组织实施。

一是选择云南五大主流媒体进行普遍宣传。在《云南信息报》《春城晚报》《都市时报》《生活新报》《云南日报》，以及《精品消费报》《加油周刊》发布新书上市信息，并以专访、专稿的形式阐述本工程成果的阅读、收藏价值。

二是选择全国、全省有影响力的重点宣传。在《中国新闻出版报》《中国图书商报》《云南日报》《春城晚报》《云南信息报》上开设专栏，由该工程主创人介绍、读者来信等方式定期开展宣传，加深对它的认识、了解。

三是选择网络宣传。在"云南网""新浪网"及"云南新华书店网上书店"的首页开设新书信息宣传介绍进行强力推荐。作为云南网"三读"活动的必读书目，配合对口征订渠道进行专题宣传和介绍。在"新浪网"云南站——"七彩云南"的平台上，邀请该工程各系列主编做客新浪会客厅，通过《静澜带你看云南》栏目，将丛书及云南的历史、文化向全国、全世界读者介绍和展示。

四是召开新书发布会。配合该工程成果的上市，举行一次新书发布会，邀请有关领导及读者、媒体参加，在云南新华书店新华图书城举行新书发布会，并以媒体进行宣传，同时启用"云南文化橱窗""云南文化走廊"作营销。

特此建议。

2011 年 2 月 11 日

非物质文化遗产教育传承系列图书出版建议

云南省新闻出版局：

　　非物质文化遗产（以下简称非遗）指被各群体、团体、有时为个人所视为其文化遗产的各种实践、表演、表现形式、知识体系和技能及其有关的工具、实物、工艺品和文化场所。非遗是以人为中心的文化存留，它强调的是以人为核心的技艺、经验、精神。

　　非遗的特点是活态流变。由于受到现代技术发展、生活方式改变、传承者后继乏人等因素影响，非遗的发展和传承岌岌可危，亟须加强保护。

　　我国对非遗保护的呼吁与推动最初始于民间。2004 年，我国加入联合国教科文组织《保护非物质文化遗产公约》，此后非遗开始受到各级政府的广泛关注与支持。数年来，中央投入大量人力、物力，通过开展非遗普查、设立非遗名录、成立非遗保护中心等方式推动非遗保护工作。

　　2011 年 2 月 25 日，由第十一届全国人民代表大会常务委员会审议通过，国家主席胡锦涛签署了《中华人民共和国非物质文化遗产法》，并于 6 月 1 日起正式实施。这标志着我国对非物质文化遗产的保护进入新的历史阶段。

　　2011 年 10 月，中国共产党第十七届中央委员会第六次全体会议召开。会议审议通过了《中共中央关于深化文化体制改革　推动社会主义文化大发展大繁荣若干重大问题的决定》。全会指出，当今世界正处在大发展、大变革、大调整时期，文化在综合国力竞争中的地位和作用更加凸显，维护国家文化安全任务更加艰巨，增强国家文化软实力、中华文化国际影响力要求更加紧迫。强调"加快构建公共文化服务体系，发展现代传播体系，建设优秀传统文化传承体系，加快城乡文化一体化发展"，弘扬中华文化，努力建设社会主义文化强国。作为中华文化不可或缺的组成部分的非遗文化，也必将迎来新一轮的保护与传承热潮。

　　根据十七大六中全会弘扬中华文化、建设文化强国的指示精神，以及《中华人民共和国非物质文化遗产法》第三十四条"学校应当按照国务院教育主管部门的规定，开展相关的非物质文化遗产教育""新闻媒体应当开展非物质文化遗产代表性项目的宣传，普及非物质文化遗产知识"的规定，结合云南省的实际情况，提出启动非物质文化遗产系列图（暂定名《非遗读本》）的出版动议，以"非物质文化遗产进校园"为基础，提高民众对非遗的认识与保护，从而达到传承与弘扬中华文化的目的。

一、项目可行性

（一）出版基础

2005年，文化部下发关于开展非遗普查的通知，要求全面了解和掌握各地、各民族非物质文化遗产资源的种类、数量、分布状况、生存环境、保护现状及存在的问题，制定非物质文化遗产保护规划；运用文字、录音、录像、数字化多媒体等方式，对非物质文化遗产进行真实、系统和全面的记录；认定和抢救一批具有历史、文化和科学价值的、处于濒危状态的非物质文化遗产的项目。各地非遗普查工作开展至今，已取得一定成果，具备出版基础和条件。

（二）需求状况

2007年以来，成都、浙江、陕西、辽宁等众多省市都开展了"非遗进校园"的相关活动，通过展示、讲座、体验、晚会等立体化形式，让非遗融入校园之中。如陕西的十大高校非遗巡演、浙江宁波职业技术学院的非物质文化遗产展，等等。

2010年年底至2011年年初，由文化部所属华夏文化遗产保护中心提出的"非物质文化遗产进校园"系列活动，相继得到了文化部非物质文化遗产司、教育部体育卫生与艺术教育司、中国关心下一代作委员、国际儒家学会等部委及组织的支持与批复，非遗进校园系列活动将以志愿者招募、知识竞赛、文化演出等方式在全国各地各级院校陆续展开。这些活动能很好地将非遗保护与学校教育结合起来，有利于学生的接受与参与，但也有其局限性。首先，上述活动均为短期行为，无法将非遗保护的长期性与学生的学习生活紧密结合；其次，活动本身受众面窄，不能很好地普及非遗教育；再次，受活动形式的限制，对各级学生的认知能力等无法差别对待，接受度大打折扣。

出版物能很好地弥补以上活动的不足，因此，需要有针对各阶段学生的非遗类图书，结合非遗进校园活动，在各级院校进行非遗教育，使得非遗保护真正深入人心。

（三）市场空间

纵观整个出版市场，现有的"非遗"图书主要有三类：一为档案类，是将我国现有的非遗项目进行汇总整理，结集出版，作为专业资料存在；一为学术类，包括非遗相关理论知识及如何开展非遗保护工作等的专项著作；一为方志类，以一地为基础对当地非遗进行描述和记录。

以上三类出版物更偏重资料性和学术性，未能将非遗与教育有效结合。在非遗教育类图书的出版方面，市场还是一片空白。

二、非遗教育传承系列图书出版方案

（一）出版计划

立足云南，出版非遗类校园读本，根据不同年龄层的学生的接受程度，将读本分为小学卷、中学卷、大学卷。同时，该项图书也将输出中国香港地区，香港约500所学校的学生将通过阅读图书，参与知识竞赛等系列活动。

编委采用全专家团队，并由著名作家、中国民间文艺家协会主席冯骥才及本人为该书主编。寻找有实力的出版机构进行出版，如人民日报出版社、光明日报出版社、文汇出版社这样有理论、文化高度且有媒体视角与触角的出版单位。

由于非遗是以人为中心的活态流变文化，可在出版图书的同时，结合音像出版物，以更丰富的形式立体展现非遗文化。

（二）出版推广

根据图书出版进度，配合举办展览、讲座、晚会等活动，有条件的地方可以成立工作室或学习小组进行非遗文化的学习，在云南各级学校全面开展非遗教育。

（三）延伸活动

华夏文化遗产保护中心、中国旅游与经济电视台（香港）将于2012年举办

"非遗盛典",并将通过知识竞赛等方式将"非遗进校园"活动推到一个香港的中小学,云南借此与香港中小学结成伙伴关系,共同关注非遗,感受中华活文化。

三、目的与意义

(一) 出版也是保护

已经濒临消失的非遗,通过文字记录与出版而被再现、被触摸,从而使这份文化资源有获得重生的机会。从这个意义上说,记录、保存的过程就是文化延续的过程,其出版也是对非遗的一种十分有意义的保护和传承。

(二) 促进传播与传承

文化振兴背后更重要的是公民对于未来的承担和责任。这套丛书的出版,不仅局限于一时一地的教育,更重要的是通过教育使人认识到非遗文化在人类文明的发展与传承中的重要地位与作用,从而促进文化的传播与传承。积跬步而至千里,每一代人能尽己所能,让后来者尽可能地了解我们的文明,文化的传承才会绵延不息。

特此建议。

2011 年 12 月 20 日

与剪纸艺人交谈

四 总结、汇报

倾情履职　认真锻炼

——挂职锻炼情况汇报

省政府办公厅各位领导，各位同志：

2009年8月末，我受中央组织部的派遣，前来云南挂职锻炼，并担任省政府副秘书长，协助××副省长联系文化厅、广电局、新闻出版局、社科院、社科联、文联工作。近一年来，我在省委、省政府的正确领导下，在省委组织部、省委宣传部、省政府办公厅领导同志无微不至的关心爱护下，积极投身于云南民族文化强省建设过程，在文化体制改革、文化产业发展、公共文化服务体系建设、文化事业繁荣、文化遗产保护等工作中经受了一定的锻炼；提高了一定的政策水平；增长了一定的行政才干；增强了一定的管理能力，为圆满完成为期两年的挂职锻炼任务开了一个好头。我衷心感谢中组部、中国文联党组给予我这次千载难逢的学习提高机会，我衷心感谢云南省委省、省政府为我提供这一成长进步的平台，我也衷心感谢滇云大地生我、养我、育我，并在我最需要在实际工作中经受洗礼之际拥抱我、温暖我、感召我。现将近一年所做工作、所感所思，以及今后的打算简要汇报于下。

一、主要工作

（一）坚决贯彻执行党的文化方针政策，积极参与云南省文化体制改革工作与文化事业建设

在文投集团、网络集团组建及省属文艺院团改制、曲靖金麟湾文化地产和丽江电影城引进4D电影院建设过程中，我与省委宣传部、省政府办公厅、省文产办的同志密切合作；在推进云南五大文化场馆、话剧院剧场、亚广电大厦建设方面，我与省委办公厅、省委宣传部、省政府办公厅、省文产办同志一起做了大量

的协调服务工作,取得了显著成效,使云南省在中央规定的时间内完成了有关改革任务。

(二)全力推动云南省文化遗产保护工作,力求实现申报遗产新突破

近一年来,我不断往返于国家有关部局之间,帮助大理白族自治州、迪庆藏族自治州国家文化生态园、摩梭文化保护区、大理龙首关国家文物保护单位完成申报工作,促成大理州博物馆数字化升级改造;并且参与协调茶马古道、滇越铁路、哈尼梯田世界遗产申报工作;先后对被媒体曝光的夕阳双脊恐龙与禄丰恐龙化石、澄江古生物化石走私,晋宁乌铜走银传承人落户困难等做妥善处理;对大理州斗姥阁被焚后重建、对龙首关城墙被拆毁后恢复重建进行问责并帮助解决实际困难;对云南的文化遗产保护利用走上更有序的道路起到了一定的推动作用,维护了云南形象。

(三)情系广大人民群众,热切关注云南省公共文化服务建设

我先后赴文山、怒江等11个州(市),了解农村书屋、广电"村村通"、边疆文化长廊、乡镇文化站、公共文化服务共享工程、农村广场文化、农民素质培训学校、图书馆文化馆建设工作,不但总结取得了经验,而且发现不少所存在的问题,并将它们反馈有关部门切实解决,使党的文化惠民政策落到实处,为维护人民群众的文化权益、真正满足其日益增长的精神文化需求做了一定的贡献。

(四)发挥学术优势,组织力量参与云南文化强省建设

至今,已设计编纂《中国民间故事全书》"云南卷"(129册)、《中国民俗志》"云南卷"(129册)、《云南文艺史话》(70册)等八个系列丛书,并作一系列学术讲座,以推进云南文化思想解放。

(五)大力开发资源,从国内外引进有关资金、技术、项目、人才,丰富"民族文化强省"内涵

至今,已先后引进国际徒步运动品牌、4D电影院建设、4D电影《白蝙蝠取经记》拍摄、中华社会文化基金会昆明博物馆建设系列资金支持等项目,另为香格里拉县白地东巴文化学校、宁蒗彝族自治县达巴传习学校等六个单位引进大量资金。其总数已达数千万元。

(六)关心文联建设,争取各地党政部门支持

每次调研,我都格外关心各地文联工作,已为昆明文联、云南省花灯剧院、

玉溪文联、曲靖文联、文山文联、普洱文联、丽江文联,以及作家张长、表演艺术家刀美兰等协调解决有关出版丛书、全集、湄公河家园项目建设启动等有关经费 200 多万元,切实帮助解决办公条件、干部编制、工作经费等问题;还推荐发展百余名全国各文艺家协会会员,已看望数十位我省文艺界权威、精英,已走访数十家州(市)、县文联。

(七)积极参与云南省文化总体、长远规划

按照省委宣传部的安排,我已参与制订《云南文化产业行动计划》、云南省"十二五"规划、"桥头堡"战略规划、云南民族文化强省建设规划,积极参与云南省的文化大繁荣、大发展谋篇布局。

二、几点体会

(一)坚持党性、严肃态度

挂职锻炼是一项重要的政治任务,必须高举十七大旗帜,坚持科学发展观与党中央保持高度一致,坚决贯彻执行省委、省政府的决定、决议,积极争取主管领导的信任与支持,严守政治纪律,推动地方工作不惜力,强化助手意识,服务地方工作不添乱,既尊重领导又不缺位;既积极主动又不越权,守规矩、重程序,放下架子甘当小学生,转变身份倾情奉献。在此方面,自己已做了种种努力。

(二)加强学习,了解省情

挂职锻炼的首要任务就是了解情况、把握实际、熟悉政策、明确工作任务与工作目标。要过好这一关,就必须学习学习再学习。除了在行政管理上虚心向主管领导以及身边的同志学习外,还要积极参加省委党校干部在线学习、上网学习并系统学习有关文史知识。如我至今已阅读近百部志书专集,系统研究了 20 多个云南历史现实文化专题。

(三)深入调研,求真务实

挂职锻炼要练好调研功,只有调研才能触摸生活真实,丰富知识、检验理论、掌握话语权、争取工作主动;有针对性地提出问题,解决问题;倾听群众的呼声，了解实际需要；实事求是地问政、为政、施政，牢固树立宗旨意识，永远与人民群众心连心。来滇后，已先后近20次进行分专题、分层次、分领域的调研，以了解云南文化体制改革、公共文化服务体系建设、文化事业繁荣、文化产业发展，以及包括民族文化安全、宗教文化安全、文化遗产安全、边疆文化安全在内的国家文化安全问题基本情况、存在的问题。

（四）发挥优势，盘活资源

挂职干部一般都各有优势，都各有专长及资源，边疆地区亟须每个挂职干部扬长补短，把种种优势与资源转化为行政、经济、学术力量。为此，我利用自己长于学术研究、社团管理、文化遗产保护、文化产业建设、文艺活动组织策划等优势，并挖掘自己在国内外许多学术、社会、人民团体担任领导职务，长期在国外留学、在北京工作、在全国奔走所建立积累起来的学术资源、人脉资源、行政资源、文艺资源，尽可能将国内外有关理念、资金、项目、技术、品牌、人才引入云南，把云南文化及其成果源源不断地推向省外、国外。

（五）严把政策，稳健行政

云南地处边疆，民族众多，党和政府的每项政策都与国家统一、民族团结、社会和谐息息相关，党政干部在任何工作中都要吃透政策，严守原则，统筹各方力量，协调各方关系，考虑各方需求，做到求发展与求稳定并举。因此，在文化体制改革、文化产业建设、维护国家文化安全、文化遗产保护等工作中，我特别注重把握政策，正确认识不同性质的矛盾，正确处理文化建设与政治、经济、社会、生态建设之间的关系，正确处理改革、发展、稳定之间的关系，推进社会整体发展，维护社会团结和谐，在党和国家最高利益原则下思考、行动。

（六）战略思维，谋化大局

挂职时间有限，但我们对党和人民的责任无限，挂职锻炼必须做好助手，完成一般性的工作任务；还要谋划全局，提供咨询、贡献思想与智慧、使其发挥长远效益，力求科学永续发展，真正造福一方，利国利民。因此，根据有关调研结果及中央要求、云南实际，我不但积极参与了一系列规划设计，而且提出了以产业文化补充文化产业、文化遗产申报、文化安全体系建设、文化强省建设之文化动员与文化参与、滇云文化学建设等战略构想。

（七）谨言慎行，注意形象

中央机关派遣干部前来边疆地区挂职，其主要任务是学习锻炼、经受考验。我们的一言一行代表中央机关或内地干部的品质、水平、质量、能力，切不可放任、放松自己的言论行为，决不能给挂职锻炼工作及选送单位带来负面影响，而要起到旗帜作用、表率作用。为中央机关、内地党政机关、选送单位争光。为此，我在工作中尽量排除各种干扰，淡化个人的家乡与民族观念，谦虚谨慎、顾大局、识大体、讲政治、重廉洁、求团结、多干事、少空论，严守挂职锻炼纪律，注意在政治上、品德上、修养上、能力上树立中央国家机关工作人员良好形象。

三、下一步工作设想

第一，进一步加强与主管文化的党政部门、各政府部门之间的联系，在文化事业繁荣、公共文化服务体系建设、文化产业发展方面协同推进，步调一致并按中央的要求及有关时间表线路图完成文化体制改革任务。

第二，进一步深化文化产业化与产业文化化理论探索及实践活动，为云南民族文化强省建设形成产业与文化互动互补、互促互益的良好局面提供智力支持。

第三，进一步协调遗产保护力量，帮助建立协调机制、制定总体规划、设定战略战术、克服重申报轻管理倾向，力革逐利伤文之风，更科学合理地利用遗产资源。

第四，重视文化发展中的学术支撑，进一步组织动员党校系统、社科院系统、社科联系统、大专院校系统、文联系统参与民族文化强省建设，系统清理历史文化，生动展示学术魅力，不断转化学术成果，逐渐构建滇云文化学科。

第五，继续引进有关技术、资金、项目、人才，并将正在引入者做实，将已经引入者做强做大，以出实绩、求实效。

第六，进一步提高自己的宏观思维能力、科学决策能力、统筹协调能力、应急处理能力，进一步把自己锻炼成一个政治坚定，品质高尚、才干出众，能力高强的党政工作者。

各位领导、各位同志，为期两年的挂职锻炼生活将是我终生难忘的历练，也将是我终生受用的财富。在仅剩下的一年里，我一定要在省委、省政府的正确领导下，虚心向各位战友学习，发扬成绩、克服缺点、不断进步，聚精会神工作，抓紧时间锻炼，向中组部及中国文联、云南省委省政府交一份完满的答卷。

特此汇报。

2010 年 7 月 10 日

2010 年述职述廉报告

省政府办公厅党组：

2010年是我在云南省政府挂职锻炼的第二个年头。在省委、省政府的正确领导下，尤其是在省委组织部、省政府办公厅政治上切实关心、工作上积极支持、生活上真情关爱、纪律上严格要求下，我在今年与全省人民一起经受了抗击百年一遇大旱的严峻考验；并参与了云南省"两强一堡"建设的伟大实践，不仅提高了认识、丰富了阅历、开阔了视野、增长了才干，而且继续从上级领导、周围同事、身边工作人员身上吸取到丰富的营养；感受到无比的温暖；学习到种种行政知识与经验；不断找到自己与云南干部之间的差距，发现自己的种种缺点与不足，进一步加深了对中央选派中青年干部到地方挂职锻炼重要意义的认识。现将本年度挂职锻炼与廉政情况汇报如下。

一、继续加强学习，提高服务能力

身处学习型社会，面对知识爆炸时代，我仍将学习放在一切工作的首要位置，学习政治理论，学习党和国家的各项方针政策，学习历史文化以跟上时代的步伐，更新既有的知识，把学习结果转化为自己的政治素质、政策水平、业务能力，更好地为建设中国特色社会主义服务。

（一）政治理论学习

按照省委、省政府的要求，我于今年重点学习了胡锦涛同志有关重要讲话，党的十七届四中全会、五中全会文件，中央宣传部长会议精神，中央经济工作会议精神，省委省政府八届八次全会、九次全会精神；系统阅读了《七个怎么看》《社会主义核心价值体系学习读本》《划清"四个界线"学习读本》等；超额完成云南省干部在线学习学院全部学习任务，进一步坚定了理想信念，加深了对中国特色社会主义理论，尤其是对科学发展观与社会主义核心价值体系的理解，增强了贯彻落实科学发展观的自觉性。

（二）方针政策学习

为了协助××副省长做好推进我省文化体制改革、建设公共文化服务体系、加强文化市场执法、繁荣文化事业、发展文化产业的重要工作，我系统调阅了党和国家有关部委及省委、省政府颁布的涉及新闻出版、广播电影电视、文艺院团改革；涉及民族文化强省与文化产业建设；涉及文化市场综合治理，尤其是手机互联网淫秽信息整治等方面的文件、决定、意见。参加了所有中央与省里组织的有关视频会议、讲座；弄清了中央和省委省政府所确定的战略部署、方针，严把政策关，严守政策等底线，确保与中央及省委、省政府的高度一致，并按中央及省委、省政府规定的时间表、线路图、任务书完成各项任务。

（三）行政知识学习

针对自己长期从事学术研究及人民团体管理、缺乏政府工作经验、缺乏行政工作知识的情况，我虚心向身边的领导及同事、工作人员学习。学习他们严守规章的行为、谋定后动的严谨、精益求精的态度、求真务实的作风，力戒个性强、喜高谈、执行力弱等不足，力求尽快完成身份转换、尽快熟悉业务，"从战争中学习战争"，提高自己的从政水平，增强自己的行政管理能力。

（四）历史文化学习

为加深对云南文化省情的系统认识，我于今年进一步加大历史文化学习力度，不仅自费订阅了《人物》《旧闻》等10余种报纸，还坚持每天上网学习一小时，阅读了《新纂云南通志》等近百种地方志与图书。每到一调研地，必探访当地博物馆、文物点、图书馆，并就有关疑难学术问题向各地专家虚心求教，力戒不求甚解、浅尝辄止，建立了比较清晰正确的云南文化观，为自己协助分管领导做好文化服务、文化管理，并推动民族文化强省建设提供了有力的学术保证。

二、深入调查研究

调查研究始终是领导干部的基本功，我坚信"没有调查就没有发言权"。对我这样一个长期远离云南、远离政坛、远离实际的书生型干部而言，调查研究尤显重要。面对十分陌生的云南省情及繁重的工作任务，继去年第四季度之后，我又连续进行了数十次多层次、多地区、多领域、多方面、多民族的调研工作，其覆盖面达 24 个省级单位、14 个州（市）、50 余县、100 多个点。这些调研各有侧重，如在保山、德宏、版纳主要关注文化安全；在怒江、迪庆关注宗教文化安全；在丽江、大理侧重文化遗产安全；在昆明、曲靖、玉溪偏重文化体制改革及文化产业发展；在文山等地过问农家书屋及广播电视"村村通"。在调研过程中，每到一地除参观学习外，均召开不同形式的座谈会，了解有关情况，发现存在的问题，帮助解疑释惑，宣传党和国家、省委省政府的有关方针政策，建议有关单位及地区在文化建设热潮中既积极主动，又理性稳健、量力而行。每次调研归来，我都将其结果与发现的问题整理成文上报××副省长或是上报有关部门参考，或请有关部门处理，或催促有关单位反馈意见，使政府工作更有针对性、实效性，使信息沟通更加畅通、所布置的工作更好地落实，不仅树立效能政府、诚信政府、阳光政府、法制政府的良好形象，而且促进了和谐、推动了发展。如昆明文联经费严重不足问题、艺研院房屋修缮经费不足问题、省民协《中国民间故事全书》"云南卷"经费缺乏问题、文艺院团市场乏力问题、一大批区县文联及文化单位经费与编制不足问题、云南文联全国乡村歌手大赛经费不足问题等，都是在此过程中发现并得到解决的。

三、认真履行职责、勤政务实求真

一年来，按照省委组织部关于挂职干部要发挥好桥梁纽带、参谋助手、穿针引线、宣传推介四大作用的要求，在××副省长的严格要求及具体指导垂范下，我刻苦磨炼自己的品质意志，自觉主动投入云南省民族文化强省建设的各个领域，从宏观的政策制定到微观的贯彻落实都做了一定的工作，并产生了一定的效果。所幸的是，自己协助省委、省政府联系的部门及其工作先后受到李长春、刘云山、刘延东等中央领导的高度评价，相关工作受到省委组织部的表扬。

（一）文化体制改革

在进行经营性文化事业单位转企改制、公益性文化事业单位内部制度改革中，我于前期分别到有关单位调研，宣传党的方针政策；在改革过程中期，我积极向上反映职工的要求，既坚定不移搞改革，又力求稳妥安定求发展。

（二）文化产事业建设

除参加大量有关事务性工作外，我受托主持了《云南省文化产业振兴行动纲领》《云南电影产业发展规划》的制定工作；参与了具有里程碑意义的"云南省文化建设工作会议"筹备等工作；参与协调了文投集团、网络集团等的资产重组、业务设定、投融资平台建设等问题；帮助成立了文化创意协会、动漫协会等；还帮助策划了"中国云南永胜边屯文化生态园"、富源"大河文化遗址文化生态园"、普洱"国际徒步文化生态园"项目、中国—东南亚南亚国际文化产业博览交流中心。

（三）公共文化服务体系建设

深入到不同地区调研，建议××副省长在大好形势下改进农家书屋加强管理、加大投入、有针对性配书，为少数民族群众提供民族语文图书；客观冷静、量力而行地建设文化场馆；一边加大文化交流，一边加强文化安全建设；帮助解决文化硬件建设与文化软件建设、技术培训、人才培养等问题，防止公共文化服务体系建设形式化、功利化、无序化、粗鄙化，让人民群众真正享受到党的温暖及实实在在的文化成果。

（四）文化基础设施

为了保证被列为省政府 2010 年重大督查项目的云南文苑、云南博物馆、云南亚广传媒大厦、云南艺术中心等项目按时启动，不但多次参加有关协调会议，而且十余次陪同上级领导或单独考察工地，了解存在的困难，发现存在的问题，反映有关要求，扎扎实实推动五大文化工程建设。目前，亚广传媒主体工程已经完成，博物馆大楼将于春节后封顶，云南文苑及云南艺术中心已破土动工，云南艺术家园区已完成征地。

（五）文化遗产保护

一是做文化遗产安全体系建设，严防因自然灾害、违法犯罪与城市文化建设、新农村建设中失慎而致遗产受损，严防共存于我国与邻国之共同遗产被对方优先申报世界遗产；二是对大理龙首关南诏城墙被毁、魏山斗姥阁被烧、丽江光碧楼存在安全隐患、乌铜走银艺人受户口困扰欲走往他乡等做出批示，要求有关市、县严肃对待直至三赴大理州调查处理并一一得到解决；三是积极推进哈尼梯田、普洱万亩茶园世界遗产申报，并为此数次上北京争取、几下元阳指导；四是关注大河遗址、胜境关文化保护、茶马古道及滇越铁路文化申遗，参加有关论坛会议五次之多。

（六）对外文化交流

受托主持中国面向西南开放的重要"桥头堡"建设文化调研策划与组织工作，并于 2010 年先后帮助省文化厅、省文联、省民委、省文物局、红河州、普洱市有关单位与美国、新加坡、英国、澳大利亚、国际徒步运动联盟建立各种文化、教育、体育联系，促成波士顿交响乐团元旦来滇演出。南奥特兰市与元阳县互访并联合举办元阳梯田在澳巡展，文化厅文化产业处与新加坡东利集团合作在纽约、新加坡长期设点销售云南工艺品，民族中学与英国伯尔茅茨大学建立留学生交换关系，国际徒步联盟与云南省东南亚南亚经贸中心合作。另外，与国家中医研究中心合作推中医走向世界的系列工作取得突破性进展，促成渥太华大学与省文物局合作以提升云南博物馆系统技术能力的工作处于实施阶段。

（七）引进资金技术

本年度，我已帮助丽江电影城建成 4D 电影院一座及 4D 影视片一部、总计 4 600 万元人民币；帮助曲靖金麟湾小区体育馆内建成 4D 数字影院一座；帮助大理市博物馆完成数字化改造项目；帮助文物局引进加拿大政府 280 万人民币支持云南省博物馆系统进行数字技术培训；帮助"湄公河家园"立项为国家文化产业示范园区，并得到中国文联 300 万元前期启动资金；推动香格里拉文化生态园及大理文化生态园区国家立项，已各获批准各 5 000 万前期经费支持，后续资金将多达四亿元。

（八）学术建设

一是在省内外作学术报告七场，不仅介绍云南文化资源、云南文化强省建设成就，而且就建立"滇云文化学"提出设想，就产业文化补充与提升文化产业交流思路；二是为有关出版社进行出版创意，已编辑出版"民族大家庭"丛书七本，主编"纳西学丛书"30 本，将军摄影集一本，主编审订《中国民间故事全书》"昆明卷"18本，参与主编并正式出版《中华中医昆仑》丛书150本，正在组织策划"滇云文化出版工程"计10个系列1 113余册；三是帮助徐国琼、旦丽鹏等学者解决生活困难，帮助作家张长解决出版《张长文集》等经费；四是看望著名学者、艺术家、文化遗产传承人30余人；五是主动帮助云南省文物局与清华大学文学院合作，推荐云南文化遗产参加清华大学100周年大庆。

（九）文联工作

一是引进中国文联资源、丰富云南文艺生活。例如，年初帮助协调中国文联赴楚雄地震灾区"送欢乐、下基层"，春节前帮助联系"梅花奖艺术团"赴滇演出，10月参与协调并主持文化部、农业部、中国文联联合主办的"首届中国农民艺术节，全国乡村歌手大赛"在昆明福保举办，产生良好效果，受到回良玉副总理高度评价；二是协调中国文联有关活动在滇进行。借此加大对外宣传云南文化的力度，如今年10月帮助中国文联外联部在石林召开"全国文联外事工作会议"，帮助中国摄协与大理州联合举办第二届"国际摄影节"，帮助中国文联理论部与云南文联在昆明召开"原生态文化研讨会"取得圆满成功，与会者对云南文化强省建设给予高度评价，并有一系列文章、宣传报道见诸各类媒体；三是在各地调研过程中率先看望文联干部职工，协调解决各级文联建制、编制、办公用房、经费、专项资金、刊物拨款等问题；四是积极推荐各地各级优秀文艺工作者加入中国文联、壮大文联实力，加大发现、培养、推荐德艺双馨、深受人民群众喜爱的艺术家的力度。仅此一年，在全省所发中国文联11个协会会员表格就达150多份，以期改变中国文联各协会中云南会员偏少的局面；五是全力帮助云南文联的硬件建设、软件建设，帮助云南舞协、摄协、剧协、民协、美协、书协、作协与中国文联各协会、兄弟省市文联建立关系、开展联谊活动，以推动云南文联工作的全面进步；六是在抗大旱期间，不仅多次捐款献爱心，而且还动员全国文联部分艺术家来滇献艺抗旱，先后动员林平阳、欧阳中石、吴树青等艺术家捐款或献书法作品26幅。

（十）其他工作

抱着为云南工作无分内分外之分的信念，我在其他副秘书长的帮助下，出色完成省政府与昆明市联合主办的泛亚艺术周的组织协调工作，成功策划推进高雅艺术进大专院校工程，协调处理民族医药品牌三阳血丹列入国家采购名单，帮助解决我驻缅某企业的复工及稳定工作。

四、严肃政治纪律、树立廉政形象

我在云南省政府锻炼是中组部与中国文联党组给予的关怀,也是云南省委、省政府提供的机会,自己对此十分珍惜,力求做到严肃政治纪律、严守道德底线,永葆艰苦朴素的生活作风;树立良好形象,确保政治安全,一辈子做有道德的人、有益于人民的人、脱离了低级趣味的人;牢记全心全意为人民服务的宗旨,权为民所用、情为民所系、利为民所谋;坚决做到勤政廉政,工作热情一团火,个人形象一面旗,谋篇布局一盘棋。一年来,我严格按照《廉政准则》坚定理想信念,不进不该去的场所、不拿不该拿的东西、不说不该说的话、不作不该作的承诺、不表不该表的态、不越权处理决定有关事务;遇到实在无法拒绝的礼物,转送身边工作人员或转用于公务接待;要求妻女在国外、北京守好门、把好关、做好人,严防糖衣炮弹攻击;帮助别人不拿原则做交易,严防将公共资源转化为个人资源及利益;遇到群众有困难挺身而出、奉献爱心;亲友求助时讲原则、重大局,做到铁面无情,不给地方领导找麻烦。下基层调研做到轻车简从,不游山玩水;一年来,自己十余次拒收礼金、礼物,并捐款近 20 000 多元救助困难群众、支持抗旱救灾。

五、不足与努力方向

尽管做了一些工作,尽管做了种种努力,但由于自己政治思想水平低、行政工作能力弱、地方工作经验不足,因此在取得不少成绩的同时仍存在种种不足,需要在今后的工作中不断改进、改善自己的工作、思想、道德、修养,把自己培养成一个合格的行政干部。

(一)不足

主要有以下六个方面:一是对身边工作人员关心不够、要求过严;二是挂职意识偏强，任职意识稍弱，有时不敢认真负责，大胆决断；三是朋友应酬过多，影响学习；四是偏重业务学习，疏于基本理论与基本原理学习，对中国特色社会主义理论体系理解不深不透；五是对云南省情了解流于书面，尚不能很好地发挥参谋助手作用；六是工作扎实有限，理论联系实际不够。

（二）努力方向

鉴于我在滇挂职锻炼时间仅剩半年，我将主要做好以下工作，不给组织与后继者留下遗憾：一是坚决完成省政府交办任务，继续做好××副省长的助手；二是落实"滇云文化出版工程"完成设计、立项、启动、实施工作；三是帮助打造中国福保东南亚影视城品牌，初步完成设计、引进技术资金人才等工作；四是继续帮助做好永胜"边屯文化博览园""大河遗址文化生态园"的设计、规划；五是继续为云南民族文化强省及"桥头堡"建设引进资金、项目并做理论思考；六是继续做好廉政建设，保证政治安全，维护中央挂职干部形象，不给组织添乱。

总之，我深为自己在云南省民族文化强省及"桥头堡"建设关键时期来滇挂职锻炼引以为荣幸，深深感激中组部、中国文联党组对我的培养教育，深深感谢云南省委、省政府为我提供成长进步的平台。在云南一年多的时间里，我深为云南党政干部对党和国家的忠诚所感动，深为他们的踏实、勤奋、真诚、求真、和谐所感染，学习到了他们的许多良好作风、品质、精神、经验。我之所以能在工作中取得一些成绩，完全是各位秘书长、秘书六处全体同志真诚支持、无私帮助、全力配合的结果。对此，我将永远珍惜，并转化为自己的强大精神力量，为党和人民贡献全部智慧与力量。

2011 年 1 月 5 日

在挂职中学习提高　在锻炼中成长进步

——赴滇挂职锻炼总结

中国文联党组、书记处：

2009年8月至2011年8月，我受中组部派遣，以中国文联党组成员、书记处书记的身份前来云南省政府挂职锻炼并担任副秘书长，先后负责联系文化厅、文联、社科联、新闻出版局、广电局、社科院、教育厅、卫生厅、体育局、食安办、计生委等部门的工作。

两年来，在中组部、中国文联党组、云南省委、省政府，尤其是云南省委宣传部、云南省政府办公厅党组的正确领导下；在××副省长的关心下；在办公厅同仁及秘书六处全体同志、省直有关部门及各州（市）、区（县）广大干部职工的支持下，通过刻苦学习、深入实际、艰苦锻炼、认真履职，我不但发现了自己在思想知识、能力、作风、政策水平等方面的不足、差距，更找到了改善、进步的方向与路径，取得了一定的成绩。并于2010年先后两次在省委组织部主持的中央机关来滇挂职干部经验交流会上分别做口头、书面发言，于2009年、2010年三次在省办公厅工作会、办公厅党组民主生活会上受到口头表扬，在省政府办公厅2010年度工作考核中被评定为优秀，我所负责联系部门主持的"文化资源共享工程""农村文化惠民活动""农家书屋建设工程""广播电视'村村通'工程""净化青少年网络环境工程"及我参与组织的"首届全国乡村艺术节"先后受到李长春、回良玉、刘云山、刘延东等党和国家领导同志的肯定。

现将自己两年来挂职锻炼简况及有关做法、收获汇报如下。

一、基本情况

我在云南挂职锻炼的时段，正值我国国民经济建设从"十一五"向"十二五"过渡及云南省按照中央指示精神实施我国面向西南开放的重要"桥头堡"建设之期。两年来,我始终以科学发展观为指导,认真贯彻省委、省政府重大决策部署,始终坚持加强学习,认真履行岗位职责,深入开展调查研究,充分发挥自身特长,积极主动地协助省政府分管领导抓好社会事业各项工作,扩大了视野、丰富了阅历、体察了实际、锻炼了党性、增长了才干,为推动全省教育、文化、卫生、体育等各项事业发展做出了应有贡献。

(一)坚持加强学习,努力提高自身综合素质

从赴滇伊始,我就把加强学习作为加强党性修养、坚定理想信念、提升精神境界的重要途径,树立正确的学习观。系统学习马列主义、毛泽东思想、邓小平理论、"三个代表"重要思想和科学发展观;牢固树立正确的世界观、人生观、价值观和权力观;不断增强政治敏锐性和政治鉴别力,与党中央保持高度一致,在大是大非问题上始终做到立场坚定、旗帜鲜明,在2010年抗大旱、2011年盈江抗震救灾等关键时刻经得起考验。系统学习有关政策法规、科学技术与历史文化、专业知识,在桥头堡建设、文化体制改革、教育改革、医药卫生体制改革、文化产业建设、公共文化服务体系建设、文化安全建设、食品安全体系建设、体育事业发展等工作中注重对上级重大决策部署的学习领会;准确把握全国、全省经济社会发展的指导思想、总体思路、目标任务和重大举措;不断增强自身服务履职的本领,为协助分管领导做好工作奠定了坚实的基础。

(二)坚持恪尽职守,出色完成各项工作任务

两年来,紧紧围绕省委、省政府重大决策部署,我力争当好省政府领导的参谋助手,与有关部门一道积极主动开展工作,为全省社会事业各项工作取得新突破贡献力量。

1. 加强调查研究,当好参谋助手

坚持把深入调查研究、全面掌握情况、理清工作思路作为实现科学决策、解决矛盾和处理问题的最佳方法。两年来,我先后到全省多部门及所有州(市)、129个县(区)、100多个社区(村落)进行调研。每到一地,除了解有关情况、发现存在的问题外,或主持座谈会、或应邀作专题报告、或策划项目、或引进资金,帮助基层解决困难、推进工作。每次调研归来,都及时将发现的问题整理成文上报分管领导,提出供领导决策的意见和建议,使政府工作更有针对性、实效

性，使信息沟通更加畅通、所布置的工作得到更好落实，有力提高了政府工作的公信度和执行力。

2. 强化细节意识，提高行政效能

始终坚持把落实四项制度作为加强自身建设、提高行政效能的重要抓手，在参与政务、管理事务、综合服务、跟踪督办等方面狠下功夫，突出强化服务意识，凡是组织交办、工作需要的事项，无论大小都全力以赴，认真对待，一件一件抓落实；做到对重点工作提前介入、提前了解、及时处理；遵循"事前请示、事后汇报、到位不越位"的原则，积极为省政府领导分忧解难，为领导抓大事、议大事当好参谋助手；参与完成多位党和国家领导人和国家部委领导来滇调研的重要接待任务；主持多项国际级、国家级、省部级重大文化艺术活动策划组织活动；参与云南教育、文化、卫生体制改革、文化产业发展与文化设施建设、文化安全建设、学术发展的各种协调工作，并取得良好效果。

3. 加强督促检查，狠抓工作落实

狠抓党中央、国务院和省委、省政府领导批示、指示等重大事项以及《政府工作报告》、省政府确定的重点督查重大建设项目和重要工作的落实；先后多次陪同省委、省政府领导对省级重大标志性文化工程、呈贡高校新校区和省级医疗机构建设项目建设情况进行检查，并多次参加有关协调会议，扎扎实实推动各项工程顺利推进；积极推进哈尼梯田、普洱万亩茶园世界文化遗产申报工作；积极推动云南公共服务体系建设，数十次下基层了解农家书屋、广播电视"村村通"、边疆文化长廊、乡镇文化站、农村广场文化、农民素质培训学校、图书馆、文化馆、基层医疗卫生体系、农村食品安全体系建设及中小学布局调整、学前及职业教育等工作情况并帮助协调解决有关问题。

4. 发挥个人特长，积极参与云南民族文化强省建设

利用长期从事文化艺术及学术研究、管理、组织策划工作等优势，在"桥头堡"建设中组织策划了一批国家级、省部级重大文化项目；充分利用长期在国内外学习、工作所积累起来的资源，尽可能将国内外有关资金、项目、技术、品牌、人才引入云南，把云南文化及其成果源源推向省外、国外，为云南民族文化强省建设做了大量富有成效的工作。

（三）坚持廉洁自律，树立共产党员良好形象

始终坚持把社会主义核心价值体系和荣辱观作为道德建设的基本要求，以优秀共产党员杨善洲为榜样，模范遵守社会公德、职业道德和家庭美德，不断提高自身修养；严守廉洁自律各项规定，坚持廉洁从政，严格执行"四大纪律、八项要求"和"8个方面禁止""52个不准"；严格执行领导干部个人事项报告制度，自觉防止滥用职权、以权谋私，做到生活正派、情趣健康、一身正气；坚持把慎重交友作为拒腐防变的重要措施，慎重对待社会交往和朋友来往；严格要求亲属和身边工作人员，做到防微杜渐、警钟长鸣，永葆艰苦朴素的生活作风，筑牢拒腐防变的底线。两年来不但为云南 2010 年抗大旱及希望小学建设、小学生营养加餐、文化产业建设、文化遗产保护、基层图书馆建设，以及有关院校建设引进众多资金、项目、技术、图书、艺术品，而且还个人捐款两万多元、谢绝省政府办公厅的重大奖励，赢得了周围广大干部群众的赞誉。

二、基本做法

在滇工作期间，一直致力于强化三种意识、增强三种能力、锤炼三种本领、提高三种水平、发挥三种作用、树立三种形象，全力把自己锻炼成能够经受执政考验、改革开放考验、市场经济考验、外部环境考验，能够抵御精神懈怠挑战、执政能力挑战、脱离群众挑战、消极腐败挑战，政治强、业务精、作风正、关键时刻挺得住、关键岗位有作为的党员干部，不负党和人民的众望，圆满完成挂职锻炼任务。

（一）强化三种意识

1. 强化大局意识

作为中央下派干部、中组部直管干部、十七大代表，始终在学习锻炼过程中增强大局意识，自觉在大局下思考、行动，坚持马列主义、毛泽东思想不动摇，坚持邓小平理论、"三个代表"主要思想、科学发展观不动摇，一切工作服务于科学发展这个根本、一切言论行动服从于改革开放、安定团结这个大局，并按照省委、省政府所确定的"十二五"规划与建设民族文化强省、绿色经济强省与

我国面向西南开放的重要桥头堡总体部署联系服务社会事业口工作。做到立场坚定、态度坚决、措施有力、纲举目张，协助主管领导开拓创新、积极推动云南省的文改、医改、教改、体育发展及食安工作，严格按照中央确定的时间表、线路图完成任务。

2. 强化政治意识

政府工作无小事，事事关系国计民生及党和国家形象、党和政府权威。故，我能始终强化政治意识，提高自己的政治敏锐性，增强政治辨别力、政治免疫力。在一切工作中，尤其是在下基层协调关系、到边疆调研过程中，始终把握政治方向、恪守政治原则、坚守政治底线、严格政治纪律、保持政治道德，一切从有利于坚持"四项基本原则"，有利于国家统一、民族团结、社会和谐、人民幸福的立场考虑问题，动员一切力量凝聚到党和政府周围，并把自己的思想行动统一到党和政府的部署上来，确保政治安全、政通人和。

3. 强化挂职意识

挂职锻炼的本质意义就是使受锻炼者在实际工作与中国特色社会主义建设伟大实践中摸爬滚打、学习提高、健康成长。为此，我努力多学、多看、多思、多掌握本领、多提高能力，并摆正自己的位置、调适自己的心态，既积极主动、敢于担当，又多作请示汇报、全力以赴、实现领导意图；既不怠惰缺位、无所作为，又不越位处置、随意行政；既有所为、积极协调，又有所不为、从容淡定。充当好自己的角色，发挥好自己的作用，为省政府工作加分而不是添乱，坚决克服"无过便是功"及"事不关己、高高挂起"的错误思想，坚持从学习中进步、在锻炼中成长；坚持从服务中提高、在历练中升华。

（二）增强三种能力

1. 增强宏观思维能力

政府工作关乎社会方方面面、民生点点滴滴，需从细处入手、在实上落脚，绝不能大而化之，但也不能一叶障目、不见泰山、以小失大，将宏观视野、抽象思维淹没在琐碎具体的事务当中，从而看不到整体、看不到趋势，而应有长远的眼光、宽广的胸怀、理论的高度、统筹各方的能力、处理宏观与微观辩证关系的本领。例如，我组织设计的"云南边疆文化安全""云南省环印度洋文化调研""文化产业与产业文化"等课题，无一不是在国家文化安全、我国 21 世纪印度洋战略、全球文化产业走向等宏观背景下思考云南文化前途命运的产物，就其进行调查、研究，并将有关成果转化为具体项目与行动，有助于对云南乃至我国、东南亚、世界政治、经济、文化产生深远影响。

2. 增强科学决策能力

在××副省长的直接指挥下，我深度参与到云南社会事业，尤其是文化事业与文化产业建设发展的重大决策中。例如，所参与主持的《云南文化产业行动计划》《云南电影产业发展规划》制定，云南省教育布局调整、云南省发展职业教育、云南省发展学前教育、云南省开展第二轮禁毒防艾行动等决策，都能按"调研在前、协调在中、参谋在后、规范运作"的原则科学计划并反复征求相关部门意见，做到于政策有据、于法律有本，有目标、有主体、有组织领导、有措施、有机制保障、有责任督查，力求严谨精致、具有可操作性并取得实效，以减少随意性、粗放性，避免决策失误给党和人民造成无可挽回的损失。

3. 增强综合协调能力

协调力是副秘书长岗位必须具备的能力要求。在文化体制改革过程中，我在省委宣传部的鼎力支持下，充分依靠发改委、国资委、财政厅、国税局、地税局、劳动人事厅、工信委、工商局等参与支持，完成了三网合一、文投集团筹建、文艺院团转企改制等协调工作，还促成省直有关部门与昆明市积极合作，全力推动六大文化标志工程及延误建设达六年之久的云南话剧院剧场建设顺利推进。去年至今年年初，我还专程赴北京做重要新闻媒体协调、为三阳血丹进入国家药物招标名录、我国某公司在缅北复工等重大协调并取得成功。

（三）锤炼三种本领

1. 锤炼调查研究本领

调查研究是领导者必须具备的本领之一。为了迅速了解省情、工作到位，我苦练调研功，力求将政策与实际相统一，将世情与国情、省情相结合，使工作具有针对性、实效性。两年间，我走遍云南所有州（市）、区（县）及省直联系部门，分文化安全、文艺汇演、文艺创作、文化基础设施建设、文化体制改革、文化产业发展、公共文化体与建设、文化遗产保护、农家书屋、职业教育、学前教育等10余个专题进行调研，收获甚丰。每次调研前，我阅读大量资料；调研中，我详细了解情况；调研后，我将有关材料整理上报分管领导或联系部门协调处理。这密切了上下关系，强化了行政效力。在调研过程中，我也或召开座谈会、或作专题报告，宣传党和国家的有关路线方针及省委、省政府的战略部署，解疑释惑，进行社会动员，推动思想解放。

2. 锤炼狠抓落实本领，将政府工作重在落实

两年来，对于中央及省委、省政府领导同志的有关指示批示，以及对中央及省委、省政府的有关文件精神、重大部署，我都高度重视、不敢疏忽，从部署到实施、督促、检查全过程掌控。例如，主持"中国首届乡村艺术节"期间，不仅驻会24天亲自督战，而且从会标、证件、解说词、节目单、演出、宣传到安全、卫生、后勤保障无一事不用心，确保万无一失；如"滇云文化出版工程"从动议到策划、申报，先后召开十余次会议，征求多方意见，"费尽移山心力"，从总体设计到组织队伍均亲历亲为，以保证其品质；又如，为推进云南文化六大标志性工程建设我10余次往返于省政府与工地之间，做到了解全流程、服务全过程。

3. 锤炼应急处置本领

负责社会事业口管理工作，身处社会高危期，常常有自然灾害、疾病、食品安全事故等发生，令人猝不及防，并相伴有领导同志来访、来电、来文及媒体种种报道监督立即跟进。在盈江地震、斗姥阁被焚、大理龙首关被毁、保山等地发生食物中毒、文山发生校园凶杀案后，我都能在××副省长的亲自指挥下处惊不变、临危不乱，并反应敏捷、行动迅速、措施果断、应对自如，急人民之所急，忧党和政府之所忧，紧急处置，以解决问题、稳定局势、安定人心，变被动为主动。2010年10月20日晚，回良玉副总理突然到访全国首届乡村艺术节开幕式现场，我又一次经受考验，与文化厅同志密切配合，仅用30分钟完成了全部安保、接待、准备工作，受到省政府领导的肯定及回副总理的高度评价。

（四）提高三种水平

1. 提高理论知识水平

除向实际学习，向身边领导、职工学习行政知识、工作经验、领导能力外，我十分重视政治理论、科技知识、政策法规、历史文化学习，以丰富自己的精神世界，提高自己的理论修养，为完成省委、省政府交办的工作任务奠定雄厚的理论知识基础。除学习中央领导有关讲话及中央有关文件外，我系统学习了《七

个怎么办》《社会主义核心价值体系学习读本》《划清"四个界线"学习读本》，还参加了办公厅党组组织的全部学习活动，全部完成了云南省干部在线学习任务，粗读了全部云南省州（市）、区（县）志书，精读了一大批有关行政管理、云南历史文化类图书，基本做到了对云南文化省情及行政管理规范心中有数。

2. 提高组织策划水平

在滇两年，我继续致力于提高组织策划能力，在节会、文化产业、文化遗产保护利用、新闻出版、学术策划等方面取得了一定的成绩。例如，首届全国乡村文化艺术节、永胜中国边屯文化博物馆、豆沙关边关文化艺术节、大河遗址文化生态园，以及包括茶、烟、传统医药、玉石、旅游、花卉、铜、锡在内的八大文化产业和"滇云文化出版工程""祖国大家庭丛书""丽江文化丛书""云南文化在中国21世纪印度洋战略中的作用、地位"等策划便是这方面的例子。它们都立足于云南文化实际，有望产生良好的社会效益与经济效益，对扩大云南知名度、塑造云南形象、营造云南品牌、提振云南精神、推动云南发展将发挥良好作用。

3. 提高办文、办会水平

办文、办会是办公厅工作的基本内容。两年来，我认真向秘书六处同志学习，不断提高办文、办会的质量和效率，全心全意做好"三个服务"。办文坚持"件前协调、件中跟踪、件后总结"，使秘书六处的文电办结率达100%。我还坚持文件审批全程跟踪，盯紧每个环节，每月回头看检查；对所组织协调的会议，无论其规模大小与层级高低，均严格报批，严格程序，严把材料质量关，使所确定的各项决策得到较好贯彻落实。

（五）发挥三种作用

1. 发挥桥梁纽带作用

作为中央机关下派干部，我充分发挥中央机关，尤其是派出单位与所在党委政府之间的信息管道、工作桥梁、感情纽带作用，把中央机关的信任、支持、温暖送到地方，同时把地方的困难、诉求、呼声向中央机关传递，使两者良性互动，实实在在为地方排难解忧。同时，作为中国文联党组成员及书记处书记，我积极做到：（1）为中国文联外联部、理论室、视协、剧协、美协、音协、摄协在滇开展活动提供有力支持；（2）为中国文联推荐大批云南艺术家加入各全国文艺家协会；（3）为云南引入"聂耳音乐周""东南亚、南亚电视艺术周"及其论坛、"国际摄影节""全国乡村艺术节"等品牌；（4）看望近百名著名文艺工作者、学者、杰出传承人，并为他们解决出版、生活、举办研讨会与演唱会等困难；（5）为数十个基层文联与文艺院团解决经费、编制、用车、办公用房困难；（6）2010年抗大旱及2011年盈江地震后争取文艺界救灾及捐赠艺术品；（7）继续主持中国民协民间文化抢救工程《中国民间故事全书》《中国民俗志》丛书、《中医昆仑》丛书、《中国民间工艺教材》丛书编辑出版工作，并帮助逐一落实《云南民间故事全书》全部编辑出版经费。它们密切了中国文联与云南文艺界的联系，同时推动了云南文艺事业的繁荣，活跃了云南文化市场，壮大了云南文艺力量，使云南的文化惠民更加生机勃勃。

2. 发挥穿针引线的作用

我利用自己长期在国外留学、在京工作，从事学术研究、社会管理及文化艺术活动组织策划等优势，挖掘大量学术、行政、文艺资源，为云南的发展做了一些穿针引线的工作：（1）为丽江建设电影院线引进4D技术项目及资金；（2）积极斡旋，促成文化部批准大理文化生态园及香格里拉文化生态园各获6亿元经费，以及"湄公河家园"落户昆明；（3）促成美国波士顿交响乐团来滇演出、云南民族中学与英国伯尔茅茨大学建立留学生交换关系、国际徒步联盟与云南省东南亚南亚经贸中心合作开发云南徒步旅游资源以及加拿大渥太华大学与省文物局合作提升云南博物馆系统保护技术；（4）从北京、上海、山西等地引进资金、图书支持香格里拉论坛、云南省花灯剧院、白地东巴学校、摩梭文化研究会、宁蒗彝族自治县图书馆、昆明医学院图书馆、丽江古城区团山古乐队建设。

3. 发挥宣传推介作用

除了将大量资金、技术、项目、人才引入云南外，我还大力推动云南文化、文学艺术走向省外及国外，参与到21世纪中华文明复兴与国际文化大交流中去。在学术上，我先后在厦门理工大学、清华大学、北京《诗探索》、深圳文联、中国餐饮协会主办的论坛作《滇云文化大突围》等多场报告宣传云南；在新闻方面，先后在《光明日报》《中国日报》等10多家报刊撰文介绍云南的文化遗产保护成就；在出版方面，帮助云南出版集团有限责任公司策划主编"祖国大家庭"丛书并被列入国家重点项目，主持策划"滇云文化出版工程"，系统、全面、整体介绍云南文化的历史与现实；在对外交流方面，帮助元阳与澳大利亚南奥特兰市建立合作关系并在澳大利亚七个城市举办元阳梯田文化巡展；在文化产业方面，帮助文化厅产业处与新加坡东利集团合作在新加坡与美国纽约长期设点推销云南工艺品；在展览介绍方面，通过与清华大学文学院赵丽明合作，实现了云南文化遗产参加清华大学100周年文物展览。

回顾700多个在滇生活的日日夜夜，我心充满感动。这是因为在党中央国务院的英明决策下，以"桥头堡"建设为契机，云南迎来了一个新的战略机遇期；在历届省委、省政府的正确领导下，经过60多年的建设与积累，云南已经建立起较强大的物质基础与精神力量，明天的云南一定更美好！

品味两年在滇挂职锻炼经历，我心充满感激。这是因为云南是生我、养我、育我的家乡，在我需要提高进步之际又接纳我、洗礼我、激励我、鞭策我。如果说我已经有了一定的成长，那是中组部、中国文联党组、省委、省政府给我机会、省委组织部与省政府办公厅给予我平台、××副省长严格要求我、秘书六处全体同志全力支持我、省直各部门与各州市区县广大干部群众关心我的结果。没有云南丰富深厚的历史文化，就没有我经受锻炼的平台与条件；没有云南人民伟大的物质与精神创造，就没有我奋发有为的动力。

反思这一工作片断，我心充满太多的遗憾。这是因为出于自己党性不强、修养不高、能力不足、经验欠缺，也出于条件有限，我对云南了解太少，我对云南所知甚少，我为云南所做的贡献微不足道，我的成长进步相当有限。但愿我永远珍藏这段记忆，永远回报我们的母亲；但愿我把它视作新征程的起点，开始一次新的"挂职锻炼"。

"今当远离，临表涕泣，不知所云"。

2011年7月19日

挂职云南走遍所有州市、区县(2009年8月—2011年8月)

附 录

会议纪要（1）

时间：2010年8月3日下午 14：30
地点：省政府×××副秘书长办公室
主持：×××副秘书长
出席：云南省文化厅研究室主任×××、省文化艺术研究所所长××
记录：省政府办公厅秘书六处袁皓

7月26日省政府×××副秘书长向省文化厅黄峻厅长介绍编辑《云南文化丛书》计划及提出研究文化安全课题后，今天下午省文化厅派厅研究室主任×××、文化艺术研究所所长××向×××副秘书长进一步了解编辑《云南文化丛书》及立项研究文化安全事宜。

会议议定了以下事项：

一、丛书的构成及编辑分工

《云南文化丛书》共分：《云南县域文化丛书》（即《云南文化史话丛书》《云南文化读本丛书》）、《云南学术史话丛书》《云南文艺史话丛书》《云南民间故事丛书》《云南民俗志丛书》《云南历史人物丛书》《云南历史事件丛书》，共七套八个系列。其中，《云南学术史话丛书》由省社科院负责编辑；《云南文艺史话丛书》分两个门类，由省文联负责编辑；《云南县域文化丛书》中的《云南文化史话丛书》云南每县一本，共129本，由省文化厅负责编辑，《云南文化读本丛书》云南每县一本，共129本，由云南大学木霁弘教授负责编辑；《云南民间故事丛书》《云南民俗志丛书》均为云南每县一本，共258本，由省民协负责统筹，各州（市）文联负责编辑。

二、丛书编辑的组织机构及图文规模

七套八个系列的丛书均设省、州（市）、县三级工作委员会和编辑委员会，工作委员会成员原则上由各级领导担任，编辑委员会原则上由各级专家担任。每本书的文字规模控制在20万~25万字，配图规模控制在50~100幅照片。

三、编辑经费的筹集及发型购买

编辑经费由省、州（市）、县三级财政筹集。发行购买分三部分：一是各县政府购买；二是省、州（市）、县图书馆购买；三是消费者在书店购买。

四、丛书编辑的时间计划

2010 年 10 月各地、各单位签约并启动；2010 年 12 月前成立各级工作委员会、编委会，并确定编辑体例；2011 年 6 月 30 前提交初稿；2012 年 6 月 30 日前全套丛书出版完毕。

五、省文化厅应于 2010 年 8 月 20 日前提交《云南文化史话丛书》编纂体例、方案初稿。审核通过后，由省文化厅报省政府批准实施。

六、文化厅汇报了拟以课题形式立项研究文化安全。×××副秘书长就文化安全的概念提出及研究方向进行了指导。

会议纪要（2）

2010年12月18日上午，省政府×××副秘书长就编辑出版《云南文化丛书》事宜与省新闻出版局副局长王毅、图书出版管理处处长×××进行了研究。

×××副秘书长介绍了策划出版《云南文化丛书》的情况：《云南文化丛书》由《云南学术史话丛书》《云南县域文化丛书》《云南历史文化丛书》《云南历史人物丛书》《云南文艺史话丛书》《云南民俗文化丛书》《云南读本丛书》《云南民族文化丛书》共八套丛书构成。整套丛书要解决云南文化的主体论、解释云南文化的本体论、体现云南文化的阶段论、提炼云南文化研究的方法论，打造滇云文化学，成为云南建设民族文化强省的理论支撑之一。

其中，《云南学术史话丛书》主要用春秋笔法来介绍云南学术，不求深，求通俗易懂；《云南县域文化丛书》以云南129个县为基础，每县1卷；《云南历史文化丛书》《云南历史人物丛书》叙述庄蹻入滇至1949年以来的历史事件和历史人物；《云南文艺史话丛书》叙述云南各文艺门类主要情况；《云南民俗文化丛书》《云南民间故事丛书》均为每县1卷；《云南民族文化丛书》主要记录云南26个民族文化，拟控制在35册以内。

×××副秘书长还介绍了各套丛书的拟牵头编辑单位。即《云南学术史话丛书》由省社科院或云南大学牵头；《云南县域文化丛书》由省文化厅民族文化研究院牵头；《云南历史文化丛书》由省文史馆牵头；《云南历史人物丛书》由省地方志办牵头；《云南文艺史话丛书》由省文联牵头；《云南民俗文化丛书》由云南大学民族学研究院牵头；《云南民间故事丛书》由省民间文艺家协会牵头；《云南民族文化丛书》由云南民族学会牵头；《云南读本丛书》由云南大学木霁虹教授牵头主编。

在组织体制上×××副秘书长指出，全套丛书总顾问由省委书记、省长担任，××副省长、×××秘书长任总编，全套丛书均设省、州（市）、县三级工作委员会和编辑委员会，工作委员会成员原则上由各级领导担任，编辑委员会原则上由各级专家担任。每本书的文字规模控制在15万字。全套丛书由云南出版集团有限责任公司或省外有关出版社出版。

省新闻出版局与会同志认为,《云南文化丛书》是建设云南民族文化强省的重要工程,建议由云南人民出版社来出版,并将成为云南人民出版社的拳头产品。为做好此项工作建议三点:一是要争取中华出版基金的支持;二是要选好编撰人员;三是要做好相关出版工作。建议由省政府发文将编辑出版《云南文化丛书》部署到全省各部门、各州(市)县,并成立专门的工作班子负责具体工作的运行,同时争取将该套丛书列入云南省新闻出版"十二五"重点项目。

×××副秘书长最后指出,将尽快确定丛书的各牵头责任单位、编撰方案及工作方案,征求各相关单位意见,然后上报请示×××部长和××副省长批示,并进一步将全套丛书作为特殊项目报新闻出版总署争取书号和资金。

参会人员:省政府×××、省新闻出版局××、省新闻出版社局×××。

普洱文艺发展情况调研方案

一、调研内容

多年来，在普洱市委、市人民政府的领导下，普洱市文艺界在过来的工作中认真贯彻落实省委、省政府提出的有关建设"民族文化大省"的文件精神，以出精品、出人才为目标，抓创作、推人才、谋发展，立足普洱实际做了大量工作，取得了明显成绩，各艺术门类都获得了较快发展。但是由于普洱属于边疆欠发达地区，在建设社会主义和谐社会的进程中，特别是在打造面向西南开放的重要"桥头堡"战略中，存在经费不足、机制不健全等诸多问题，而加强文艺队伍建设、加快文艺发展，使文艺在加强民族团结、维护边疆稳定、推动边疆民族地区经济社会和谐发展中发挥出应有的作用具有重要的意义。为此，我们恳请省人民政府对普洱的文艺建设发展情况进行调研，并通过调研帮助解决好影响普洱文艺事业发展的体制、机制问题，需要帮助调研解决的三个重点问题如下。

（一）帮助协调解决《中国民间故事全书》（普洱卷）、《中国民俗志》（普洱卷）编撰经费60万元

《中国民间故事全书》（普洱卷），全书共分10卷，每县（区）一卷，每卷30万字，100幅照片；《中国民俗志》（普洱卷）共10卷，每县（区）一卷，每卷约20万字，80幅照片。

（二）帮助协调解决每年文艺创作扶持资金

文艺创作扶持资金主要用于设立市委、政府确定的重点文艺项目作品创作，普洱市10个协会工作经费及文艺采风培训、文艺传承、保护和《普洱文艺副刊》的办刊经费。

（三）帮助协调解决人员编制问题

增加一名抓文艺创作和协会管理的专职副主席。同时，增加五名编制，三名科级职数，专门加强对协会的管理，使每个协会都做到有专人管理。

二、调研时间、地点

时间：拟定于 2010 年 8 月 11 日至 15 日，四天时间，具体时间请白秘书长定。

地点：普洱市文联、宁洱县、镇沅县、景东县。

三、调研日程安排

8 月 11 日入住景东，听取景东县文艺工作情况汇报；8 月 12 日实地走访；8 月 12 日下午离开景东前往镇沅县。

8 月 12 日下午入住镇沅县，听取镇沅县文艺工作汇报；8 月 13 日实地走访；8 月 13 日下午离开镇沅至宁洱县。

8 月 13 日下午入住宁洱，听取宁洱文艺工作汇报；8 月 14 日上午实地走访，下午离开镇沅至普洱市。

8 月 14 日下午入住普洱市，15 日实地调研听取普洱市文艺工作汇报后结束。

四、要　求

1. 不安排迎送；
2. 不安排宴请；
3. 不安排游历名胜风景；
4. 不观看专场演出；
5. 不接受任何礼品礼物；
6. 不安排餐后娱乐。

2010 年 7 月 28 日

参观西盟佤族博物馆

与澜沧县拉祜族民间艺术团在一起

2010年1月—2011年8月的工作安排表

时 间		地 点	工作内容	备注
2010年1月4日 星期一	上午	休假		
	下午	休假		
1月5日 星期二	上午	办公室		
	下午	办公室		
1月6日 星期三	上午	省民族博物馆	调研	
	下午	二楼六会议室	开会	
1月7日 星期四	上午	二楼六会议室	开会	
	下午	办公室	办公	
1月8日 星期五	上午		接待中国文联胡振民书记一行	
	下午			
1月9日 星期六	上午		出席中国文联"送欢乐、下基层"慰问活动	
	下午			

续表

时间		地点	工作内容	备注
1月10日 星期日	上午			
	下午			
1月11日 星期一	上午 10:00	震庄宾馆莲楼	大公报南亚新闻中心揭牌仪式	
	下午 16:00	震庄宾馆多功能厅	出席金融工作座谈会	
1月12日 星期二	上午 9:00	省社科联	开会	
	下午			
1月13日 星期三	上午 9:00	省政府常务会议室	列席省政府第三十七次常务会议	
	下午			
1月14日 星期四	上午			
	下午			
1月15日 星期五	上午			
	下午			
1月16日 星期六	上午	北京	出席中国文联八届五次全委会	
	下午			
1月17日 星期日	上午			
	下午			

续 表

时间		地点	工作内容	备注
1月18日 星期一	上午			
	下午	北京	出席中国文联八届五次全委会	
1月19日 星期二	上午			
	下午			两会报到
1月20日 星期三	上午 10:00	1202办公室	开会	
	下午 17:00	省药物依赖研究所	出席农工党联谊活动	
1月21日 星期四	上午			
	下午 16:00	海夏会堂报告厅	列席"两会"中共党员会议	
1月22日 星期五	上午 9:00	海夏会堂报告厅	列席省人代会第一次全体会议	
	下午			
1月23日 星期六	上午 9:00	海夏会堂新闻发布厅	列席省政协新闻发布会	
	下午			
1月24日 星期日	上午			
	下午 15:00	海夏会堂报告厅	列席省人代会第二次全体会议	
1月25日 星期一	上午			
	下午			
1月26日 星期二	上午			
	下午 17:00	海夏会堂报告厅	列席省人代会第四次全体会议	

续 表

时 间			地 点	工作内容	备注
1月27日 星期三	上午				
	下午	14:00	省政协3楼334会议室	陆军讲武堂建校百年纪念电视纪录片座谈会	
1月28日 星期四	上午				
	下午	15:00	官渡国际会议中心四楼会议厅	全省宣传思想文化工作会议的通知	纪栢书记讲话
1月29日 星期五	上午	9:00	官渡国际会议中心四楼会议厅	全省宣传思想文化工作会议的通知	田欣部长讲话
	下午				
1月30日 星期六	上午	9:00	煤炭疗养院	全省基层文化工作会议	
	下午				
1月31日 星期日	上午				
	下午				
2月20日 星期六	上午		常务会议室	列席省政府常务会	
	下午		办公室	办公	
2月21日 星期日	上午		办公室	办公	
	下午		办公室	办公	
2月22日 星期一	上午		办公室	办公	
	下午		办公室	办公	
2月23日 星期二	上午		办公室	办公	
	下午		办公室	办公	

续 表

时 间		地 点	工作内容	备注
2月24日 星期三	上午 9:00	昆明市文联	调研	
	下午 15:00	连云宾馆礼堂	听时代前沿知识讲座	
2月25日 星期四	上午 9:00	省群众艺术馆	调研	
	下午 15:00	省图书馆	调研	
2月26日 星期五	上午 10:00	省广电局	全国电影工作电视电话会议	
	下午 15:00	省文物总店	调研	
2月27日 星期六	上午			
	下午			
2月28日 星期日	上午			
	下午			
3月1日 星期一	上午 10:00	二环西路220号省软件园B座2楼会议室（省网络公司）	全国电影工作电视电话会议	吴有成、袁皓
	下午 15:00	省委1号楼D层3号会议室	张田欣部长主持召开会议专题研究云报传媒广场	吕䃟峰陪同
3月2日 星期二	上午 9:00	青年路与东风西路口文化科技大楼10楼	省文物总店调研	
	下午 14:00	东航MU5705（737）	乘飞机去北京	

续 表

时间		地　点	工作内容	备注
3月3日 星期三	上午			
	下午 全天	北京	参加"第二届国际徒步论坛暨第三届中国十大徒步人物评选颁奖"大会	
3月4日 星期四	上午			
	下午			
3月5日 星期五	上午			
	下午			
3月6日 星期六	上午			
	下午			
3月7日 星期日	上午			
	下午 15:00	返回昆明 CZ6159	在途	
3月8日 星期一	上午	温泉宾馆	厅党组中心组学习	
	下午			
3月9日 星期二	上午	连云宾馆	省文联六届四次全委会	
	下午			
3月10日 星期三	上午			
	下午			
3月11日 星期四	上午 9:00	省委宣传部第一会议室	张部长主持研究青歌赛事宜	
	下午			

续表

时间		地点	工作内容	备注
3月12日 星期五	上午	丽江	作产业文化建设报告	
	下午			
3月13日 星期六	上午			
	下午			
3月14日 星期日	上午			
	下午			
3月15日 星期一	上午 9:00	省文物局	调研	
	下午	办公室	办公	
3月16日 星期二	上午 9:00	办公室	办公	
	下午 15:00	办公室	办公	
3月17日 星期三	上午 9:00	省文史馆	调研	
	下午 15:00	民族电影厂	调研	
3月18日 星期四	上午 9:00	省话剧院	调研	
	下午 15:00	办公室	约谈非遗中心领导	
3月19日 星期五	上午 9:00	新闻图片社	调研	
	下午 15:00	云南民族文化音像出版有限公司	调研	
3月22日 星期一	上午 11:30	办公楼一楼大厅	抗旱救灾先锋行动捐款	
	下午			

续表

时间			地点	工作内容	备注
3月23日 星期二	上午	9:00	省电视台	调研	
	下午	15:00	廉政电视电话会议	办公楼二楼第五会议室	
3月24日 星期三	上午	9:00	云南日报创刊60周年纪念大会	海埂会堂	
	下午	15:00	省广播电台	调研	
3月25日 星期四	上午	全天	曲靖	市文联调研（研究民间故事出版社事宜）	拟会见饶卫副市长
	下午				
3月26日 星期五	上午				
	下午				
3月27日 星期六	上午		国际会展中心	纳西三多节	
	下午		连云宾馆	中华文化促进会云南分会成立庆典	
3月28日 星期日	上午				
	下午	15:00	常务会议室	省政府第四十次常务会议室	
3月29日 星期一	上午		办公室	办公	
	下午		办公室	办公	
3月30日 星期二	上午	9:00	省文史馆9楼报告厅	周善甫《大道之行》出版座谈会	
	下午		办公室	办公	
3月31日 星期三	上午	9:00	连云宾馆	时代前沿讲座	
	下午		办公室	办公	

续 表

时间		地 点		工作内容	备注
4月1日 星期四	上午	办公室	办公		
	下午	办公室	办公		
4月2日 星期五	上午	办公室	办公		
	下午 14:00	乘MU5705赴北京	出差		
4月3日 星期六	上午				
	下午				
4月4日 星期日	上午				
	下午				
4月5日 星期一	上午	北京	出差		
	下午				
4月6日 星期二	上午				
	下午				
4月7日 星期三	上午				
	下午				
4月8日 星期四	上午				
	下午				
4月9日 星期五	上午				
	下午				

续表

时间		地点	工作内容	备注
4月10日 星期六	上午			
	下午			
4月11日 星期日	上午			
	下午			
4月12日 星期一	上午	办公室	办公	
	下午 18:00	震庄宾馆陪同宴请赵少	20:00 省歌舞剧院审节目	
4月13日 星期二	上午			
	下午			
4月14日 星期三	上午 8:30	滇池温泉花园酒店	参加省委宣传部召开的《云南大百科全书》会议	8:00 出发
	下午			
4月15日 星期四	上午 9:30	省政协礼堂	民族学会《云南民族》首发式	9:00 签到 8:00 出发
	下午			
4月16日 星期五	上午 8:30	楚雄恐龙谷	剪彩（7:30 出发，8:00 在碧鸡关汇合）	请磷峰、儒智、有成、晓龙、灿
	下午 8:00	三楼9会议室	听取省文产办关于《省文化产业振兴规划纲要》制定情况汇报	
4月17日 星期六	上午 13:00	昆明机场贵宾厅	送单琴局长一行	12:40 出发 送机后直接去
	下午 14:00	海埂基地	体育活动	

续 表

时间		地点	工作内容	备注
4月18日 星期日	上午			
	下午 15:00	东寺街滇剧院	省京剧院优秀青年演员展演	14:30出发
4月19日 星期一	上午	办公室	办公	
	下午	办公室	办公	
4月20日 星期二	上午 9:00	海埂会堂百合厅	参加推进"桥头堡"建设专题汇报会	8:15出发
	下午 15:30	高副省长办公室	听取文化体制改革汇报	
4月21日 星期三	上午 9:00	海埂会堂百合厅	陪同高副省长调研文化工作	
	下午 15:00	省委1号楼D层3号会议室	参加云南大剧院划转文投集团工作协调会	
4月22日 星期四	上午 10:00	官渡区文体局广场	出席"盗版、非法出版物销毁"活动	关上森林公园 9:00出发
	下午	办公厅二楼大会议室	文化安全报告	
	晚上 8:30	关上玻璃空间	陪同宴请欧阳坚副部长一行	
4月23日 星期五	上午 9:00	连云宾馆	参加时代前沿讲座	
	下午			
	晚上 20:00	翠湖宾馆金色大厅	出席云南省文学创作分布奖晚会	
4月24日 星期六	上午 12:00			
	下午 13:00－14:30	福保文化城"睡美人"酒店	出席文化厅汇报工作会	欧阳副部长15:20前往机场,乘16:45航班返京

续 表

时间		地 点	工作内容	备注
4月25日 星期日	上午			
	下午			
4月26日 星期一	上午 10:00	震庄多功能厅	云南云视传媒集团有限公司成立庆典	
	下午 15:00	省委1号楼D层3号会议室	"东方影"项目建设领导上组会议	
4月27日 星期二	上午 9:00	办公厅二楼群六会议室	社会事业"桥头堡"建设汇报会	
	下午 15:00	常务会议室	云报传媒广场籍由目建设协调会	
4月28日 星期三	上午			
	下午 14:00	大理古城武庙会	"大理非遗活态展示"	
4月29日 星期四	上午			
	下午		文化安全报告	
4月30日 星期五	上午 9:00	三楼七会议室	召集省社科院、社科联开会	
	下午 14:00	赴京	MU5705	
	晚上 20:00	艺术剧院	《梭椤寨》演出	不参加
5月1日 星期六	上午			
	下午			
5月2日 星期日	上午			
	下午			

续 表

时 间		地 点	工作内容	备注
5月3日 星期一	上午			
	下午			
5月4日 星期二	上午	北京		
	下午	北京		
5月5日 星期三	上午	北京		
	下午 15:00	北京	中国文联八届六次主席团会议	
5月6日 星期四	上午 9:00	北京	中国文联八届六次全委会委员会议	
	下午 15:00	北京	中国文联八届六次全委会委员会议	
5月7日 星期五	上午 10:00	北京	参与听取云南省文联向中国文联汇报	
	下午	北京		
5月8日 星期六	上午			
	下午			
5月9日 星期日	上午			
	下午			
5月10日 星期一	上午	广州	第九届中国艺术节	
	下午	广州	第九届中国艺术节	
5月11日 星期二	上午	广州	第九届中国艺术节	
	下午	广州	第九届中国艺术节	

续 表

时 间		地 点	工作内容	备注
5月12日 星期三	上午	广州	第九届中国艺术节	
	下午	广州	第九届中国艺术节	
5月13日 星期四	上午	中山	第九届中国艺术节	
	下午	中山	第九届中国艺术节	
5月14日 星期五	上午	深圳	第六届深圳国际文博会	
	下午	昆明	返回昆明	
5月15日 星期六	上午	云南民族中学	第11届彩云艺术节开幕式	
	下午			
5月16日 星期日	上午			
	下午			
5月17日 星期一	上午	办公室	办公	
	下午	办公室	办公	
5月18日 星期二	上午	办公室	修改文化产业振兴行动纲要	
	下午	办公室	办公	
5月19日 星期三	上午	昆明	考察松花坝遗址保护情况	
	下午	昆明	考察昆明市内文化遗产保护情况	
5月20日 星期四	上午	晋宁	考察乌铜走银工艺	
	下午	晋宁	考察乌铜走银工艺	

续 表

时 间		地 点	工作内容	备注
5月21日 星期五	上午	去宁蒗	在途	
	下午	去宁蒗	在途	
5月10日 星期一	上午	宁蒗	协调摩梭文化生态园建设项目	
	下午	宁蒗	调研宁蒗文化场馆建设工程	
5月23日 星期日	上午	从宁蒗至丽江	在途	
	下午	从丽江回昆明	在途	
5月24日 星期一	上午	在途		
	下午	在途		
5月25日 星期二	上午	贡山县	到怒江州调研文化安全及农村文化建设	
	下午	贡山县		
5月26日 星期三	上午	贡山县		
	下午	福贡县		
5月27日 星期四	上午	泸水县		
	下午	六库镇		
5月28日 星期五	上午	泸水县		
	下午	泸水县		
5月29日 星期六	上午	兰坪县	调研海门口遗址文物保护	
	下午	兰坪县		

续 表

时间		地点	工作内容	备注
5月30日 星期日	上午	剑川县	调研海门口遗址文物保护	
	下午	大理市		
5月31日 星期一	上午	剑川县	调研魏宝山文物保护	
	下午	返回昆明		
6月1日 星期二	上午	曲靖	讲座	
	下午	返回昆明		
6月2日 星期三	上午 8:30	普洱在途	参加茶马古道论坛	
	下午	在途		
6月3日 星期四	上午 9:00	圣安迪在酒店	入住圣安迪大酒店	
	下午 13:00	宁洱	茶马古道论坛开幕式	
6月4日 星期五	上午 8:30	圣安迪大酒店	陪同单局长考察或参加论坛	
	下午 14:00	返回昆明	各省区文物局专题发言,10:45 白副秘书长宣读《茶马古道科学保护普洱共识》	
6月5日 星期六	上午 9:00	第一届中国、东南亚、南亚电视艺术周开幕式	滇池度假区管委会怡景园酒店滇池厅	
	下午 18:00	第一届中国、东南亚、南亚电视艺术周欢迎酒会	滇池度假区管委会怡景园酒店滇池厅	
6月6日 星期日	上午	第一届中国、东南亚、南亚电视艺术周闭幕式	云南电视台滇播厅	
	下午 20:00			

续 表

时间		地点	工作内容	备注
6月7日 星期一	上午			
	下午 20:00	新纪元C座12楼宴会厅	边疆文学——吴龙年度大奖颁奖酒会	
6月8日 星期二	上午	去永胜		
	下午	在途		
6月9日 星期三	上午	永胜	边屯文化研究会成立	
	下午	永胜		
6月10日 星期四	上午	返回昆明		
	下午	在途		
6月11日 星期五	上午	办公室	办公室	
	下午	去北京	在途	
6月12日 星期六	上午		中国民协成立60周年纪念大会	
	下午			
6月13日 星期日	上午			
	下午			
6月14日 星期一	上午	端午节放假	端午节放假	
	下午	端午节放假		
6月15日 星期二	上午	端午节放假	端午节放假	
	下午			

续表

时间			地点	工作内容	备注
6月16日 星期三	上午		端午节放假	端午节放假	
	下午	21:10	返回昆明 CA4174	因雷雨天气,航班取消	
6月17日 星期四	上午				
	下午	15:40	返回昆明 CZ6159	因雷雨天气,航班取消	
6月18日 星期五	上午				
	下午				
6月19日 星期六	上午				
	下午				
6月20日 星期日	上午				
	下午	16:00	返回昆明 MU5712	19:45到昆明	
6月21日 星期一	上午				
	下午				
6月22日 星期二	上午	9:00	东礼堂	东礼堂工程竣工验收	
	下午	16:00	世纪金源大酒店	云南广播电台云广传媒集团成立揭牌	着正装
6月23日 星期三	上午	9:00	三楼七会议室	研究对南亚、东南亚交流有关工作	
	下午				
6月24日 星期四	上午	9:00	三楼九会议室	哈尼梯田申遗会议	
	下午				

续表

时间		地点	工作内容	备注
6月25日 星期五	上午			
	下午 15:00	老干活动中心	挂职干部座谈会	
6月26日 星期六	上午			
	下午			
6月27日 星期日	上午			
	下午			
6月28日 星期一	上午	文山	全省"村村通"工程经验交流会	
	下午	文山	全省"村村通"工程经验交流会	
6月29日 星期二	上午	文山	全省"村村通"工程经验交流会	
	下午	文山	全省"村村通"工程经验交流会	
6月30日 星期三	上午	办公室	办公	
	下午	办公室	办公	
7月1日 星期四	上午	办公室	16:00 会晤文投陶国相总经理	
	下午	去北京	在途	
7月2日 星期五	上午	国家文物局	参加元阳哈尼梯田申遗汇报会	
	下午			
7月3日 星期六	上午	返回昆明	在途	
	下午			

续表

时间		地　点	工作内容	备注
7月4日 星期日	上午 9:30	滇池温泉花园酒店	云南省第二届青年作家创作会议开幕式	
	下午			
7月5日 星期一	上午	去丽江在途	参加丽江茶马古道文化研讨会	
	下午	去丽江在途	参加丽江茶马古道文化研讨会	
7月6日 星期二	上午	丽江	丽江茶马古道文化研讨会开幕式	
	下午	丽江	丽江茶马古道文化研讨	
7月7日 星期三	上午	返回昆明	在途	
	下午	返回昆明	在途	
7月8日 星期四	上午	省委1号楼D层3会议	文产办会议	
	下午	办公室		
7月9日 星期五	上午 9:00	常务会议室	常务会议	
	下午 12:00	昆明－芒市－腾冲	18:00与文化部赵少华副部长一行共进晚餐	
7月10日 星期六	上午 8:00	腾冲官房酒店	出席全国文化厅局外事工作座谈会	
	下午			
7月11日 星期日	上午			
	下午 14:00	MU2566腾冲飞昆明	在途	

续 表

时间		地点	工作内容	备注
7月12日 星期一	上午		7.12—7.20 参加"桥头堡"建设省政府调研接待工作组指导工作（具体办公室到旅游文体调研接待组指导工作）。下午14:30 在办公室会见普洱文联同志。18:30 翠湖宾馆金色大厅（包5、包6）陪同省	
	下午			
7月13日 星期二	上午 8:30	连云宾馆	"桥头堡"调研动员会	
	下午 15:00	办公室	与省文联段跃斌副主席会谈	
7月14日 星期三	上午			
	下午 15:00	三楼九会议室	会见玉溪文联同志	
7月15日 星期四	上午			
	下午			
7月16日 星期五	上午	赴红河在途	调研哈尼梯田保护情况	
	下午	坝达、多依树、大鱼塘村	梯田保护、民居保护情况	
7月17日 星期六	上午	考惹嘴、猛弄土司府	梯田保护情况	
	下午	云梯酒店会议室	座谈会	
7月18日 星期日	上午			
	下午	返回昆明	在途	
7月19日 星期一	上午			
	下午 18:30	翠湖宾馆二楼牡丹厅	参与宴请国家档案局杨继波副局长、新加坡国家档案馆毕	

续 表

时 间			地 点	工作内容	备注
7月20日 星期二	上午	8:30	世纪金源酒店一楼宴会厅	参加国家池云南"桥头堡"建设调研工作反馈会及会后省委、省政府宴请	
	下午		办公室	办公	
7月21日 星期三	上午		办公室	办公	
	下午	15:00 – 16:30	文化厅10楼会议室 办公厅	出席棱椤寨表彰总结会 滇池泛亚艺术节协调会	
7月22日 星期四	上午			参与协调滇池泛亚艺术节工作	
	下午				
7月23日 星期五	上午		连云宾馆	省委中心组集中学习	
	下午				
7月24日 星期六	上午				
	下午		办公室		
7月25日 星期日	上午		海埂会堂	滇池泛亚艺术节开幕式晚会	
	晚上	8:00			
7月26日 星期一	上午	9:00	海埂会堂新闻厅	泛亚文化传媒合作大通道建设高层会议	
	下午		办公室	办公	
7月27日 星期二	上午		办公室	办公	
	下午		办公室	办公	

续 表

时 间		地 点	工作内容	备注
7月28日 星期三	上午 8:30	东礼堂	厅务会	
7月29日 星期四	下午 14:30	湖景酒店	"玉出云南 饮誉天下"讲座	
	上午	办公室	办公	
	下午	办公室	办公	
7月30日 星期五	上午	晨光出版社	调研	
	下午	办公室	办公	
7月31日 星期六	晚上 20:00	胜利堂	滇池泛亚文化艺术节闭幕音乐会	21:30 去机
	晚上 22:35	赴大理	乘8I.9901,23:10 到大理	
8月1日 星期日	白天	在理	参加第二届大理国际影会开幕式	
	晚上 23:00	回昆明	乘8I.9902,00:15 到昆明	23:30 去机
8月2日 星期一	上午 下午	昆明	看望省级民间文艺家	
8月3日 星期二	白天	办公室	下午听取"云南县域文化丛书"编纂筹备工作汇报	
	晚上 8:00	云南电视台演播厅	出席第三届云南－昆明动漫节开幕晚会	
8月4日 星期三	上午 9:30	科技馆,金龙饭店	参加动漫节开幕式、中澳民族文化座谈会	
	下午	办公室		
8月5日 星期四	上午 9:00	省委1号楼D层3会议	参加云南文苑建设规模协调会	
	下午 15:00	昆明饭店二楼东厢宫	主持"扫黄打"非座谈会	

续　表

时间		地　点	工作内容	备注
8月6日 星期五	上午			
	下午 15:00	省委大院	参加《文化产业振兴规划云南行动计划》编制情况汇报会	
8月7日 星期六	上午			
	晚上			
8月8日 星期日	上午			
	下午			
8月9日 星期一	下午 16:00	晨庄宾馆多功能厅	参加全国政协赴云南调研会议	
8月10日 星期二	上午 8:30	连云宾馆大礼堂	参加云南省首届中华传统美德讲坛开幕式	
	下午	办公室	办公	
8月11日 星期三	上午 9:30	呈贡	到亚广影视传媒中心电视广播大楼工地考察	
	下午 15:00	官渡	到云南省博物馆新馆工地考察	
8月12日 星期四	上午 9:30	官渡	到云南艺术中心工地考察	
	下午 15:00	官渡	到云南文苑工地考察	
8月13日 星期五	上午 9:00	昆明	到云南艺术研究所调研	
	下午 15:00	云南大学	到云南地质与珠宝研究所调研	
8月14日 星期六	上午			
	晚上			

续 表

时 间		地 点	工作内容	备注
8月15日 星期日	上午			
	下午			
8月16日 星期一	上午	办公室	办公	
	下午	办公室	办公	
8月17日 星期二	上午	办公室	办公	
	下午 18:00	玉溪红塔酒店	繁荣云南诗歌论坛报到,18:00市委、市政府宴请	16:00出发
8月18日 星期三	上午 9:00	玉溪红塔酒店	繁荣云南坛开幕式	午饭后返昆
	晚上 19:45	云南电视台演播厅	"青歌赛"云南代表团表彰晚会	
8月19日 星期四	上午 9:00	连云宾馆西一厅	中宣部课题组调研会	
	下午	办公室		
8月20日 星期五	上午 9:00	三楼九会议室	农民艺术节协调会	
	下午	办公室	办公	
8月21日 星期六	上午			
	晚上			
8月22日 星期日	上午	办公室	办公	
	下午	办公室	办公	
8月23日 星期一	上午	办公室	办公	
	下午	办公室	办公	

续 表

时　间		地　点	工作内容	备注
8月24日 星期二	上午 8：00	赴保山	在途	
	下午	赴保山		
8月25日 星期三	上午	隆阳区		
	下午	赴施甸		
8月26日 星期四	上午	施甸县	赴保山市调研民族文化安全、宗教文化安全、农村公共文化服务体系建设。	
	下午	赴龙陵县		
8月27日 星期五	上午	龙陵县		
	下午	赴腾冲		
8月28日 星期六	上午	腾冲县		
	下午	腾冲县		
8月29日 星期日	上午	腾冲县		
	下午	赴德宏傣族景颇族自治州	在途	
8月30日 星期一	上午	德宏州	赴德宏州调研民族文化安全、宗教文化安全、农村公共文化服务体系建设。	
	下午			
8月31日 星期二	上午			
	下午			
9月1日 星期三	上午			
	下午			

续 表

时间		地点	工作内容	备注
9月2日 星期四	上午	德宏州	赴德宏州调研民族文化安全、宗教文化安全、农村公共文化服务体系建设。	
	下午			
9月3日 星期五	上午	赴大理白族自治州弥渡县	在途	
	下午	弥渡县	调研铁柱	
9月4日 星期六	上午	赴祥云县	调研清华洞、大波那遗址	
	晚上	祥云县		
9月5日 星期日	上午	祥云县	在途	
	下午	返回昆明		
9月6日 星期一	上午	办公室	办公	
	15:00	省图书馆	参加第二届云南省青少年演讲比赛颁奖仪式	
9月7日 星期二	9:00	省文联	协调全国乡村歌手大赛相关事宜	
	15:00	福保村	协调第二届中国(福保)农民艺术节相关事宜	昆明市、官渡
9月8日 星期三	9:00	办公室	协调省财政厅支持第二届中国(福保)农民艺术节事宜	
	15:00	办公室	约谈加强艺术研究事宜	艺研院
9月9日 星期四	9:00	办公室	约谈编辑县域文化丛书事宜	艺研院
	15:00	办公室	约谈编辑中国文艺史话丛书事宜	省文联
9月10日 星期五	9:00	省文物局	协调文物保护工作	
	16:00	云南艺术学院	调研文化人才培养事宜	

续 表

时间		地 点	工作内容	备注
9月11日 星期六	上午 8:00	赴迪庆藏族自治州	参加第六届康巴艺术节	
	晚上	到丽江	参加第六届康巴艺术节	
9月12日 星期日	上午	赴迪庆	参加第六届康巴艺术节	
	下午	迪庆天界神川酒店	报到	
9月13日 星期一	上午	香格里拉县	出席第六届康巴艺术节系列活动	
	下午	香格里拉县	出席第六届康巴艺术节系列活动	
9月14日 星期二	上午	返回昆明	在途	
	下午	返回昆明	在途	
9月15日 星期三	上午	办公室	办公	
	下午	办公室	办公	
9月16日 星期四	上午	办公室	办公	
	下午	办公室	办公	
9月17日 星期五	上午	办公室	办公	
	下午	赴北京	在途	
9月18日 星期六	上午	北京		
	下午			
9月19日 星期日	上午		出差	
	下午			

续表

时 间		地 点	工作内容	备注
9月20日 星期一	上午	北京		
	下午		出差	
9月21日 星期二	上午			
	下午			
9月22日 星期三	上午			
	下午			
9月23日 星期四	上午	中秋节放假		
	下午			
9月24日 星期五	上午			
	下午			
9月25日 星期六	上午	北京		
	下午		出差	
9月26日 星期日	上午			
	下午			
9月27日 星期一	上午	去浙江	在途	
	下午	浙江	出差	
9月28日 星期二	上午			
	下午			

续表

时 间		地 点	工作内容	备注
9月29日 星期三	上午	浙江	出差	
	下午			
9月30日 星期四	上午			
	下午			
10月1日 星期五	上午	国庆放假		
	下午			
10月2日 星期六	上午			
	下午			
10月3日 星期日	上午			
	下午			
10月4日 星期一	上午	国庆放假		
	下午			
10月5日 星期二	上午			
	下午			
10月6日 星期三	上午			
	下午			
10月7日 星期四	上午			
	下午			

续 表

时 间		地 点	工作内容	备注
10月8日 星期五	上午	办公室	办公	
	下午	办公室	办公	
10月9日 星期六	上午	办公室	文联工作	
	下午	办公室		
10月10日 星期日	上午	办公室	办公	
	下午	办公室	办公	
10月11日 星期一	上午	办公室	全国乡村歌手大赛，福保文化艺术节协调会	
	下午	办公室	办公	
10月12日 星期二	上午 9:00	滇池温泉花园国际大酒店	全省宣传部长座谈会	8:20 出发
	下午 15:00	滇池温泉花园国际大酒店	全省宣传部长座谈会	
10月13日 星期三	上午 9:00	省委一号楼 D 楼 3 号会议室	第二届聂耳音乐周准备工作会	8:20 出发
	下午 15:00	办公室	农家书屋协调会	新闻出版局
10月14日 星期四	上午 9:55	赴西安	第五届西部文博会	8:30 出发
	下午 18:30	西安(大唐芙蓉御宴宫)	第五届西部文博会宴请	
10月15日 星期五	上午 10:00	西安(曲江国际会展中心和谐广场)	第五届西部文博会开幕式	
	下午 16:00	返回昆明	18:40 到昆明,21:30 乘 MU5810 赴丽江	
10月16日 星期六	上午 10:00	丽江	云南文投丽江民族文化产业示范项目开工典礼	
	下午			

续 表

时 间			地 点	工作内容	备注
10月17日 星期日	上午	11:00	返回昆明	12:00到昆明	
	下午				
10月18日 星期一	上午			省文联会议	
	下午	16:30	连云宾馆		
	晚上	18:30	连云宾馆圆通楼,换届闭幕式;20:00省歌舞剧院演出厅出席云南戏剧"山茶奖"颁奖晚会并颁奖		
10月19日 星期二	上午	10:00	云南大剧院	出席广电学会新闻发布会	
	下午	14:00	赴北京	出差	
10月20日 星期三	上午	10:30	北京新云南大厦	参加乡村文化艺术节新闻发布会	办接
	下午		返回昆明		
10月21日 星期四	上午		3楼9会议室	乡艺节文化厅汇报会	
	下午		3楼9会议室	乡艺节文联、新闻办汇报会	
10月22日 星期五	上午		3楼9会议室	乡艺节昆明市汇报会	
	下午		3楼9会议室	乡艺节执委会工作会	
10月23日 星期六	上午		办公室	乡艺节歌舞乐展演筹备汇报会	
	下午		办公室	乡艺节歌手大赛筹备汇报会	
10月24日 星期日	上午		办公室	乡艺节交通安全、邀请汇报	
	下午		办公室	乡艺节场馆、接待、新闻策划汇报	

续表

时 间		地 点	工作内容	备注
10月25日 星期一	上午	办公室	办公	
	下午	办公室	办公	
10月26日 星期二	上午 9:00	滇池路怡景园	出席全国新闻出版系统第七次党建暨精神文明建设工作座谈会	着正装
	下午	办公室	办公	
10月27日 星期三	上午	办公室		
	下午 15:00	三楼九会议室	一节一赛组委会会议	
	晚上	宴请新闻出版总局;18:00在云南省人民代表大会服务中心参加省京剧院建院50周年招待晚宴,观看20:00艺术剧院演京剧演出		
10月28日 星期四	上午	办公室	办公	
	下午 6:00	震庄宾馆	在文化部"东盟—中日韩10+3文化人力资源开发合作研讨班"宴请致祝酒辞	着正装
	晚上 20:00	云南艺术剧院	云南省京剧院建院50周年,中国京剧名家交响音乐会	
10月29日 星期五	上午			
	下午			
10月30日 星期六	上午			
	下午			

续　表

时　间		地　点	工作内容	备注
10月31日 星期日	下午 15:00	震庄宾馆	出席文化部"东盟一中日韩10+3文化人力资源开发合作研讨班研讨会"	着正装
	下午 15:30	君乐酒店	云南文化产业创意协会成立及答谢晚宴	
11月1日 星期一	上午	福保文化城	协调第二届中国福保乡村文化艺术节和首届中国农民艺术节全国乡村歌手大赛	
	下午	省委宣传部	向张田欣部长汇报第二届中国福保乡村文化艺术节和首届中国农民艺术节全国乡村歌手大赛相关事宜	因张部长有其他安排未参加
11月2日 星期二	上午 全天 下午	福保文化城	协调第二届中国福保乡村文化艺术节和首届中国农民艺术节全国乡村歌手大赛相关事宜	
11月3日 星期三	上午 10:30 下午	省委D层二号会议室	省级文明行业命名授牌仪式会议	着正装
11月4日 星期四	上午 9:00	省委宣传部第一会议室	向张田欣部长汇报第二届中国福保乡村文化艺术节和首届中国农民艺术节全国乡村歌手大赛	
	下午 14:30	在经贸宾馆参加永胜边屯文化会议	20:00在昆明剧院出席首届中国农民艺术节全国乡村歌手大赛云南赛区决赛及颁奖晚会	
11月5日 星期五	上午 9:00	福保文化城	听取开、闭幕式汇报	
	下午 14:30	福保文化城	执委会秘书长会议；落实张部长重要指示；听取福保村官论坛筹备	

续　表

时间		地点	工作内容	备注
11月6日 星期六	上午			
	下午 19:00	姚安县光禄酒店	2010年云南省花灯艺术周闭幕式暨颁奖晚会	着正装
11月7日 星期六	上午			
	下午	石林县会议中心	全国文联外事干部研修班报到,19:00晚餐	着正装
11月8日 星期一	上午 8:30	石林县会议中心	全国文联外事干部研修班开班式,9:30 做《文化遗产安全》讲座	着正装,12:50
	下午 15:00	昆明市	陪同李长江、高副省长实地检查云南"扫黄打非"工作	
11月9日 星期二	上午	9:00 在震庄宾馆多功能厅,出席云南省"扫黄打非"工作座谈汇报会; 15:00—15:40 震庄宾馆综合楼一楼多功能厅,在首届中国昆明"原生态文化"国际学术讨论会专题演讲 19:50 云南电视台演播厅出席《做一个有道德的人》主题班会		着正装
	下午			
11月10日 星期三	上午	震庄宾馆 18:30	陪同宴请李长江	
	下午	赴昆明机场 8:00	送李长江	
11月11日 星期四	上午	福保文化城	协调第二届中国福保乡村文化艺术节暨首届中国农民艺术节全国乡村歌手大赛相关事宜	
	下午	福保文化城	协调第二届中国福保乡村文化艺术节暨首届中国农民艺术节全国乡村歌手大赛相关事宜	
11月12日 星期五	上午	赴北京	邀请出席协调第二届中国福保乡村文化艺术节暨首届中国农民艺术节全国乡村歌手大赛	
	下午			

续表

时 间		地 点	工作内容	备注
11月13日 星期六	上午		邀请铁木尔达瓦买提副委员长出席协调第二届中国福保乡村文化艺术节暨首届中国农民艺术节首届全国乡村歌手大赛	
	下午	北京		
11月14日 星期日	上午			
	下午	返回昆明		
11月15日 星期一	上午			
	下午	福保文化城	协调第二届中国福保乡村文化艺术节暨首届中国农民艺术节首届全国乡村歌手大赛	
11月16日 星期二	上午	福保文化城	协调第二届中国福保乡村文化艺术节暨首届中国农民艺术节首届全国乡村歌手大赛	
	下午	福保文化城	观看全国乡村歌手大赛原生态半决赛，审看开幕式节目合成	
11月17日 星期三	上午	福保文化城		
	下午	15：00 省委D层3号会议室开会；晚18：00福保渔港出席宴请全国乡村歌手宴会	第二次执委会会议	
11月18日 星期四	上午			
	下午	18：00	陪同宴请出席"一节一赛"领导	
11月19日 星期五	上午	10：00 福保文化城	"一节一赛"开幕式	
	下午	15：00 翠湖宾馆会议室（暂定）	全国村级文化建设工作座谈会	
11月20日 星期六	上午	9：00 福保渔港金海岸会议厅	中国村官文化论坛	
	下午	18：00	陪同宴请出席"一节一赛"领导	

续 表

时 间			地 点	工作内容	备注
11月21日 星期天	上午		福保文化城	泛亚乡村艺术展演	
	下午	15：00	福保文化城		
11月22日 星期一	上午		赴昆明机场	接中国文联党组书记胡振民	
	下午	20：00	福保水上剧场	"一节一赛"闭幕式	
11月23日 星期二	上午		长沙	在途	
	下午		长沙	讲座	
11月24日 星期三	上午		返回昆明	在途	
	下午		办公室	办公	
11月25日 星期四	上午		办公室	办公	
	下午	15：00	常务会议室	参加省政府第49次常务会	
	晚上	20：00	昆明剧院	朱福专场汇报演出	
11月26日 星期五	上午	9：00	省委宣传部机关第二会议室	整治互联网和手机淫秽色情信息现场会筹备会议	
	下午	15：00	办公室	约谈省外办	
11月27日 星期六	上午	15：00	玉溪车友娱乐中心汽车影院（江川）老公路东郊加油站对面）	玉溪丽江民族文化学会筹备会暨"年猪饭" 15：00—17：00嘉宾讲座；17：00—19：00"年猪饭"、文艺表演、篝火晚会	
	下午				
11月28日 星期日	上午				
	下午				

续表

时间		地点	工作内容	备注
11月29日 星期一	上午		在途	
	下午 14:00	赴安宁 兰花宾馆会议中心三楼兰花厅	昆明作家豪响力论坛	
11月30日 星期二	上午 8:00	寻甸县甸沙乡噜六小学	"捐一元 献爱心 送营养"云南山区爱心厨房启动暨营养加餐发放仪式	8:00 从办公 预计13:00 从寻
	下午 15:00	云南文投集团二楼会议厅	《吴哥的微笑》首演成功新闻发布会	
12月1日 星期三	上午	办公室	约谈民研院、省方志办同志编书事宜	
	下午	办公室	约谈文史馆张勇、郭大烈编书事宜	
12月2日 星期四	上午	云南民族中学	第11届红高原体育艺术节	
	下午	办公室	办公	
12月3日 星期五	上午	办公室	约谈云南民族出版社潘燕同志	
	下午		办公	
12月4日 星期六	上午			
	下午			
12月5日 星期日	上午			
	下午			
12月6日 星期一	上午	办公室	边屯文化博物馆协调	
	下午 15:00	省委大楼1楼4号会议	云南文化建设座谈会筹备会	
12月7日 星期二	上午 9:00	海埂会堂	听十七届五中全会精神辅导报告	
	下午 15:00	办公室	约谈省民语委赵庆莲	

续表

时间		地点	工作内容	备注
12月8日 星期三	上午	办公室	一节一赛总结会议（待定）	
	下午 14:50	省委D楼视讯会议室	全国未成年人思想道德建设工作视讯会议	
12月9日 星期四	上午	翠湖宾馆金色大厅		
	下午 14:30		推进云南民族文化强省建设——文学座谈会	
12月10日 星期五	上午	9:10 出发参加 10:00 云南文化艺术中心开工典礼；11:00 办公室"桥头堡"文化外访协调，约谈省外办新闻处李辉处长		
	下午 14:00	赴北京	在途	
12月11日 星期六	上午	北京	出国准备	
	下午	北京	国际手工艺城策划	
12月12日 星期日	上午	北京	开会	
	下午	返回昆明	在途	
12月13日 星期一	上午 8:00	泰国国际酒店	整治互联网和手机淫秽色情信息云南现场经验交流会	
	下午 15:30	昆明走会泽	上午考察，下午开会	
12月14日 星期二	上午 9:00	会泽	在途	
	下午 14:00	会泽	调研会泽会馆、唐继尧故居、乐里农家书屋、"村村通"工程等	
12月15日 星期三	上午 8:30	会泽赴富源	在途	
	下午 14:30	富源	调研大河文化遗址、胜靖关等，召开座谈会	

续 表

时 间			地 点	工作内容	备注
12月16日 星期四	上午	8:30	富源赴师宗	途中调研窦垿故居,农村文化户,召开座谈会	
	下午	15:30	师宗	调研图书馆,文化馆,博物馆,召开座谈会	
12月17日 星期五	上午	8:30	师宗返回昆明	在途	
	下午	15:00			
12月18日 星期六	上午	9:30	办公室	约省新闻出版局王毅副局长谈云南文化系列丛书事宜	
	下午				
12月19日 星期天	上午		连云宾馆圆通楼	全省文化建设工作会议报到	
	下午	15:00	连云宾馆大礼堂	全省文化建设工作会议	
12月20日 星期一	上午	8:30	连云宾馆大礼堂	全省文化建设工作会议	
	下午		办公室	办公	
12月21日 星期二	上午	11:00	赴厦门	在途	10:10出发
	下午	13:00	到达厦门		
12月22日 星期三	上午		厦门	作产业文化学术报告	
	下午		返回昆明	在途	
12月23日 星期四	上午	9:00	连云宾馆	参加中心组学习总结会	
	下午	15:00	连云宾馆	参加中心组学习总结会	
	晚上	19:30	云南大学	作《云南民族文化强省建设的学术支撑》报告	

续 表

时间			地点	工作内容	备注
12月24日 星期五	上午	9:00	办公室	约谈文联"文艺史话"丛书	
	下午	15:00	办公室	约谈艺研院动漫及文化安全课题组	
12月25日 星期六	上午				
	下午				
12月26日 星期日	上午				
	下午				
12月27日 星期一	上午	10:00	九会议室	厅务会	
	下午	15:00	办公室	约谈社科院"学术史话"丛书	杨福泉
12月28日 星期二	上午	9:30	省博物馆	主持云南解放60周年将军摄影作品展开幕式	
	下午	15:00	怡景园酒店怡和楼会议厅	云南省"扫黄打非"领导小组会议	
12月29日 星期三	上午	9:00	办公室	办公	
	下午	15:50	昆明机场	到机场接国家文物局单霁翔局长	
	晚上	18:00	震庄宾馆	与单霁翔局长一行晚餐	
12月30日 星期四	上午	9:00			
	下午	19:00	机场送单霁翔局长一行回京		
12月31日 星期五	上午	9:30	三楼九会议室	厅务会	
	下午	15:00	二楼六会议室	高副省长主持听取部分专家对省政府工作及《政府工作报告》的意见	

续 表

时间		地点	工作内容	备注
2011年 1月1日 星期六	上午		办公厅元旦节值班带班	当日8:00至次日8:00保持电
	下午		办公厅元旦节值班带班	
	晚上 20:00	云南大剧院（昆明国际会展中心）	"文产之夜"新年音乐会	
1月2日 星期日	上午			
	下午			
1月3日 星期一	上午		元旦放假	
	下午			
1月4日 星期二	上午 9:00	办公室	约谈省文联段跃斌副主席《文艺史话丛书》事宜	何明教授参加
	下午 14:00	云安会都	普米族研究会第二届会员大会暨2010年普米"吾昔节"活动	
1月5日 星期三	上午 10:00	三楼七会议室	研究连续富民政策会议	
	下午 15:00	办公室	约谈省方志办陈天武副主任《云南历史人物丛书》事宜	
1月6日 星期四	上午 9:00	办公室	约谈云南民族学会杨会副会长《云南民族文化丛书》事宜	省文史馆张勇副馆长在外出
	下午 15:00	省委办公大楼9楼党委会议室	列席八届省委第89次党委会第四议议题	
1月7日 星期五	上午 10:20	办公室	约谈省民协《云南民俗志丛书》事宜	
	下午 15:00	威龙酒店五楼会议室		
1月8日 星期六	上午 8:30	昆华医院斜对面，沿河路42号	省第十四次哲学社会科学优秀成果评奖委员会终评会议	
	下午 15:00	怡景园怡和楼	农家书屋领导小组会议	

续表

时间		地点	工作内容	备注
1月9日 星期日	上午 8:30	威龙酒店五楼会议室昆华医院斜对面,沿河路42号	省第十四次哲学社会科学优秀成果评奖委员会终评会议	
	下午 14:00			
1月10日 星期一	上午 9:00	云南大学	云南大学传媒学院动漫产业会议	
	下午 16:00	震庄宾馆多功能厅	参加云南省金融工作座谈会	
1月11日 星期二	上午 9:30	新纪元酒店C座12楼	《艺术云南》创刊首发式	
	下午 15:50	办公室	办公	
	晚上 18:00	北京路胜家会馆	云南文化创意产业协会新春团拜会	
1月12日 星期三	上午 9:00	连云宾馆礼堂	全省宣传思想文化工作会议	
	下午 15:00	连云宾馆礼堂	全省宣传思想文化工作会议分组讨论	
1月13日 星期四	上午 9:00	连云宾馆礼堂	全省宣传思想文化工作会议	
	下午 15:00	办公室	约谈云大民族研究院何明教授《云南民俗文化》丛书项目	
1月14日 星期五	上午 8:00	赴返北京		7:15到机场
	下午	北京	参加中国文联八届七次全委会	
1月15日 星期六	上午	北京	参加中国文联八届七次全委会	
	下午			
1月16日 星期日	上午			
	下午			

续 表

时 间		地 点	工作内容	备注
1月17日 星期一	上午	北京	参加中国文联八届七次全委会	
	下午 15:00	人民大会堂	2011年中组部组织院士专家新春联谊会	
1月18日 星期二	上午			
	下午			
1月19日 星期三	上午	北京	参加中国文联会议	
	下午			
1月30日 星期四	上午			
	下午			
1月21日 星期五	上午 12:20	返回昆明	在途	
	下午 15:40			
1月22日 星期六	上午 9:00	海埂会堂新闻发布厅（A102）	出席省政协十届四次会议界别联组会议（第三组）建议	着正装
	下午			
	晚上 18:00	泰丽国际酒店三楼锦绣苑	丽江市委政府2011年新春茶话会	
1月23日 星期日	上午			
	下午 15:00	海埂会堂报告厅	省十一届人民代表大会四次会议第二次全体会议	
1月24日 星期一	上午	办公室	办公	
	下午	办公室	办公	

续 表

时间		地 点	工作内容	备注
1月25日 星期二	上午	办公室	办公	
	下午	海埂会堂报告厅列席省十一届人民代表大会四次全体会议	15:00 海埂会堂报告厅列席省十一届人民代表大会四次会议第二次全体会议(闭幕式) 16:30 海埂会堂百合厅列席省第十二届人民	建议着正装
1月26日 星期三	上午	二楼六会议室	研究滇云文化丛书编写出版	
	下午	世博吉鑫园	2011年云南新春联谊会	
1月27日 星期四	上午	二楼六会议室	研究"桥头堡"文化交流调研	
	下午	办公室	约谈云南大学动漫学院	
1月28日 星期五	上午			
	下午	震庄宾馆多功能厅出席省金融工作座谈会,会后在百合厅用餐;19:50云南电视台演播厅文化及文艺成果表彰晚会	16:30震庄宾馆多功能厅出席省金融工作座谈会,会后在百合厅用餐;19:50云南电视台演播厅文化及文艺成果表彰晚会	
1月29日 星期六	上午	富源	大河遗址保护调研	(因道路结冰未去)
	下午			
1月30日 星期日	上午	楚雄	民族大舞台调研	
	下午			
1月31日 星期一	上午	大理	出差	
	下午			
2月1日 星期二	上午			
	下午			

续　表

时　间		地　点	工作内容	备注
2月2日 星期三	上午 9:55	赴北京	预计13:20到首都机场2号航站楼	8:50到昆明机场
	下午	北京	春节放假	
2月3日 星期四	上午			
	下午			
2月4日 星期五	上午			
	下午			
2月5日 星期六	上午	北京	春节放假	
	下午			
2月6日 星期日	上午			
	下午			
2月7日 星期一	上午			
	下午			
2月8日 星期二	上午	北京	春节放假	
	下午 18:20	返回昆明	预计22:00到	
2月9日 星期三	上午	办公室	办公	
	下午	办公室	办公	
2月10日 星期四	上午	办公室	办公	
	下午	办公室	办公	

续表

时间		地点	工作内容	备注
2月11日 星期五	上午	办公室	办公	
	下午	办公室	办公	
2月12日 星期六	上午	办公室	办公	
	下午	办公室	办公	
2月13日 星期日	上午			
	下午			
2月14日 星期一	上午	办公室	与出版局王毅副局长研究滇云文化出版工程	
	下午	办公室	与六处研究"桥头堡"文化调研	
2月15日 星期二	上午	东礼堂	列席省政府常务会	
	下午	办公室	与艺研院研究文化安全课题	
2月16日 星期三	上午 9:00	省文史馆	在全国部分省市区文史馆系统系统书画艺术创作与发展座谈会上致辞并剪彩	
	下午 18:00	昆明饭店翠羽宫	在全国部分省市区文史馆系统系统书画艺术创作与发展晚宴上致祝酒辞	
2月17日 星期四	上午 8:00	赴宣威	在途	
	下午 14:30	宣威	出席全省山歌大赛	
2月18日 星期五	上午 8:00	宣威	出席全省山歌大赛	
	下午	宣威返昆明	在途	

续表

时间			地点	工作内容	备注
2月19日 星期六	上午	8:00	昆明	考察龙云公馆修复保护工作	
	下午	14:00			
2月20日 星期日	上午		办公室	修订"滇云文化出版工程"报告	
	下午	18:00	安宁温泉宾馆四号院	办公厅党组中心组学习报到	
2月21日 星期一	白天	8:30	温泉宾馆附三号院	党组2010年度民主生活会;15:00 温泉宾馆附三号院厅党组会议	
	晚上	20:00	省委党校	2011年在滇挂职干部研讨班报到	职干部研讨班在省委党校进
2月22日 星期二	上午		省委党校	2011年在滇挂职干部研讨班开班典礼	
	下午		省委党校	2011年在滇挂职干部研讨班	
2月23日 星期三	上午		省委党校	2011年在滇挂职干部研讨班	
	下午				
2月24日 星期四	上午		省委党校	2011年在滇挂职干部研讨班	
	下午				
2月25日 星期五	上午		办公室	制订外访计划	
	下午		赴北京	在途	
2月26日 星期六	晚上		北京饭店	中国民协主席团会议	

续表

时　间		地　点	工作内容	备注
2月27日 星期日	上午	北京饭店	中国民协理事会	
	全天			
	下午			
2月28日 星期一	上午	北京饭店	中国民协理事会	
	下午		出国准备	
3月1日 星期二	上午			
	下午			
3月2日 星期三	上午	加拿大	云南非物质文化遗产代表团赴加拿大调研	
	下午			
3月3日 星期四	上午			
	下午			
3月4日 星期五	上午			
	下午			
3月5日 星期六	上午	加拿大	云南非物质文化遗产代表团赴加拿大调研	
	下午			
3月6日 星期日	上午			
	下午			
3月7日 星期一	上午			
	下午			

续表

时间		地点	工作内容	备注
3月8日 星期二	上午	加拿大	云南非物质文化遗产代表团赴加拿大调研	
	下午	从加拿大返回北京	在途	
3月9日 星期三	白天	北京		
	晚上 22:00	返回昆明	在途	
3月10日 星期四	上午 8:30	赴临沧	在途	
	下午	临翔区	调研	
3月11日 星期五	上午	赴双江	在途	
	下午	双江	调研	
3月12日 星期六	上午	赴耿马	调研	
	下午	走沧源	调研	
3月13日 星期日	上午	沧源	调研	
	下午	赴孟定	调研	
3月14日 星期一	上午	赴镇康	调研	
	下午 13:00	接办公厅紧急通知从镇康返回昆明,因赶不上当日下午飞机,乘车预计在凌晨3点左右到昆,经六处请示丁秘书长同意3月15日上午返回办公室		
3月15日 星期二	上午 9:10	乘机返回昆明	10:30到达办公室	
	下午	办公室		
3月16日 星期三	上午 10:00	常务会议室	秦省长听取盈江地震工作情况汇报	
	下午 16:00	震庄宾馆综合楼多功能厅	中央第二巡视组意见反馈会	

续表

时间		地点	工作内容	备注
3月17日 星期四	上午 9:00	省委办公厅9楼党委会议室	列席省委常委会	
	下午 15:30	省办公厅9楼常委会议室	15:30省委办公厅9楼常委会议室列席省委常委会同省长同副省长高副省长主持专题研究部分高校出借资金建设项目同题;16:30省政府办公厅二楼六会议室高副省长主持专题研究部分高校出借资金建设项目资金问题;18:30在连云宾馆7号楼宴会厅陪同副省长、中国美协刘大为主席一行	
3月18日 星期五	上午 12:00	震庄宾馆玉兰厅	代表省政府欢迎国家医改督导组	
	下午 17:00	连云宾馆5号楼叠翠厅	与刘大为一行晚餐,并送行	
3月19日 星期六	上午			
	下午			
3月20日 星期日	上午			
	下午 15:00	震庄宾馆小礼堂	主持云南省医改中期评估督导工作反馈会	反馈会30分钟
3月21日 星期一	上午 8:30	云南大学科学馆2楼	云南大学茶马古道文化研究所成立三周年暨茶马古道命名二十周年	
	下午 15:00	连云宾馆礼堂	孟连县创新群众工作构建和谐稳定报告会	
3月22日 星期二	上午 9:00	在震庄宾馆小礼堂出席云南省软件正版化督查组汇报会	9:00在震庄宾馆小礼堂出席云南省软件正版化督查工作汇报会;10:30陪同国家督查组赴云铜、省农信社现场检查	
	下午 12:00	在震庄宾馆同宴请国家软件正版化督查组	在震庄宾馆同宴请国家软件正版化督查组一行;15:00在办公室约谈文化厅黄玲副厅长	
3月23日 星期三	上午	办公室	办公	
	下午 15:00	会展中心东1门2号门5楼2会议厅	省文化产业发展领导小组第一次会议	
3月24日 星期四	上午 8:30	圆通四季酒店	省烟草公司文化报告	
	下午 15:00	佳华酒店	大理文化保护试验区新闻发布会	

续 表

时 间		地 点	工作内容	备注
3月25日 星期五	上午 9:00	东礼堂	省政府常务会	
	下午 15:00	二楼六会议室	我省边民通婚及生育管理有关问题	
3月26日 星期六	上午			
	下午			
3月27日 星期天	上午			
	下午			
3月28日 星期一	上午	办公室	处理文档	
	下午	办公室	处理公务	
3月29日 星期二	上午	办公室	包装支援宁浪书籍	
	下午	官渡	听取新闻出版局汇报	
3月30日 星期三	上午 8:30	三楼九会议室	调研云南艺术中心、艺术家园区、云南文苑、云南省博物馆新馆工程	
	下午 15:00	办公室	参加学前教育三年发展规划研究会	
3月31日 星期四	上午 9:00	呈贡新区会议中心8号会议室	听取教育工作汇报	
	下午 14:00	三楼九会议室	给昆明市领导干部做专题讲座《文化，决定城市形神》	
4月1日 星期五	上午 9:00	赴曲靖	国际文化署会	
	下午 15:00		石林国际大酒店报到并于18:00参加欢迎晚宴	

续 表

时间		地 点	工作内容	备注
4月2日 星期六	上午 9:30	沿益县珠江源风景区	9:30 出席沿益珠江源第六届登山越野挑战赛及第五届山地自行车越野挑战赛开幕式;开幕后赴马龙县调研饮食文化。	
	下午 14:00	嵩明县	嵩明县茂故居、兰茂祠	
4月3日 星期日	上午 8:30	赴石屏	调研石屏文庙、玉屏书院、企鹤楼	
	下午 15:00	赴建水	调研建水文庙、学政考棚、紫砂陶作坊、朱家花园、朝阳楼、双龙桥	
4月4日 星期一	上午 8:30	赴蒙自	调研海关旧址、西南联大旧址	
	下午 15:00	赴开远、弥勒	调研开远西门龙潭、南桥发电厂、弥勒熊庆来故居、孙髯翁墓、文昌宫、建国楼	
4月5日 星期二	上午 8:30	赴泸西	调研文庙、武庙、张冲故居	
	下午 14:00	返回昆明	在途	
4月6日 星期三	上午	办公室	办公	
	下午 15:00		办公	
4月7日 星期四	上午	办公室	国务院食安委督查食品安全工作汇报会;工作宴请	
	下午	办公室	办公	
4月8日 星期五	上午 9:00	三楼九会议室	医改工作筹备会	
	下午 15:00	三楼九会议室	新农合资金管理会议,会后赴禄功	
4月9日 星期六	上午	武定	狮子山,午饭后回昆,16:20前到机场	
	下午 17:10	赴丽江	参加玉龙县县庆	

续　表

时间		地点	工作内容	备注
4月10日 星期日	全天	玉龙县	参加玉龙县县庆	
	晚上 23:30	从丽江返回昆明	预计00:20到达昆明机场	
4月11日 星期一	上午 9:00	省人民代表大会三楼红河厅	《食品安全法》执法检查汇报会	
	下午 15:00	三楼七会议室	研究教育改革"十二五"规划、教育改革试点和实施教育行动计划有关工作	
4月12日 星期二	上午 9:00	东礼堂新常务会议室	省政府第五十五次常务会议	
	下午 15:00	三楼九会议室	研究学期教育教师编制设置标准	
	晚上 19:00	昆明呈贡校区学生活动中心	云南农工省委"情系民医、共建和谐"文艺演出	
4月13日 星期三	上午	办公室	办公	
	下午	办公室	办公	
4月14日 星期四	上午 10:00	高副省长办公室	省计生委工作汇报	
	下午	办公室	办公	
4月15日 星期五	上午 9:00	二楼六会议室	高副省长主持研究国有企业兴趣办高等职业学院筹宝珊体制有关工作	
	下午 16:30	昆明学院惟行楼	陪同高副省长出席"红云园丁奖、红河助学金"捐赠暨颁奖仪式	
4月16日 星期六	上午 8:30	翠湖宾馆二楼多功能厅	参加"世界中医学会联合会第二届第八次理事会与第七届监合会"开幕式	着正装
	下午			

续表

时间		地点	工作内容	备注
4月17日 星期日	上午			
	下午 14:45	赴丽江	云南省州(市)地方志办公室主任会议报到	
4月18日 星期一	白天	丽江	云南省州(市)地方志办公室主任会议	
	晚上 22:40	返回昆明		
4月19日 星期二	上午	办公室	办公	
	下午 15:00	教育厅10楼会议室	省政府教育改革发展工作专题会议	
4月20日 星期三	上午 9:00	省人民代表大会三楼红河厅	《献血法》执法检查专题汇报会	
	下午 15:00	昆明饭店	省卫生纠风汇报会、会后宴请	
4月21日 星期四	上午			
	下午			
4月22日 星期五	上午 9:45	赴北京	在途	
	下午	北京	中国民间文艺家协会换届大会	
4月23日 星期六	上午	北京		
	下午		中国民间文艺家协会换届大会	
4月24日 星期日	上午	北京		
	下午		中国民间文艺家协会换届大会	
4月25日 星期一	白天			
	晚上 21:25		预计26日01:00到昆明	

续 表

时间		地点	工作内容	备注
4月26日 星期二	上午 9:00	二楼六会议室	省食安委全会	
	下午 15:00	东礼堂	省政府第五十六次常务会	
4月27日 星期三	上午 9:00	省委D层1号会议室	宣传云南好新闻、全国"两会"和盈江抗震救灾报道表彰大会	
	下午 15:00	二楼五会议室	主持全省严厉打击食品非法添加和滥用食品添加剂专项工作电视电话会	
4月28日 星期四	上午 9:00	省教育厅礼堂	省中小学校安工程2011年度工作会议	
	下午			
4月29日 星期五	上午 8:30	赴东川	在途	
	下午	东川	调研	
4月30日 星期六	上午 8:30	昆明赴鲁甸	在途	
	下午	鲁甸,昭阳	调研	
5月1日 星期日	上午 8:30	昭阳赴盐津	调研	
	下午 13:00	盐津赴水富	调研	
5月2日 星期一	上午 8:30	水富赴永善	在途	
	下午	永善	调研	
5月3日 星期二	上午 8:30	永善至巧家	途径昭阳	
	下午 14:00	巧家	调研	调研后返回昆明

续 表

时 间		地 点	工作内容	备注
5月4日 星期三	上午	办公室	办公	
	下午 14:50	云南农业大学体育馆副馆	五四系列活动	
5月5日 星期四	上午 10:30	连云宾馆西1厅	主持血防工作汇报会并吃午餐	
	下午 15:00	震庄宾馆小礼堂	纪恒副书记主持文化调研汇报会	
5月6日 星期五	上午 11:55	赴北京	预计15:20到北京	
	下午	北京		
5月7日 星期六	白天	清华大学	"滇云文化大奖园"学术报告	
	晚上	北京		
5月8日 星期日	白天 14:00	返回昆明	预计17:25到北京	
	晚上 20:00	省滇剧院	观看滇剧《郑和下西洋》	
5月9日 星期一	上午	办公室	办公	
	15:00	二楼五会议室	2011年全国高考招生电视电话会议	
	下午 18:30	震庄宾馆	陪同顾副省长宴请国家广电总局蔡局长一行	
	晚上 20:00	昆明剧院	观看白剧《洱海花》	
5月10日 星期二	白天 7:00	楚雄、安宁	陪同国家档案馆杨冬权局长参观楚雄、安宁档案馆建设现场	
	晚上 18:00	震庄宾馆综合楼玉兰厅	陪同正富、映堂同志宴请杨局长一行	

续表

时间			地点	工作内容	备注
5月11日 星期三	上午	8:30	云安会都会堂	出席中西部地区县级综合档案馆建设座谈会并致辞,晚上18:00在云安会都贵宾楼宴请全体与会代表	
	下午				
5月12日 星期四	上午				
	下午				
	晚上	22:05	走丽江		晚住丽江
5月13日 星期五	白天		丽江	捐赠仪式	
	晚上	22:00	返回昆明		
5月14日 星期六	上午				
	下午				
5月15日 星期天	上午				
	下午				
5月16日 星期一	上午	8:30	二楼六会议室	厅务会	
	下午	15:00	三楼七会议室	给省政府研究室作"滇云文化大荣甫"学术报告	
5月17日 星期二	上午	8:50	东礼堂	省政府常务会	
	下午		办公室	整理临沧、昭通调研资料	
	晚上	18:00	省人大服务中心锦乡年华酒楼401	文化厅"一节一赛"团拜晚宴	
5月18日 星期三	上午	9:00	省委1号楼472室	国有文艺院团体制改革工作座谈会	
	下午	15:00	办公室	约谈省话剧院负责人了解话剧剧场建设情况	

续表

时间			地点	工作内容	备注
5月19日 星期四	上午	8:00	赴盈江	在途	
	下午		赴盈江	在途，住芒市	
5月20日 星期五	上午		芒市赴盈江	调研教育、卫生、文化恢复重建进展	
	下午		盈江	调研教育、卫生、文化恢复重建进展	
5月21日 星期六	上午		盈江	调研永德文化遗产保护	
	下午	14:00	盈江赴永德	调研风庆茶文化茶园	
5月22日 星期日	上午	8:00	永德赴风庆		
	下午	14:00	返回昆明		
5月23日 星期一	上午	9:30	省委办公大楼9层党委会议室	列席八届省委第97次党委会第二议题	
	下午		办公室	办公	
5月24日 星期二	上午	9:00	连云宾馆礼堂	全省教育大会	
	下午	15:00	怡景园酒店会议中心1号会议室	滇西抗战纪念馆建设工作协调会	
5月25日 星期三	上午	9:00	连云宾馆礼堂	全省教育大会	
	下午		办公室		
5月26日 星期四	上午	9:00	省委一号楼D层第三会议室	第二届聂耳音乐周专题协调会	
	下午	15:00	海埂基地	省才经本协调运动会，并致辞	
5月27日 星期五	上午	9:00	震庄宾馆小礼堂	云南电影业及云南电影集团发展工作专题会	
	下午	14:00	赴深圳	在途	

续表

时　间		地　点	工作内容	备注
5月28日 星期六	上午	深圳	参加世界华人笔会	
	下午	返回昆明	在途	
5月29日 星期日	上午 10:00	震庄宾馆小礼堂		
	下午 15:00	昆明市市内	陪同全国政协教科文卫委副主任胡振民一行	
5月30日 星期一	上午	办公室	办公	
	下午	办公室	办公	
5月31日 星期二	上午	办公室	办公	
	下午	办公室	办公	
6月1日 星期三	上午	办公室	办公	
6月2日 星期四	上午 9:00	二楼五会议室	国务院毕业生就业电视电话会	
	下午 15:00	办公室	约谈省话剧院	
6月3日 星期五	上午 9:00	二楼六会议室	与呈贡、省话剧院领导研究省话剧院土地问题	
	下午 15:00	赴丽江		
	晚上 22:05		预计 22:50 到丽江机场	
6月4日 星期六	上午	丽江	8:15 机场接四川蒋省长一行，陪同考察束河古镇	
	下午	丽江	陪同考察大研古镇、木府，晚上观看《丽水金沙》	

续 表

时 间		地 点	工作内容	备注
6月5日 星期日	上午 8:30	丽江乘火车赴大理	11:00在大理海湾酒店午餐,11:40前往机场	
	下午 12:00	返回昆明	预计12:35到昆明机场	
6月6日 星期一	上午	昆明	陪同蒋省长一行在昆考察	
	下午	昆明机场	送蒋省长一行	
6月7日 星期二	上午	办公室	办公	
	下午	办公室	办公	
6月8日 星期三	上午	办公室	与省社科联开会	
	下午	昆明学院	参加新校园落成典礼	
6月9日 星期四	上午 9:00	赴北京	预计19:10到	
	下午 16:00	中央电视台科教频道	参加中国文化遗产直播行动节目彩排	
6月10日 星期五	上午	中央电视台科教频道	参加中国文化遗产直播行动节目彩排	
	下午	中央电视台科教频道	参加中国文化遗产直播行动节目录制	
6月11日 星期六	上午	中央电视台科教频道	参加中国文化遗产直播行动节目录制	
	晚上 21:25	返回昆明	预计0:40到	
6月12日 星期日	上午 10:00	玉溪聂耳音乐广场	第二届聂耳音乐周启动仪式(参加揭像仪式)	13:00从玉溪出发
	下午 15:00	世博路6号云南中烟公司会议中心二楼203会议室	省政府办公厅党组会议	

续　表

时间			地　点	工作内容	备注
6月13日 星期一	上午	9:00	晨庄宾馆多功能厅	云南省文史馆工作会议暨《云南丛书》首发式	
	下午	15:30	省科技馆	云岭楷模风采展展览暨美术书法摄影作品展开幕式	
6月14日 星期二	上午	9:00	翠怡酒店	全省文化遗产保护工作会议	
	下午				
6月15日 星期三	上午				
	下午				
6月16日 星期四	上午				
	下午				
6月17日 星期五	上午		北京	中央民族大学60周年校庆活动	
	下午				
6月18日 星期六	上午		北京	中央民族大学60周年校庆活动	
	下午				
6月19日 星期日	上午		中国职工之家B座1层大厅	第三届全国中青年德艺双馨文艺工作者表彰大会报到	
	下午				

续表

时 间			地 点	工作内容	备注
6月20日 星期一	上午	9:00	人民大会堂东大厅	第三届全国中青年德艺双馨文艺工作者表彰大会	
	下午	14:30	中国职工之家	第三届全国中青年德艺双馨文艺工作者全体会议	
	晚上		中国职工之家C座	工作晚宴	
6月21日 星期二	上午	9:00	中国职工之家	中国文联八届八次主席团会议	
	下午	14:30	中国职工之家	中国文联八届八次全委会议	
	晚上	21:25	返回昆明	预计0:40到	省委中心组自学阶段
6月22日 星期三	上午	10:00	省药检所	万名医师支持农村卫生工程启动仪式	
		11:50	昆明机场	接中国文联赵实书记一行	
	下午	15:00	海埂宾馆综合楼大堂	(原财政疗养院会议中心大堂)省委中心组学习报到	
	晚上	19:30	新亚洲体育场万人体育馆VIP通道入场	第二届聂耳音乐周闭幕式暨第八届金钟奖合唱比赛颁奖音乐会	
6月23日 星期四	上午				省委中心组集中学习
	下午				
6月24日 星期五	上午				省委中心组集中学习
	下午				
6月25日 星期六	上午				
	下午				
6月26日 星期天	上午				
	下午				

续表

时间		地点	工作内容	备注
6月27日 星期一	上午	办公室	办公	
	下午	办公室	办公	
6月28日 星期二	上午	办公室	办公	
	下午	办公室	办公	
6月29日 星期三	上午 8:40	办公室	省政府办公厅纪念建党90周年表彰大会;8:40合影;9:00大会	着正装
	下午	办公室	办公	
6月30日 星期四	上午	办公室	办公	
	下午 14:00	赴北京	开会	
7月1日 星期五	上午 9:00	教育部北楼201会议室	国家教育督导团队部分省份中等职业教育存在有关问题进行约谈	
	下午			
7月2日 星期六	上午			
	下午 14:00	返回昆明	在途	
7月3日 星期日	上午 9:00	翠湖宾馆二楼多功能厅	孔子学院总部理事会开幕式,午餐	
	下午 14:00	翠湖宾馆二楼堤春晓厅	孔子学院总部理事会及陪同会见	
7月4日 星期一	上午 9:00	九会议室	教育部刘利民副部长听取汇报	
	下午 14:00	石林	陪同民同志调研	

续表

时间		地点	工作内容	备注
7月5日 星期二	上午 11:00	莲花宾馆	欢送上海支教教师	10:40 出发
	下午	办公室	办公	
7月6日 星期三	上午	办公室	办公	
	下午 15:00	三楼七会议室	全国教育投入和管理工作电视电话会议	
7月7日 星期四	上午 9:00	连云宾馆西一厅	《云南大百科全书》编纂工作汇报会	提前15分钟
	10:20	连云宾馆大礼堂	省哲学社会科学规划课题评审工作会议全体会议	
	下午	办公室	办公	
7月8日 星期五	上午 9:00	办公室	《云南民族》杂志社采访	
	下午 13:00	牟定	广电"村村通"调研	
7月9日 星期六	上午 8:00	元谋	文化遗产保护调研	
	下午 13:00	大姚	苴却砚产业调研	
7月10日 星期日	上午 8:00	大姚	农家书屋调研	
	下午	返回昆明	在途	
7月11日 星期一	上午 7:50	赴丘北县	在途	
	下午	丘北县	全省校安工程现场经验交流会现场参观	
7月12日 星期二	上午	丘北县	全省校安工程现场经验交流会	
	下午			

续 表

时间		地 点	工作内容	备注
7月13日 星期三	上午			
	下午			
7月14日 星期四	上午			
	下午			
7月15日 星期五	上午			
	下午			
7月16日 星期六	上午			
	下午			
7月17日 星期日	上午			
	下午			
7月18日 星期一	上午	办公室	办公	
	下午	办公室	办公	
7月19日 星期二	上午 11:20	赴新疆	在途	
	下午	新疆		
7月20日 星期三	上午	新疆		
	下午	新疆		
7月21日 星期四	上午	新疆		
	下午	新疆		

续 表

时 间		地 点		工作内容	备注
7月22日 星期五	上午	新疆			
	下午	新疆			
7月23日 星期六	上午	新疆			
	下午	新疆			
7月24日 星期日	上午	新疆			
	下午	返回昆明		在途	
7月25日 星期一	上午	省考试院二楼报告厅	9:00	陪同视察2011云南普通高校招生录取现场	
	下午	办公室		办公	
7月26日 星期二	上午	赴陆良	8:00	调研	
	下午	曲靖	15:00	作《文化塑城市个性》讲座	
7月27日 星期三	上午	罗平		调研	
	下午	返回昆明		在途	
7月28日 星期四	上午	常务会议室	9:00	列席常务会议	
	下午	办公室		办公	
7月29日 星期五	上午	省委D层会议室	9:00	省院团改革协调会	
	下午	办公室		办公	
7月30日 星期六	上午				
	下午				

续　表

时　间		地　点	工作内容	备注
7月31日 星期日	上午			
	下午			
8月1日 星期一	上午	办公室	办公	
	下午	办公室	办公	
8月2日 星期二	上午	办公室	办公	
	下午	办公室	办公	
8月3日 星期三	上午	办公室	办公	
	下午	办公室	办公	
8月4日 星期四	上午		在普洱市景谷、镇沅、景东、澜沧调研	
	下午			
8月5日 星期五	上午			
	下午			
8月6日 星期六	上午			
	下午			
8月7日 星期日	上午		在普洱市孟连、西盟、江城调研	
8月8日 星期一	下午			

续 表

时间		地点	工作内容	备注
8月9日 星期二	上午		在普洱市孟连、西盟、江城调研	
	下午		在红河州绿春、金平、屏边、河口、红河调研	
8月10日 星期三	上午		在红河州绿春、金平、屏边、河口、红河调研	
	下午			
8月11日 星期四	上午			
	下午		在红河州绿春、金平、屏边、河口、红河调研	
8月12日 星期五	上午			
	下午			
8月13日 星期六	上午			
	下午			
8月14日 星期日	上午			
	下午	楚雄大厦	云南民族学会第七届代表大会	
8月15日 星期一	上午	办公室	办公	
	下午	丽江		
8月16日 星期二	上午	丽江		
	下午	丽江		
8月17日 星期三	上午	丽江		
	下午			

续 表

时 间			地 点	工作内容	备注
8月18日 星期四	上午		返回昆明	在途	
	下午	18:00	楚雄大厦1楼	办公厅党组欢送会	
8月19日 星期五	上午	9:00	中玉酒店	全省农家书屋工程建设推进会	
	下午	15:00	二楼六会议室	流动医院项目座谈会;晚上省民委欢送会	
8月20日 星期六	上午	8:00	途经昭通	在途	
	下午	13:00	前往威信		
8月21日 星期日	上午	8:30	威信	调研(扎西会议遗址)	
	下午	15:00	途经雄镇前任彝良	调研(罗炳辉故居)	
8月22日 星期一	上午	8:30	途经昭通	返回昆明	
	下午	18:00	昆明	农工民主云南省委欢送会	
8月23日 星期二	上午	9:00	办公室	打包托运带回北京书籍	
	下午	18:00		高副厅长欢送会	
8月24日 星期三	上午			到各厅局告别	
	下午			到各厅局告别	
8月25日 星期四	上午	13:15	返回北京	挂职结束	
	下午				
8月26日 星期五	上午		中国文联	省政府办公厅与中国文联相关交接	
	下午				

续 表

时 间		地 点	工作内容	备注
8月27日 星期六	上午			
	下午			
8月28日 星期日	上午			
	下午			

后　记

我在云南期间曾负责联系新闻出版系统，也与云南少儿出版社、云南民族出版社等有过一些合作，如为前者主编"祖国大家庭丛书"、为后者主编"纳西学史料丛刊"，但与云南大学出版社却鲜少联系。这主要是由于高校出版社在组织管理上自成系统，并不直接隶属政府有关部门管辖。但是，这并不影响我们在日后以文为缘进行合作。

我与云南大学出版社的接触开始于回到北京之后。其原因是由范建华主席主编的"当代云南社会科学百人百部优秀学术著作丛书"正式启动，并由云南大学担纲出版之际，我的博士论文《东巴神话研究》恰恰入选其中。于是，我与为我担任责任编辑的陈曦女士多次联系，并通过她与柴伟老师、伍奇副总编、周永坤社长建立起深厚的友谊。其后，我们于2013年开展合作，共同立项编辑出版"国际纳西学译丛"，并被国家新闻出版总局立项为国家重大出版资助项目。在这个过程中，我不断被该社的领导及职工的学术高度、思想品位、科学精神、严谨态度所折服，从而渐生敬仰之心。在这个唯GDP至上、唯市场为导向的图书出版世界，像云南大学出版社这样艰苦却坚韧、冷清但理性、坚持且执着地进行文化积累、学术培养、学者育成、学术推进的"世外桃源"真是少之又少，令人感动。我虽不才，却为能与他们合作。

去年暑假，当柴伟老师与陈曦女士前来北京开会并与我小聚得知我正在汇编《滇云文化探幽》与《滇云文化实践录》后，便立即提议它们在该社出版，并于不久后即告知已获社领导同意。这让我对云南大学出版社的敬意又添万分。

今春二月，当春节的余温还未散尽，云南大学出版社已寄来编排一新的《滇云文化实践录》文稿，而且催我将《滇云文化探幽》尽快交付。我只能怀揣不安、感激，一一遵命而行，以不负他们的厚爱、尽享他们的关怀。

在《滇云文化实践录》先行出版之际，我要再次对周永坤社长、伍奇副总编、柴伟老师、陈曦女士、段然女士以及其他各位为此付出辛劳的先生女士们表示我最崇高的敬意。

本集各篇人名原系全部实署，后因云南省政府人事变动，牵涉到本集中一些人员，故而全部淡化虚化处理。其实，所涉人事的功过是非历史会有结论，并且还继续修正确定。

2014 年 3 月 10 日